走进晋创谷

- 山西省2024年出版物重点选题

- 山西省科技战略研究专项一般项目
  项目编号：202304031401156
项目名称：《提升高等院校科技成果转化能力的对策研究》

图书在版编目（CIP）数据

走进晋创谷 / 张雪莲等著 . -- 太原：山西经济出版社, 2025.3. -- ISBN 978-7-5577-1454-3

Ⅰ. F279.244.4

中国国家版本馆 CIP 数据核字第 20254R6G08 号

走进晋创谷
ZOUJIN JINCHUANGGU

著　　者：	张雪莲　张悦　王晶鑫　王书芳
出 版 人：	贺　权
统　　筹：	李春梅
出版策划：	郭正卿
责任编辑：	丰　艺
助理编辑：	岳子璇　司　元
装帧设计：	郑　奕
出 版 者：	山西出版传媒集团·山西经济出版社
地　　址：	太原市建设南路 21 号
邮　　编：	030012
电　　话：	0351-4922133(市场部)
	0351-4922142(总编室)
E-mail：	scb@sxjjcb.com(市场部)
	zbs@sxjjcb.com(总编室)
经 销 者：	山西出版传媒集团·山西经济出版社
承 印 者：	山西出版传媒集团·山西人民印刷有限责任公司
开　　本：	787mm×1092mm　1/16
印　　张：	22.5
字　　数：	333 千字
版　　次：	2025 年 3 月　第 1 版
印　　次：	2025 年 3 月　第 1 次印刷
书　　号：	ISBN 978-7-5577-1454-3
定　　价：	98.00 元

序

《中共中央关于制定国民经济和社会发展第十四个五年规划和二〇三五年远景目标的建议》明确提出，要"坚持创新驱动发展，全面塑造发展新优势"。党的二十大报告进一步强调，"创新是第一动力"，并将创新驱动发展战略置于国家发展全局的核心位置。在当前和今后一个时期内，"创新驱动发展"是构建科技创新高地、推动高质量发展的核心要义和动力源泉。深入探究科技创新高地的内涵特征与创新驱动发展的实现路径，对于充分发挥科技创新的引领作用，协同推进科技、产业与经济的深度融合发展具有深远意义。

一

建设科技创新高地是彰显创新本质的必然要求。熊彼特强调"创新是经济发展的本质"，即创新在推动经济社会发展中的核心作用。科技创新作为创新体系的重要组成部分，不仅关乎技术进步和产业升级，更关乎国家竞争力和民族未来。科技创新活动应当坚持"以创新驱动为核心"的科技哲学观，以科技的创新突破和成果转化作为科技活动的根本出发点，促进科技与经济社会的深度融合，实现科技创新价值与社会发展需求的统一。现阶段，我国科技创新高地建设的基本立足点就是创新驱动发展战略，这一战略是我国科技政策的重要理论基础。打造具有全球影响力的科技创新高地，培育具有国际竞争力的创新型企业和创新型人才，有力阐释了创新与发展的相统一，创新为要，驱动为基；系统回答了我国科技创新面向何方，为谁服务的时代之问，这既符合科技创新的发展规律，也是新的时代赋予科技创新高地的根本遵循和历史使命。

二

建设科技创新高地是我国科技事业发展的关键举措。我国自古就有"四大发明"等伟大科技成果，科技思想活跃，科技名家辈出。即使在历史动荡的时期，我国科技发展的步伐也从未停止。中华人民共和国成立之后，国家高度重视科技发展，加大了对科技事业的投入与支持，科技在提升国民经济实力、推动社会主义现代化建设的进程中发挥了巨大的作用。改革开放后，科技事业的地位逐步上升，发展目标从跟踪追赶转向并跑领跑，发展功能从服务产业发展向支撑经济社会全面进步转变，科技创新体系逐步建立健全，科技体制机制改革不断深化。经过了几十年的努力，我国的科技水平得到了极大提高，科技事业取得了举世瞩目的成就，实现了从科技弱国到科技大国的历史性跨越。2020年，全国科技工作会议对加快推进科技创新、建设科技强国作了总体部署，这是开启科技事业发展新征程的里程碑，为我国科技改革发展指明了方向。展望未来，我国就是要传承和弘扬优秀科技文化传统，在现有科技发展基础之上，乘势而上，全面提升，打造具有更高水平、更强竞争力的科技创新高地。

三

建设科技创新高地是回应时代需求的战略选择。纵观全球科技发展历史，科技创新从来都是积极回应时代所需，推动人类文明的进步。工业革命时期，蒸汽机、电力等技术的创新推动了工业化的快速发展；信息时代，互联网、移动通信等技术的创新改变了人们的生活方式。当前，新一轮科技革命和产业变革正在深入发展，科技与经济社会发展的关系愈加紧密。我国推动中国特色社会主义进入了新时代,经济强国、科技强国的加快建设,全面建设社会主义现代化国家新征程的开启,比以往任何时候都更需要科技创新充分发挥引擎作用,满足人民群众对美好生活的向往和新要求,步入创新驱动、质量优先、绿色发展的新阶段,进一步提升科技创新对经济社会发展的支撑能力。

四

建设科技创新高地是理论与实践共同推动的必然结果。科技创新高地的建设离不开对科技创新理论的持续创新和对科技创新实践的不断探索。关于科技创新高地的理论遵循,一方面要深刻领悟"我国经济已由高速增长阶段转向高质量发展阶段"的科学判断,完整、准确、全面贯彻新发展理念,深刻理解科技创新高地在国家发展大局中的地位和作用,深刻理解科技创新高地与中国式现代化、与共同富裕的关系;另一方面要从我国科技事业发展的轨迹中,科学客观认知科技创新高地这一概念的动态性,创新科技各个领域的基础理论,发展科技学科体系、学术体系、话语体系。关于科技创新高地的实践探索,要准确把握加快推进科技创新高地的重点任务和关键内容,鼓励各类科研机构和企业加大创新力度,鼓励各省科学开展创新试点,在科技创新和产业升级的壮阔实践中,拓宽科技创新高地建设的新路径,汇聚科技创新高地建设的新动能和新优势。

五

建设科技创新高地是彰显中国式现代化的有力支撑。党的十八大以来,党中央坚持把科技创新摆在国家发展全局的核心位置,作出加快科技强国建设的重大决策,推动新时代科技事业取得历史性成就、发生格局性变化。我国已成为具有全球影响力的科技大国,科技创新发展总体水平跨入世界前列。坚持中国共产党的领导,坚持中国特色社会主义科技发展道路,这是新时代办好中国特色社会主义科技事业和推进科技创新高地建设的根本性、全局性和方向性的问题。在正确方向的指引下,我国的科技事业坚持"四个面向",扎根中国大地,按照中国的特点和实际进行科技创新。同时,拓展更为广阔的国际合作交流平台,融通中外,交流互鉴,兼收并蓄,在不断探索和实践中形成自己的科技创新体系、方向和做法,走出一条中国自己的科技创新之路,发展成为具有中国特色、世界水平的科技创新高地,讲好中国式科技创新的故事,传播好中国科技创新高地的声音,增强我国科技在全球板块格局中的影响力、竞争力和话语权,为世界科技事业发展贡献中国智慧、中国理念和中国方案。

六

《走进晋创谷》一书,其价值核心在于有效统一了科技创新高地的理论性与实践性,以晋创谷为实证案例,系统研究了科技创新高地建设的方向性与路径性问题。晋创谷作为山西的创新标杆,其发展历程和实践成果为我们提供了深入探讨科技创新高地建设的生动素材。

在本书中,我们不仅对科技创新高地的理论进行了深度剖析,更通过晋创谷的实例,展示了这些理论在实践中的拓展和应用。科技创新不仅是科技界内部的问题,它还关乎社会发展的方方面面,需要社会各界的共同关注和参与。晋创谷的成功,正是得益于政府、企业、科研机构和社会各界的协同努力。

加快推进科技创新高地建设,如晋创谷所示,需要持续创新,不断适应新的发展阶段,把握新的发展方向,迎接新的时代挑战。我们从新的视角去认识科技创新,在晋创谷看到了科技创新与产业升级的协同推动、科技金融的改革创新、开放创新体系的构建以及创新型人才的培养和科技创新政策的优化等实践成果。

书中对当前山西省科技创新形势进行了准确把握,结合晋创谷的实例,对科技创新高地建设的重要意义、核心内容、面临的挑战以及实施路径进行了全面分析。我们既关注了科技创新投入、科技创新体制机制改革、科技创新结构调整等基础性、根本性、长远性问题，也通过晋创谷的实践，对当前科技创新理论与实践的热点话题进行了客观讨论和系统研究。

希望《走进晋创谷》一书，能够激发更多人对科技创新高地建设的关注和热情，共同致力于我国科技创新高地建设，为建设科技强国、经济强国和现代化国家贡献更多的力量。

2025年3月

作者简介

张雪莲，女，1981年7月生，山西大同人，山西省社会科学院（山西省人民政府发展研究中心）社会学研究所副所长，副研究员。山西省教育厅职业教育职业学校对外开放专家咨询委员会委员、山西省教育厅高等学校章程核准类行政审批专家。主要从事就业、人才培养与区域经济发展、比较教育等方面的研究工作。主持或重点参与山西省科技战略研究专项课题《提升高等院校科技成果转化能力的对策研究》《山西省教育科技人才一体化发展顶层设计研究》《山西省高等教育改革发展战略研究》，中国科普研究所委托课题《科学普及与科技创新同等重要研究》等40余项。先后在《中国教育报》《山西日报》《经济问题》等报纸、期刊发表多篇论文。参与编写《山西经济社会发展报告（2025）》《山西社会发展变迁》等多部著作。

张悦，男，1993年3月生，山西太原人，民盟盟员，山西师范大学硕士毕业。现为山西省社会科学院（省政府发展研究中心）红色文化研究所助理研究员，共青团山西省委青年评审专家。在《映像》《文史月刊》《山西市场导报》《山西社会主义学院学报》《山西老区开发》《太原日报》等报刊发表各类文章20余篇，主持市厅级及以上课题7项，出版专著1部。重点参与山西省委、山西省政协、民盟山西省委等单位横向委托课题5项。曾荣获"第一批太行精神专项研究课题"二等奖，"山西省人力资源高质量发展重大专项研究课题"三等奖。

王晶鑫，男，1995年11月生，山西沁县人，中共预备党员，日本桃山学院大学毕业，社会学硕士。现任山西省社会科学院（山西省人民政府发展研究中心）社会学研究所研究实习员。在《山西青年报》《山西财税》等期刊发表各类文章5篇，参与《奋进中的介休·社会篇》《第四期中国妇女社会地位调查·山西省数据深度开发研究》《山西经济社会发展报告（2023）》《山西经济社会发展报告（2024）》等丛书研究与撰写工作。参与撰写《山西促进高质量就业充分研究》荣获第七届山西省公共管理领域优秀科研成果二等奖。

王书芳，女，1995年11月生，山西灵石人，吉林大学毕业，经济学硕士。曾就职于中国知网，现为山西省社会科学院（山西省人民政府发展研究中心）研究实习员，具有深厚的经济学研究基础，研究方向为科技创新与区域经济，研究风格注重"理论结合实践"，强调实证分析与政策转化，致力于探究科技创新对区域经济转型的驱动机制。参与编写《山西经济社会发展报告（2025）》，参与国家社会科学基金重大项目"十四五"时期环境约束推动产业平稳、绿色低碳发展的机制与路径研究和山西省财经高质量发展重大专项研究课题等多项国家级和省级课题。

目 录

第一编 战略筑基：晋创谷的时代方位与支撑体系　001

第一章　价值重构：高水平打造晋创谷的重大意义　005

一、推动科技创新与成果转化　006

二、促进产业升级与经济发展　008

三、培育吸引高水平人才　010

四、提供科技金融支持　012

五、增强区域协同合作和对外交流　015

第二章　理论溯源：高水平打造晋创谷的理论基础　018

一、科技创新的理论基础　019

二、区域科技创新相关的理论基础　023

三、产业创新相关的理论基础　029

第三章　政策赋能：高水平打造晋创谷的政策体系　034

一、国家层面政策：引领创新驱动的宏观战略　035

二、山西省层面政策：打造特色鲜明的创新生态　043

第二编　实践探径：山西省域创新共同体的梯度发展　049

第四章　极核引领："晋创谷·太原"的创新能极跃迁实践　053

一、"晋创谷·太原"的重要地位　053

二、"晋创谷·太原"的建设基础　057

三、推进"晋创谷·太原"创新驱动平台建设的进程　065

四、高水平打造"晋创谷·太原"的具体举措　074

"晋创谷·太原"部分公司简介　109

第五章　特色突围："晋创谷·大同"的差异化发展模式　120

一、"晋创谷·大同"的重要地位　120

二、"晋创谷·大同"的建设基础　121

三、推进"晋创谷·大同"建设的进程　127

四、高水平打造"晋创谷·大同"的具体举措　134

"晋创谷·大同"部分公司简介　141

第六章　协同共进：山西省内其他地市晋创谷的建设情况　152

一、"晋创谷·晋中"：两区联动打造新质生产力试验区　152

二、"晋创谷·临汾"：一核引领+双轮驱动+N区拓展　158

三、"晋创谷·运城"：以"双中心"打造战新产业集聚区　164

四、"晋创谷·晋城"：加快构建现代化产业体系的承载地　170

五、"晋创谷·长治"：创新"双向飞地"模式　176

六、"晋创谷·阳泉"：推动晋东区域转型发展的科创新高地　181

七、"晋创谷·吕梁"：以"一中心、三基地、一公司"助力绿色转型　186

八、"晋创谷·忻州"：以"一核二区三园"打造科技创新引领区　191

九、"晋创谷·朔州"：资源型城市转型高质量发展示范试验区　191

第三编　他山鉴策：国内创新示范区的范式启示　193

第七章　制度创新：国际科技创新中心的治理经验　197

一、北京国际科技创新中心　198

二、上海国际科技创新中心　213

三、粤港澳大湾区国际科技创新中心　228

第八章　产业耦合：全国科技创新中心的融合实践　240

一、成渝全国科技创新中心　241

二、武汉全国科技创新中心　255

第九章　生态构建：其他科技创新平台和园区创新体系的要素配置　268

一、秦创原创新驱动平台　269

二、科大硅谷　282

三、天开高教科创园　290

第四编　未来谋势：晋创谷的开拓逻辑与战略跃升　299

第十章　范式变革：科技创新与产业创新融合发展的趋势特点　303

一、科技创新策源力作用愈加明显　304

二、产业创新牵引力作用愈加重要　307

三、科技与经济社会关系愈加密切　311

第十一章　风险预判：高水平打造晋创谷面临的挑战　314

一、创新迭代周期缩短，创新效率加速提升　314

二、回应时代需求速度加快，创新布局前瞻性强　319

三、人口增速下降，人力资本水平提高　322

第十二章　路径创新：高水平打造晋创谷的方向与路径　327

一、统筹推进教育科技人才体制机制一体化改革　328

二、大力推动民营经济高质量发展　329

三、加快推动青年发展型省份建设　331

晋创谷创新驱动平台建设发展大事记　333

第一编

战略筑基：晋创谷的时代方位与支撑体系

第一编　战略筑基：晋创谷的时代方位与支撑体系

科技创新是引领发展的第一动力，也是建设现代化经济体系的战略支撑。在新一轮科技革命和产业变革加速演进的当下，科技创新中心作为汇聚创新资源、激发创新活力、引领区域发展的高地，其重要性日益凸显。党的二十大报告明确提出，要统筹推进国际科技创新中心和区域科技创新中心建设，为我国从地理空间上整合各类科技创新资源、带动区域经济发展指明了方向。在这一背景下，山西积极响应国家号召，结合自身独特优势，高水平打造晋创谷创新驱动平台，以期在科技创新领域取得突破性进展，为全省的高质量发展注入强劲动力。

晋创谷作为山西推动科技创新高质量发展的关键一环，承载着加快产业升级、培育新质生产力的重要使命。它以太原为先行区，凭借独特的区位优势、深厚的产业基础、丰富的创新资源和便利的交通条件，率先扬帆起航。随后，大同、晋中等地市也相继揭牌运营晋创谷，形成了覆盖全省的创新驱动网络。

从时代方位来看，晋创谷的兴起正处于全球科技竞争日益激烈、国内经济转型升级的关键时期。在这一背景下，晋创谷不仅承载着推动山西省经济社会高质量发展的历史使命，更肩负着提升国家创新体系效能、增强国家核心竞争力的时代重任。晋创谷通过汇聚高端创新资源、吸引优秀创新人才、搭建高效创新平台，将有力推动山西产业升级和结构优化，促进区域经济的协调发展，为全省的可持续发展奠定坚实基础。同时，晋创谷的成功打造，也将为山西省在全国科技创新版图中占据重要一席，为山西的未来发展注入新的活力和动力。

在理论支撑方面，晋创谷的建设有着坚实的理论基础和逐步丰富的实践经验。通过借鉴国内外科技创新平台的成功经验，结合山西省的实际情况和特色优势，构建符合山西特色的晋创谷建设理论框架。这一理论框架不仅为晋创谷的持续发展提供了科学指导和理论支撑，也为山西乃至全国的科技创新事业提供了有益的参考和借鉴。

在政策保障层面，山西及各地市为支持晋创谷的发展出台了一系列有力政策措施。这些政策措施涵盖了财政支持、税收优惠、人才引进、金融服务、科技创新平台建设等多个方面，为晋创谷的发展提供了全方位、多层次的制度保障和政策支持。通过优化政策环境、加大投入力度、完善服务体系等措施，山西为晋创谷的创新主体提供了广阔的发展空间和良好的创新生态。这些政策的出台和实施，不仅激发了晋创谷内创新主体的积极性和创造力，也为晋创谷的持续发展注入了源源不断的动力和支持。

晋创谷的兴起，是山西深入实施创新驱动发展战略的集中体现，也是山西人民在新时代背景下谋求高质量发展、实现跨越赶超的必然选择。晋创谷将秉持创新精神，持续探索发展新路径，引领科技潮流，为山西的高质量发展贡献力量。

第一章 价值重构：高水平打造晋创谷的重大意义

习近平总书记强调："要加强重大创新领域战略研判和前瞻部署，抓紧布局国家实验室，重组国家重点实验室体系，建设重大创新基地和创新平台，完善产学研协同创新机制。"①2024年，习近平总书记在《求是》杂志发表文章指出，"新质生产力是创新起主导作用，摆脱传统经济增长方式、生产力发展路径，具有高科技、高效能、高质量特征，符合新发展理念的先进生产力质态"。②创新是发展新质生产力的主导，创新驱动平台具有汇聚创新资源、推动企业创新、加快科技成果转化、促进产业升级等多重功能，是推进产学研深度融合和发展新质生产力的重要载体。在产业经济层面，创新驱动平台建设可以促进产学研合作，加速科技成果转化为实际生产力，催生新兴产业，发展新质生产力，为区域经济注入创新活力，同时带动传统产业升级，提升产业竞争力。在社会发展层面，创新平台建设能创造更多就业机会，吸引人口流入，提高区域居民整体素质与生活水平，还有利于培养创新文化氛围，激发全社会的创新精神与创造力，推动区域可持续、高质量发

---

① 习近平：《高举中国特色社会主义伟大旗帜为全面建设社会主义现代化国家而团结奋斗》，《人民日报》2022年10月26日，第1版。

② 习近平：《发展新质生产力是推动高质量发展的内在要求和重要着力点》，《求是》2024年第11期。

展，在区域竞争中占据优势地位。

在世界科技创新发展史上，发达国家较早通过建设创新驱动平台推动科技创新与成果转化，进而推动所在国家的高速发展。我国创新驱动平台建设始于改革开放后，早期以学习借鉴国外技术为主，之后逐渐强调自主创新。2006年，《国家中长期科学和技术发展规划纲要》明确了国家科技创新体系建设方向，推动知识创新、孵化新技术等。2013年后，党和国家提出了"大众创业、万众创新"理念，各地纷纷建立众创空间、孵化园区等创新平台，为创业者提供办公场地、资金支持、创业辅导等一站式服务，激发了全社会的创新创业活力，如北京的中关村创业大街、上海张江高科技园区的集成电路产业、武汉东湖高新区的光电子信息产业等，推动了区域经济的高质量发展。近年来，各地加快建设区域创新高地，如北京、上海、天津、粤港澳大湾区、成渝等地区的科技创新平台具有全国影响力，持续发挥区域优势，汇聚创新资源，打造创新驱动发展的核心引擎，推动区域间的协同创新和产业升级。除传统科技园区和孵化园区等平台外，还涌现出了一批新型创新驱动平台，如秦创原、蒙科聚等，这些平台在整合创新资源、促进科技成果转化、推动产业升级等方面发挥了重要作用。因此，对山西省而言，作为新型创新驱动平台的晋创谷建设是一个重要的发展战略机遇，它不仅是科技创新的重要载体，也是推动产业升级和经济社会发展的关键力量。

一、推动科技创新与成果转化

2024年3月，习近平总书记在湖南考察调研时提及科技成果转化问题，并指出，"促进创新链产业链资金链人才链深度融合，推动科技成果加快转化为现实生产力"。[①]创新驱动平台是推动科技创新与成果转化的关键引擎，推

---

① 《习近平在湖南考察时强调 坚持改革创新求真务实 奋力谱写中国式现代化湖南篇章》，《人民日报》2024年3月22日，第1版。

动科技创新与成果转化也是创新驱动平台建设的核心。创新驱动平台可以整合高校、科研机构、企业等多方面资源，有效突破信息壁垒与创新孤岛，为科研人员提供更多交流合作、资源共享的广阔空间，极大地激发科研人员创新思维的碰撞与协同创新的活力。在成果转化方面，平台可以凭借其专业的评估、对接与服务机制，精准匹配科研成果与市场需求，有效降低成果转化的风险与成本，打通从实验室到市场通道的"最后一公里"，加速科技成果产业化进程，从而使科技创新真正成为驱动区域乃至国家经济发展与社会进步的核心动力，有力地提升整体创新效能与竞争力。

晋创谷创新驱动平台作为科技创新的重要载体，致力于将科技成果转化为新质生产力。通过加强与高校、科研院所的合作，引进和转化先进的科技成果，为山西的经济发展注入新的动力。通过搭建成果转化平台，加速技术突破。第一，晋创谷能够聚集创新资源，为科研人员提供更好的研发条件和合作机会，为高校、科研机构和企业之间搭建沟通合作的桥梁，促进跨学科、跨领域的技术交流与合作，有利于在先进制造、能源和新能源、半导体材料等重点领域攻克关键核心技术，提高山西的科技水平，推动更多优质科技成果的产生。例如，一些企业在晋创谷的支持下，能够开展前沿技术的研发，如在航空测控、智能制造、现代煤机等领域取得技术突破。第二，晋创谷创新驱动平台可以提高成果转化率，能够有效促进科技成果从实验室走向市场。晋创谷通过提供完善的科技服务体系、创新的转化机制等，能够将实验室的科研成果快速推向市场，转化为实际的生产力，为山西的经济发展注入新动能。科研团队的创新成果可以在晋创谷内得到进一步的中试、孵化和产业化，缩短了科技成果转化的周期，提高了转化的成功率。比如，一些高校的科研成果在晋创谷的帮助下，能够成功实现产业化，为企业带来了经济效益。第三，晋创谷可以有效激发创新活力。良好的创新环境和政策支持，能够鼓励科研人员积极开展创新研究，并将成果在晋创谷内进行转化，形成创新的良性循环。例如，政策中对科研人员的奖励机制，能够提高他们参与成果转化的积极性。

二、促进产业升级与经济发展

习近平总书记曾指出,"科技创新能够催生新产业、新模式、新动能,是发展新质生产力的核心要素"。①纵观世界历史,创新不但能够推动经济社会的发展,而且可以提升地区乃至国家的综合实力,创新驱动较强的国家或地区往往可以引领历史发展的潮流。创新驱动平台可以打破产业壁垒,加速科技成果向现实生产力转化,催生新兴产业,同时为传统产业注入新技术、新模式,提升产业竞争力与附加值,从而推动产业结构优化升级。在宏观经济层面,创新可以促进区域经济增长方式转变,提高经济发展的质量与效益,创造更多就业机会与社会经济效益,激发经济发展新动能,使经济在创新引领下实现可持续、高质量发展。

创新驱动平台对经济发展有着巨大的推动作用。第一,推动产业结构优化升级。创新驱动平台的建设不但可以催生新兴产业,为新兴产业的诞生提供温床,而且能够为传统产业提供数字化、智能化转型方案。例如,在新能源领域,创新驱动平台可以汇聚多种技术研发力量,促使新能源产业从无到有、从小到大发展,进而变革经济结构,减少对传统高能耗、高污染产业的依赖,使区域经济向绿色、可持续方向发展。与此同时,冶金、煤炭、机械、化工、纺织等传统行业也可以通过创新驱动平台引入大数据分析和自动化等先进生产技术,精准控制生产流程、优化产品质量,提高生产效率和产品附加值,使传统产业焕发出新的生机与活力,增强在全球市场的竞争力。第二,推动企业的孵化与成长。创新驱动平台可以为科技型初创企业和科技创新团队提供一系列创业服务,包括办公场地、设备设施、资金扶持、创业

---

① 《习近平在中共中央政治局第十一次集体学习时强调 加快发展新质生产力 扎实推进高质量发展》,《人民日报》2024年2月2日,第1版。

指导、政策优惠等。在企业逐步发展成熟后，创新驱动平台可以帮助企业对接市场资源和合作伙伴，并拓展业务范围，为企业提供全周期发展的服务。

第三，推动和促进区域协同创新与经济一体化发展。创新驱动平台的建设不但可以加强区域内协同创新，打破区域内行政区域和行业的界限，并进一步促进企业、科研机构之间的协同创新，而且可以推动经济一体化进程，有利于促进区域经济一体化，通过在更大范围内整合资源，统一市场规则和创新政策，能够减少区域间的经济差异，实现区域经济的协调发展。以长三角地区的创新驱动平台为例，通过创新驱动平台，上海的金融企业可以与江苏的制造企业、浙江的科技企业和安徽的科研机构开展跨区域合作，实现资源共享和优势互补，共同推动区域产业创新升级。再如京津冀协同创新驱动平台的建设，有助于疏解北京非首都功能，加强天津和河北的产业承接能力，提升整个京津冀地区的经济综合实力。

晋创谷创新驱动平台建设同样有促进区域产业升级与经济发展的作用，可以推动山西省培育新兴产业，创造新的经济增长点。晋创谷聚焦新能源、新材料、电子信息、高端装备制造、现代煤化工等新兴产业领域，吸引大量科技型企业和科技创新团队入驻，同时推进创新项目落地，能够为山西省催生新的产业和商业模式。这些新兴产业的发展将为山西经济的可持续增长提供新的增长点。对传统产业而言，晋创谷创新驱动平台建设可以为传统产业的升级提供技术支持和创新动力。在此基础上，晋创谷创新驱动平台的科技型企业可以在发展成熟后带动产业集群发展。随着晋创谷的发展，相关企业、科研机构和高校等创新主体会逐渐聚集，形成产业集群。产业集群能够产生规模效应和协同效应，提升产业的整体竞争力，吸引更多的资金、人才和技术流入，进一步推动山西经济的高质量发展。产业集群所产生的规模效应推动着产业在生产制造、市场拓展、资源整合等多个方面实现质的飞跃。众多科技型企业在集群内相互协作、分工明确，形成了一条完整而高效的产业链条，使得生产规模得以迅速扩大，生产成本大幅降低，产品的市场竞争力显著增强。此外，晋创谷创新驱动平台的建设对山西省区域协同创新与一体化发展也有着巨大的推动作用。未来，山西省可以在先行区"晋创谷·太原"的引领带动下，逐步打造覆盖全省的创新驱动平台体系，进而加强山西省的区域协同创新，在更大范围内整合资源，促进区域经济协调发展。各区域创新子平台即各地市"晋创谷"之间将建立紧密的合作机制，开展联合技术攻关、协同创新项目等活动。随着区域协同创新的不断深入推进，山西省区域经济协调发展的目标将逐步实现。借助创新驱动平台体系的带动作用，各地区能够探寻适合自身的创新发展路径，培育新的经济增长点，实现经济的快速崛起；经济基础较好的地区则在创新引领下进一步优化产业结构，提升产业附加值，增强经济发展的可持续性与竞争力。

三、培育吸引高水平人才

党的二十大报告指出，必须坚持科技是第一生产力、人才是第一资源、创新是第一动力，深入实施科教兴国战略、人才强国战略、创新驱动发展战略，开辟发展新领域新赛道，不断塑造发展新动能新优势。科技作为第一生产力，宛如强劲引擎，驱动着社会各个领域的飞速进步与变革，它是推动经济高质量发展、提升国家综合竞争力的关键。人才作为重要资源，犹如璀璨星辰，其智慧与创造力是点燃科技进步火焰的火种，是构筑现代化强国大厦的基石，每一位优秀人才都具备独特的思维视野和专业技能，能够为国家的建设与发展注入源源不断的活力与灵感。创新作为经济社会发展的关键动力，则似汹涌澎湃的浪潮，打破传统的桎梏与边界，催生出全新的理念、模式和技术，是引领时代发展潮流、实现跨越式突破的核心力量源泉。创新驱动平台的建设，在这一宏大战略布局中扮演着极为关键的角色。它犹如一座坚实而宽广的桥梁，将科技、人才和创新这三大核心要素紧密地联结在一起，为它们搭建起相互交融、协同发展的广阔平台。在创新驱动平台之上，科技资源得以高效整合与优化配置，各类先进的科研设备、前沿的技术成果能够被充分共享与交流,从而加速科技成果的转化应用进程,让科技真正落地生根。对于人才而言,创新驱动平台提供了丰富多元的合作机会与交流场景,不同领域、不同背景的人才汇聚于此,相互切磋、相互启发,碰撞出绚丽多彩的智慧火花,极大地拓展了人才的创新思维边界,使人才在科技创新发展中实现自我超越。在创新方面,平台则营造出了一种鼓励创新的浓厚氛围,各种创新项目能够在此获得资金支持、政策扶持以及专业指导,无论是突破性技术创新还是颠覆性商业模式创新,都能够在这里孕育与成长,为创新活动的蓬勃开展提供肥沃土壤。

在培育和吸引高水平人才方面,创新驱动平台意义非凡。于人才培育而言,第一,它能够与高校、科研机构、创新型企业等创新主体加强合作,为人才发展提供丰富的实践机会,让人才在多元项目中历练专业技能;第二,促进人才的跨学科交流学习,拓宽知识视野,提升实践经验,了解市场需求,进一步催生人才的创新思维;第三,营造创新氛围,以竞赛、分享会等激发创造力,且宽容失败助力成长;第四,整合专业培训资源,助力人才知识更新。在高水平人才吸引方面,第一,创新驱动平台入驻的新兴高成长企业可以为人才带来广阔职业发展前景;第二,优质生活工作环境,涵盖舒适办公空间与完善配套设施;第三,完善的人才激励机制,如优渥薪酬与股权奖励等;第四,强大的产业集聚效应,能让人才接触前沿技术与理念,拓展合作机会,从而全方位地对高水平人才发挥着关键且多维度的作用。因此,晋创谷创新驱动平台的建设和发展可以为山西省营造良好的创新创业环境,提供创新发展机遇,吸引更多国内外的高层次人才前来山西发展。同时,晋创谷内的科技型企业和科研机构也可以为人才提供实践和发展平台,有助于提升人才的创新能力和综合素质,为山西的创新发展提供人才支撑,培养本土人才。从长远发展来看,晋创谷创新驱动平台可以通过与省内高校、科研机构的合作,为本土人才提供更多的实践机会和培训资源,培养一批适应山西经济发展需求的高素质人才,为山西的长远发展储备人才力量。人才的汇聚将为山西科技创新和经济发展提供强大的智力支持，有助于解决山西人才短缺的问题。晋创谷创新驱动平台的建设也与高校、科研机构自身发展密切相关，可以为高校"双一流"建设提供重要机遇。例如，中北大学将晋创谷建设作为学校"双一流"创建的重大机遇，通过建设"创业苗圃+孵化器+加速器"的"创业孵化体系"，为高质量建设晋创谷中北园区提供了有力支持。这种校地合作模式既有助于提高高校的科研水平和创新能力，又能推动地方经济的可持续发展。

四、提供科技金融支持

在2023年10月底召开的中央金融工作会议上，习近平总书记曾指出："要做好科技金融、绿色金融、普惠金融、养老金融、数字金融五篇大文章。"金融是国民经济的血脉，科技创新活动更离不开高质量金融体系的支持。经过多年发展，我国金融支持科技创新的多元化融资体系正在形成，金融资源正加快向科技创新领域聚集。①对区域经济社会发展而言，构建科技金融体系并推动其持续发展具有极其重要的意义。首先，它能够为科技型企业提供坚实的资金保障，促使这些企业有充足的资源进行科技创新活动，进而推动科技成果的转化和应用，为区域经济的发展注入强大动力。与此同时，科技金融有利于创新驱动平台的建设和发展。其次，发展科技金融还能带动区域产业的升级，促进产业结构的优化调整，提升经济增长的质量和效益，实现经济的高质量发展。同时，从社会发展来看，科技金融也能创造更多的就业机会，为人们提供更多的发展空间，提高居民的生活水平。再次，科技金融的发展还能吸引更多的科技资源和人才向该区域聚集，进一步增强区域的竞争力，使区域在激烈的市场竞争中脱颖而出。最后，从区域经济社会可持续发展的角度而言，发展科技金融能够优化区域的产业结构。传统产业在

---

① 金观平：《引导更多金融资源向科创聚集》，《经济日报》2024年12月3日，第1版。

科技金融的带动下，可以借助新技术实现转型升级，降低对资源的依赖程度，减少环境污染，走向绿色、低碳、可持续的发展道路。同时，新兴科技产业的蓬勃兴起，会吸引大量高素质人才在此汇聚，进一步提升区域的创新能力与人力资源素质。这些高素质人才不仅在科技研发领域发光发热，还会带动整个区域社会文化、教育等多方面的进步与发展，为区域社会的长远稳定发展奠定坚实基础。

创新驱动平台建设与科技金融发展之间有着紧密且不可分割的联系，二者可以相互促进，共同发展。一方面，科技金融为创新驱动平台的建设提供了坚实的资金支持和丰富的资源保障，使得创新驱动平台能够更加高效地运作，为科技创新和产业发展创造有利条件。另一方面，创新驱动平台也为科技金融的发展提供了广阔的空间和更多的机遇。创新驱动平台汇聚了大量的创新项目和科技企业，为科技金融提供了更多具有潜力的投资机会，进一步促进了科技金融的发展。由此可见，科技金融与创新驱动平台就像车之两轮、鸟之双翼，相互促进、相互依存，二者共同汇聚成强大的动力源泉，为区域经济社会的创新发展注入源源不断的活力与能量，并能够有力地推动区域经济挣脱传统模式的束缚，实现转型升级的华丽转身，显著提升区域经济在激烈市场竞争中的核心竞争力，引领区域经济昂首阔步迈向更加繁荣昌盛、充满希望与无限可能的未来。

对于山西省科技金融发展而言，晋创谷创新驱动平台同样可以搭建沟通平台，吸引银行和金融机构通过强化金融服务的方式解决入驻科技型企业和科技创新团队的融资难题，将积极致力于构建起一座连接科研成果与市场需求的坚实桥梁，全力推动科技成果的高效转化与产业化落地进程。其拥有的先进科研设施与设备，以及专业化程度极高的科研服务团队，为各类创新企业和科研机构提供了极为便利且优质的研发条件与技术支持，从而极大地激发了科技创新的热情与创造力。按照省委、省政府相关政策，晋创谷将打造科技金融集聚区，鼓励设立科技金融专营机构，创新"政银保担"合作模式，充分发挥现有融资担保基金作用，联合银行、保险、融资担保等金融机构创新"政银担""政银保"等线上融资服务新模式，合理设计风险分担比例和成本缓释机制，降低入驻团队和企业的融资门槛。[①]这种合作模式能够促进科技与金融的深度融合，为入驻晋创谷创新驱动平台的科技型企业和科技创新团队提供多元化的融资渠道，解决企业的融资难题，支持企业的创新发展，为创新企业提供全方位、多形式的投融资服务。通过政银企对接会、推出创新金融产品等方式，降低企业融资门槛和成本，这种金融服务的强化有助于提升创新企业的活力和竞争力，支持创新企业的快速发展，推动产业升级和转型。

  在此基础上，晋创谷创新驱动平台建设还可以引导社会资本的投入。晋创谷创新驱动平台的发展能够吸引社会资本对科技创新的关注和投入，形成政府资金引导、社会资本参与的多元化投资格局，为山西的科技创新和产业发展提供充足的资金保障。政府资金在这一格局中充分发挥着其引领性与导向性的关键作用，通过设立各类科技创新专项资金、产业扶持基金等方式，为科技创新项目提供了必要的启动资金与政策扶持，有效地降低了创新项目的初期风险，从而吸引更多的社会资本跟进。大量涌入的社会资本，则为山西的科技创新和产业发展注入了源源不断的活力与动力。社会资本不仅带来了雄厚的资金实力，还带来了先进的管理经验、广阔的市场渠道以及丰富的行业资源，与政府资金形成了优势互补、协同发展的良好局面。这种多元化投资格局的形成，为山西的科技创新和产业发展提供了充足的资金保障。在充足资金的有力支持下，科研机构得以加大对前沿技术的研发投入力度，不断突破技术瓶颈，取得更多具有国际领先水平的科研成果；创新企业则能够加速产品研发与市场推广进程，提升企业的核心竞争力，在激烈的市场竞争

[①] 山西省人民政府：《晋创谷创新驱动平台建设三年行动计划（2024—2026年）》（2024年2月9日），国投晋创谷（太原）发展运营有限公司编《晋创谷·太原专项政策汇编》（内部资料），2024，第10页。

中立于不败之地。同时，资金的保障也促进了科技人才的引进与培养，吸引了一大批国内外优秀科技人才汇聚山西，为科技创新和产业发展提供了坚实的智力支撑。

五、增强区域协同合作和对外交流

创新驱动平台建设可以有效促进区域协同合作发展和对外交流水平的提高。创新驱动平台建设可以有力地增强区域协同合作与对外交流。其汇聚各方创新资源，吸引不同区域的企业、科研机构与人才，打破地域壁垒，促使区域间优势互补、资源共享，在技术研发、产业协同等多领域深化合作，形成紧密的创新共同体，提升区域整体创新效能。同时，创新驱动平台建设也成为区域对外交流的窗口与名片，凭借前沿的创新成果与活跃的创新氛围，吸引其他地区科技型企业、科技创新团队和投资者的关注，实现本区域同域外地区的经济、文化和科技交流。在此基础上，创新驱动平台也可以促进本地区与全球其他创新高地在理念、技术、资本等多领域的交流互动，为区域融入全球创新网络、拓展国际合作空间、提升国际影响力奠定坚实基础，带动区域全方位发展，促进开放格局的形成。

对于山西而言，晋创谷创新驱动平台建设有利于加强省内区域合作。目前，"晋创谷·太原"先行区已经逐步走上正轨，大同、晋中等地晋创谷创新驱动平台建设也正在稳步推进，临汾、吕梁、长治等地市委、市政府也在加紧推进布局建设，未来晋创谷创新驱动平台的建设模式将在全省范围内逐步推开，形成省域创新驱动平台体系，以此加强山西省内各地区之间的创新协同和产业协同，促进创新资源的共享和优化配置，推动全省经济的协调发展。山西省内各地区皆蕴含着独特的发展潜力与资源禀赋，加强彼此间的创新协同成为开启高质量发展之门的关键钥匙。以省会太原为例，作为全省的政治、经济、文化中心，这里汇聚了众多高等院校、科研机构以及大量的高新技术企业，科研实力雄厚，创新人才济济，在信息技术、新材料研发、智能煤机装备等前沿领域具有显著优势。大同则凭借丰富的能源资源和深厚的工业基础，在能源技术创新与传统产业升级改造方面有着不可替代的地位，同时依托区位优势承接京津冀产业转移。阳泉在智能制造与工业互联网领域逐渐崭露头角，展现出独特的创新活力。因此，不同地区的晋创谷可以根据自身的优势和特色，进行差异化发展，形成互补优势，共同推动山西的整体发展。不同地区的晋创谷将成为所在地区创新发展的核心引擎与示范标杆，依据自身独特的优势和特色进行差异化发展，进而形成强大的互补优势。例如，"晋创谷·太原"可以依托城市的科研与人才集聚优势，重点聚焦于高新技术研发与创新企业孵化，打造成为全省科技创新的策源地与高端人才的汇聚地。"晋创谷·大同"可以围绕能源革命与绿色发展主题，承接京津冀产业转移，大力发展新能源技术研发与相关产业，为全省能源转型提供有力支撑。

晋创谷创新驱动平台建设将形成示范效应，带动区域发展。在建设进程中，晋创谷将凭借一系列高瞻远瞩的战略布局与精准有力的举措，逐步构建起一套全方位、多层次且行之有效的创新生态体系，积极整合各类分散的科技资源，无论是高校、科研院所中"沉睡"的科研成果，还是企业界中尚未充分挖掘的创新潜力，都被一一纳入其整合的视野之中。通过搭建高效的资源对接平台、建立完善的科技成果转化机制以及提供全方位的科技服务保障，晋创谷成功地将原本孤立的科技资源要素紧密地串联在一起，形成了一股强大的创新合力。随着晋创谷建设的逐步深入与成效的日益显著，其形成的示范效应得以扩散，深刻地影响着周边地区的产业发展格局。它们借鉴晋创谷整合科技资源的模式，积极挖掘本地的科技资源潜力，加强区域内资源的协同共享；学习晋创谷促进"四链"融合的经验，因地制宜地制定符合本地产业特色的"四链"融合发展战略，推动产业结构优化调整与转型升级；效仿晋创谷贯通产学研的做法，建立起更加紧密的校企合作关系，提升企业的创新能力与市场竞争力。例如，位于太原中北高新区的"晋创谷·太原"

将带动周边尖草坪区、杏花岭区和阳曲县等地区的积极参与，提升上述地区的科技创新能力，推动产学研融合。在晋创谷创新驱动平台的引领下，山西全省将逐渐形成一种创新驱动发展的良好氛围，各个地区之间相互学习、相互竞争、相互合作，共同为山西高质量发展贡献科技创新力量，描绘出一幅三晋大地创新发展的宏伟蓝图。

拓展对外合作交流。晋创谷作为山西的创新名片，能够吸引国内外的创新资源和企业与山西开展合作交流，提升山西在国内外的影响力和竞争力，为山西的开放发展提供新的机遇。与此同时，晋创谷有助于增强山西在全国创新格局中的地位，进一步提升山西在国内外的影响力。曾经在外界眼中的山西或许只是以传统能源产业闻名，如今，山西正逐步转变为一个充满创新活力、孕育无限可能的新兴创新区域。晋创谷的建设能够提高山西的科技创新能力和产业发展水平，使山西在全国的创新版图中占据重要地位。随着科技创新能力与产业发展水平的不断提高，山西将吸引着越来越多的创新资源和项目汇聚于此。各类创新基金、风险投资纷纷涌入，为创新项目提供充足的资金保障；高端创新人才纷至沓来，他们将在这里找到施展才华的广阔舞台，为山西的创新发展注入源源不断的智慧活力；前沿创新项目如雨后春笋般落地生根，涵盖从科技创新到商业模式创新的各个领域，进一步丰富山西的创新生态体系。这些创新资源的聚集，不仅为山西的当前发展注入了强劲动力，更为其长远发展奠定了坚实无比的基础，确保山西在未来的创新发展道路上能够稳步前行，持续绽放光彩，成为全国乃至全球创新版图中一颗璀璨夺目的明星。

第二章 理论溯源：高水平打造晋创谷的理论基础

晋创谷创新驱动平台作为山西推动科技成果转化、培育新质生产力和塑造发展新动能的重要载体，将科技创新与产业创新深度融合，是推动区域经济发展的重要力量。高水平打造晋创谷创新驱动平台，要以科技创新理论为指导，遵循产业创新规律和区域科技创新规律，使晋创谷成为推动山西高质量发展的重要平台。

奥地利经济学家约瑟夫·熊彼特从技术与经济相结合的角度，研究了技术创新在经济发展中的作用，强调生产技术的革新和生产方式的变革对经济发展的重要性。熊彼特因首次提出了创新学说并系统阐述了创新在经济发展中的作用，形成了以创新理论为基础的经济发展理论，被称为"创新经济学之父"。

在熊彼特之后，西方许多经济学家对技术创新理论进行了研究，形成了不同的学派，有代表性的主要是新古典学派、新熊彼特学派、制度创新学派和国家创新系统学派等。在这期间，与经济理论的发展演化过程经历了从微观层面的微观经济学到宏观层面的宏观经济学，再到中观层面的产业经济学三个发展阶段类似，科技创新理论也经历了从微观层面的技术创新理论到宏观层面的国家创新系统理论,再到中观层面的产业创新理论三个阶段。①

国内有关科技创新理论的研究主要结合我国科技创新的现实情况以及与经济发展的关系,从研究层次的角度对已有成果进行梳理和总结,集中于区域科技创新理论和产业创新理论两个部分。

一、科技创新的理论基础

(一)熊彼特的技术创新理论

熊彼特在其1912年发表的著作《经济发展理论》中首次提出了"创新"的概念,认为经济发展是一个以创新为核心的演进过程,开启了以创新理论解释经济发展的先河。②

熊彼特认为,创新就是建立一种新的生产函数,即将一种从未有过的生产要素和生产条件的新结合引进生产体系中去,从而获得潜在利润。他认为,创新是一种不停运转的机制,而不只是某种技术或工艺的发明和发现,只有将这种发明和发现引入实际的生产过程,并对原有的生产体系产生震荡效应,这才是创新。他还在此基础上提出了创新的五种情况:一是生产出一种新的产品或赋予某种产品以新的特性;二是采用一种新的生产方法或商业处理方式;三是开辟一个新的市场;四是获得一种新的原材料或半成品的供应来源;五是形成一种新的组织形式。③后来人们将这五个方面分别概括为产品创新、技术创新、市场创新、资源配置创新和组织创新。

在熊彼特的创新理论中,有以下几个基本观点。第一,创新是在生产过程中内生的,是经济体系内部的变化,是推动经济发展的根本动力。他认

---

①李庆东:《产业创新系统协同演化理论与绩效评价方法研究》,博士学位论文,吉林大学管理学院,2008,第47页。
②范维、王新红:《科技创新理论综述》,《生产力研究》2009年第4期。
③李庆东:《产业创新系统协同演化理论与绩效评价方法研究》,博士学位论文,吉林大学管理学院,2008,第9页。

为，经济系统总是处在由一种均衡向另一种均衡变动的过程中，这种变动是由经济体系内部的因素所决定的，除了劳动和资本这些基本要素的数量变化之外，另一个最重要的因素就是创新。第二，创新是一种"革命性"的变化。他强调，创新打破了旧的均衡，创造了新的市场和经济结构，是经济发展过程中的"创造性破坏"。这种"创造性破坏"就是创新的传导机制，正是这种"创造性破坏"推动经济向前发展。对此，他曾形象地比喻：不管把多少数量的驿路马车或邮车连续相加，也决不能得到一条铁路。第三，创新同时意味着毁灭。生产要素和生产条件的新组合通过各种方式取代了旧组合，使得旧的生产技术和生产体系被淘汰，通过新旧组合的更替，经济体系实现了自我更新。第四，创新必须能够创造出新的价值。熊彼特认为，先有发明，后有创新；发明是新工具或新方法的发现，而创新是新工具或新方法的应用。他强调，没有得到实际应用的发明在经济上是不起作用的。只有当新工具或新方法被应用到具体的生产实际中并创造出了新的价值，才能说这种工具或方法在经济上起到了作用。熊彼特关于创新必须产生新的经济价值的这一基本观点被后续许多研究创新理论的学者所继承。第五，创新是经济发展的本质规定。熊彼特将创新概念引入经济运行机制中去，认为经济可分为"增长"和"发展"两种情况。由人口和资本等基本要素的增长所引起的经济变化，并没有引起经济"质"的变化，属于经济增长的范畴；而经济发展是由创新引起的经济循环流转过程的中断，是一种"质"的变化。从这个角度来说，创新是经济发展的本质规定。

在熊彼特看来，企业家在创新的形成过程中发挥了重要的作用，并据此提出并改进了企业家创新模型。在企业家创新模型中，企业家就是将新发明首次引入到经济运行过程中的"创新者"，技术创新应该遵循这样的路线：首先，一个与新近科学相关的不确定的发明流出现，但并未进入市场；其次，一群有远见和胆识的企业家凭借敏锐的判断力发现了这些不确定的发明流的市场价值，并愿意为其承担风险，从而将其引入市场体系中去；再次，当这些不确定的发明流将原本的技术或产品所替代,为企业家赢得了超额利润,原有的市场均衡就会被打破;最后,大批模仿者进入市场,超额利润逐渐降低直至消失,市场再一次趋于平衡。从这个角度来说,企业家既不同于发明家,也不是一般意义上的经营管理者,而是富有冒险精神的创新者。企业家身上所具有的胆识、远见和组织才能等,被称为"企业家精神"。创新正是由这种富有"企业家精神"的创新者所推动的,创新就是企业家的天职。①

熊彼特以创新理论为基础解释了经济周期的产生,认为经济周期是经济发展的必然结果。他强调,当经济中出现一波强大的创新集群时,企业家群体会加大投资,推动经济进入繁荣阶段;当创新集群被逐渐消化,而新的创新集群并未出现时,经济缺乏新的创新点,就会出现衰退和萧条。这种由于创新的非连续性和非均衡性所引起的经济波动,就形成了经济周期。熊彼特还进一步以"创新理论"为基础论述了制度变迁和社会变革与技术创新的关系,解释了资本主义的本质特征和资本主义发生、发展和趋于灭亡的必然结局,形成了以"创新理论"为基础的独特的经济理论体系,为后来的经济学研究提供了重要的思路和启示。独具特色的创新理论也奠定了熊彼特在经济思想发展史研究领域的独特地位。

(二)熊彼特之后技术创新理论的发展

熊彼特提出技术创新理论之后,该理论受到同时期凯恩斯革命的影响,并没有在主流经济学论坛中引起广泛的重视。直到20世纪50年代以后,许多国家的经济出现了长达20年的高速增长,这已经不能由传统经济学理论中资本、劳动等要素的增长来解释,西方学者逐渐意识到科技创新在经济增长中的重要作用,技术创新理论由此受到广泛关注,并得到了进一步的发展。

---

①梁维岸:《高科技园区创新系统之研究》,硕士学位论文,上海社会科学院经济研究所,2012,第11页。

以索洛和罗默为代表的新古典经济学家认为技术创新是经济增长的内生变量,并将技术创新纳入经济增长模型中进行研究。其中索洛提出的新古典经济增长模型将经济增长归因于由劳动和资本要素所推动的增长和以技术创新所推动的增长,并用"索洛残差"来测度技术进步对经济增长的贡献率。但是在索洛模型中,技术创新的过程被看成一个"黑箱",并没有得到进一步的解释。罗默将知识区分为一般知识和专业知识,认为一般知识产生经济外部性,使所有企业获得规模收益,而专业知识通过产生内部经济给个别企业带来垄断利润。通过这样的假设,知识成为一种内生的因素被引入经济模型中,并使得知识本身以及劳动、资本等要素产生递增收益,从而把技术进步视为经济的内生变量和知识积累的结果,认为知识才是经济增长的原动力。

熊彼特的创新理论还引发了对技术创新范式的研究,这方面的研究主要经历了从线性范式到网络范式的演变。其中技术创新的线性范式认为技术创新遵循"发明—开发—设计—中试—生产—销售"的线性过程,且该过程主要存在于企业内部,从而强调了企业在技术创新中的作用,是对熊彼特创新思想的继承。后来的研究发现来自企业外部的一些因素可以克服单个企业技术创新所面临的局限,从而对创新产生重要的影响,于是有关创新的研究视野拓展到企业之外,导致技术创新网络范式的兴起。网络创新范式先后被应用在国家、区域和产业层面,形成了国家创新系统理论、区域创新系统理论和产业创新理论。

二、区域科技创新相关的理论基础

(一)国家创新系统理论

1987年,英国著名的技术创新研究专家克里斯托弗·弗里曼在《技术政策与经济绩效:日本国家创新系统的经验》一书中首次提出了国家创新系统的概念,并将其解释为"公共部门与私营部门的各类不同组织构成合作网络,网络中的合作与互动能够刺激新技术的产生、改进以及扩散"。[1]弗里曼通过研究日本的产业政策以及通商产业省对日本创新效率和经济发展的作用,发现日本在技术落后的情况下,以技术创新为主导,辅以组织创新和制度创新,只用了几十年的时间,使国家经济出现了强劲的发展势头,成为工业化大国。他提出,日本的这种追赶和跨越不仅仅是技术创新的结果,还来源于制度和组织的创新,是一种国家创新系统演变的结果。弗里曼认为,技术创新并不只是某个单项技术的提升,而是"技术经济范式"的变迁,这依赖于国家创新系统对技术创新资源的集成能力、集聚效率和适应性效率。[2]通过强调政府政策、企业研究、教育培育和产业结构的作用,弗里曼揭示了技术政策如何通过构建有效的国家创新系统,转化为实际的经济绩效。

在弗里曼提出国家创新系统理论之后,美国学者迈克尔·波特1990年出版了《国家竞争优势》一书,书中提出了国家创新系统展示图,认为国家的竞争优势是建立在成功进行了技术创新的企业基础之上的,从某种意义上讲,国家只是作为一个企业的外在环境发挥作用,对企业竞争力产生增强或

---

[1] 黎越亚、柳婷:《继承与发展:从国家创新系统到智慧专业化》,《生产力研究》2024年第7期。

[2] Philip Cooke, "Regional innovation systems:competitive regulation in the new Europe," *Geoforum* 3 (1992).

削弱的效果。①经济合作与发展组织于1999年发表了《国家创新系统》报告，指出创新是不同主体和机构之间相互作用的结果，技术变革是系统内部各要素相互作用的结果，其中企业承担着组织创新和获取外部知识的职责，是整个系统的核心，大学、科研机构和其他中介组织为企业提供外部知识。②

由此可以看出，在国家创新系统中，创新活动的主体主要有企业、科研机构、教育培训机构、政府部门等。其中企业是创新投入和创新产出的实施者，是创新收益的主要获得者，在国家创新系统中处于中心地位。国家层面的相关部门和科研机构等属于科技创新的公共机构，在国家创新体系中的主要作用是开发一些可以共用的技术资源，为企业的科技创新活动提供保障。从这个角度来说，国家和科研机构从事的科研活动主要是基础性、前沿性和战略性的，通常伴随着高投入和高风险。教育培训机构如高校则主要为科技创新提供拥有基础知识、必要的技术和技能的人力资源，并从事基础研究，为某些领域的技术创新提供知识支撑。这些主体内部和相互之间都有着相应的运行机制，并形成了一个有机的整体，只有各个主体内部保持良好的运行机制，相互之间保持良好的合作与互动，才能更有效地创造、引入、改进和扩散新的知识和技术，从而保证国家创新系统高效运行。市场环境、国际联系和创新政策通过影响创新主体的行为，对创新资源进行配置，协调国家的创新活动，在国家创新体系中发挥着重要的作用。

国家创新系统的主要功能有执行和评估创新活动、供给和配置创新资源、建立创新制度和创新政策、建设创新基础设施。在国家创新系统中，以企业为主、科研机构和教育培训机构为辅，开展新知识和新技术的创造、传播和应用，中介机构为创新提供良好的环境，政府通过组织重大创新计划和

---

①范维、王新红：《科技创新理论综述》，《生产力研究》2009年第4期。
②赵立龙：《基于区域创新系统理论的大学科技园发展战略研究》，硕士学位论文，昆明理工大学管理与经济学院，2004，第15页。

项目、组织产学研合作、推广创新成果、开展国际合作与交流等多种形式，促进创新活动。在市场经济中，以市场需求为导向，市场和政府在创新资源的生产和配置方面联合发挥作用。国家创新系统通过制定创新政策和创新法律、保护知识产权、规范创新主体的行为等方式为全社会开展创新活动提供良好的制度环境。国家创新系统还通过布局建设国家科技基础设施、重大科学装置等，完善创新基础设施的建设，为创新活动提供良好的条件。

（二）区域创新系统理论

在经济学领域中，区域往往指经济活动相对独立、内部联系紧密且较为完整，具备特定功能的地域空间，它具备地域性、独立性和开放性三个特征。随着经济的发展，人们逐渐意识到，与国家相比，区域才是一个真正意义上的利益共同体，于是有关创新的研究逐渐转向区域层面，并在技术创新理论和国家创新系统理论的基础上，产生了区域创新系统理论。

英国学者库克于1992年发表的文章《区域创新系统：新欧洲的竞争规则》中最早提出区域创新系统的概念并进行了较为详细的阐述，引起了学术界的重视与研究。他认为区域创新系统是由在地理上相互分工与关联的企业、大学和研究机构等组成的一个区域性组织系统，这个系统支持并催生创新。在库克提出区域创新系统的概念之后，来自地理经济学、区域经济学、发展经济学、系统论和创新理论等多个领域的学者对区域创新系统进行了研究。由于学术背景不同，研究的视角也不同，目前学术界关于区域科技创新系统的概念和内涵还没有形成一致的共识，但大家普遍认为其基本内涵应该包括以下几个方面：一是具有一定的地域空间和开放的边界；二是以企业、高校、科研院所、地方政府机构和其他服务机构等为主要主体；三是不同主体之间通过合作与互动，形成创新系统的组织和空间结构，并构成一个社会系统；四是制度因素在知识的形成、利用和扩散中发挥着重要的作用。[①]由此

[①] 范维、王新红：《科技创新理论综述》，《生产力研究》2009年第4期。

可以看出，与国家创新系统一样，区域创新系统以企业、科研机构、教育培训机构和政府部门等为行为主体，通过各主体内部和相互之间良好的运行机制，保障区域创新活动的正常进行。

国内学者赵立龙在现有的关于区域创新系统的研究中，从不同角度分析了区域创新系统的构成，并将其划分为不同的子系统。从对知识的利用角度来看，区域创新系统可以分为知识创新、技术创新、知识传播、知识应用四个子系统。从创新活动的过程来看，可以将区域创新系统分为研究开发、创新引导、创新运行与调控、创新支撑与服务几个子系统。从创新对象的角度出发，可以将区域创新系统分为科学创新、技术创新、制度创新、管理创新、组织创新几个子系统。从创新结构方面，可以将区域创新系统划分为创新主体、创新基础、创新资源和创新环境几个子系统。其中创新主体包括企业、高校、科研院所、政府部门等；创新基础指的是技术标准、科技基础设施、信息网络、数据库等因素；创新资源包括人才、知识、专利、资金等；创新环境是指政策法律、管理制度、市场和服务等因素。[1]

目前，在与区域创新系统构成相关的理论研究中，比较著名的理论是基于创新主体子系统的三螺旋理论。三螺旋理论将大学、企业和政府比作三个螺旋，认为创新依赖于政府、企业和大学之间的互动与交流，通过三者的密切合作，推动产业创新、区域创新乃至国家创新。在三螺旋理论中，大学、企业和政府作为创新的重要载体，被称为创新三螺旋。三螺旋理论不刻意强调谁是创新的主体，而强调创新三螺旋之间的合作关系，认为大学、企业和政府都可以成为创新体系中的领导者、组织者和参与者，各类主体除了保持自身独有的作用之外，也同时具备其他两类主体的一些功能，使得彼此之间容易找到利益结合点，更好地开展交流与合作，如大学通过提供社会服务与

---

[1] 赵立龙：《基于区域创新系统理论的大学科技园发展战略研究》，硕士学位论文，昆明理工大学管理与经济学院，2004，第21页。

产业界建立联系，企业通过开展科技研发与学术界建立联系。根据各类主体在推动创新中所发挥的作用，三螺旋理论可以分为大学推动式、大企业带动式和政府拉动式创新模式。大学推动式创新指的是由大学的知识转移和技术创新推动的区域经济发展；大企业带动式创新指的是由大企业的技术创新和市场拓展带动的区域经济增长；政府拉动式创新则是由政府的政策引导和资源投入所拉动的区域创新发展。在三螺旋理论中，大学、企业和政府三类主体通过共建科技园、开展研究合作、联合申请专利等形式密切合作，共同推进区域创新系统的有效运行。

赵立龙根据技术扩散场的理论研究，借用"场"的概念研究了区域创新系统中创新成果的扩散机制，从而对区域创新系统的运行进行了梳理。[1]创新扩散指的是新技术、新产品、新知识、新理念等创新成果，通过市场渠道和非市场渠道从创新的发源地向其他地方进行转移和传播的过程。通常来说，创新成果的扩散产生于产业和地域两个层次。从产业层次上看，创新扩散发生于同一产业内部的不同企业之间，这主要是针对技术创新。从地域层次上看，创新的扩散分为区域内部和区域外部两个方面，区内扩散指的是创新成果在区域内部各主体间的相互转移，主要作用于区域内部经济，不对区域外的经济产生影响；区外扩散指的是创新成果对区域外周边地区的影响，产生外部效应。许多因素都会影响创新扩散的效率，如创新成果的适用性、社会环境和资源环境。创新成果的适用性自然不言而喻，创新成果在接受地的适用性越高，其扩散速度越快。而社会环境通常包括创新接受地的开放程度、产业结构、管理水平和政策法规等，较高的开放程度、均衡的产业结构、良好的管理水平和完善的政策法规等都可以在一定程度上促进创新扩散。资源环境主要指接受地的自然资源、人力资源和基础设施等条件，这些条件的完

---

[1] 赵立龙：《基于区域创新系统理论的大学科技园发展战略研究》，硕士学位论文，昆明理工大学管理与经济学院，2004，第24页。

备性和先进性决定了创新扩散的通畅性，从而影响扩散效率。

（三）区域创新系统与国家创新系统的关系

国内学者龚荒指出，区域创新系统与国家创新系统既相互联系，又相互区别。从创新结构上看，区域创新系统和国家创新系统都是由创新主体、创新基础、创新资源和创新环境几个子系统构成。创新主体指企业、高校、科研院所、政府部门和其他创新服务机构等各类可以开展创新活动的主体。创新基础主要是指技术标准、科技基础设施、信息网络、数据库、图书馆等这类创新基础设施，通常来说代表着一个区域或国家在某个发展阶段的创新水平。创新资源包括人才、知识、专利、资金、信息和自然资源等，这些要素同时具有商品属性和资源属性。创新环境指的是国家政策法律、管理制度、市场和服务等这些制度性因素，对创新体系中的创新行为有着很大的影响，通过改善创新环境可以有效地激励创新。①

从系统科学的角度来看，创新系统是一个复杂的大系统，各个子系统内部和相互之间交叉协调、交流合作，形成一个有机的整体，促进创新系统的良好运行。从某种意义上说，区域创新系统是国家创新系统的向下延伸，是国家创新系统的子系统。若干个相互开放的区域创新系统通过有机的连接，形成国家创新系统，区域创新系统的形成和发展也以国家创新系统的建立和完善为基础。

由于所处的层次不同，区域创新系统与国家创新系统有着不同的功能。赵立龙指出，国家创新系统是在国家层面上为经济体的运行提供创新服务的，通常来说，政府根据国家发展目标，布局建设科技基础设施，开展基础研究和应用基础研究，组织重大创新计划和项目，开展产学研合作，营造有利于科技创新的制度环境，促进创新活动的开展。从这个角度来看，国家创新系统同时承担着基础研究和技术创新两种重要的功能。而区域创新系统直

---

① 龚荒：《关于区域创新体系中几个关系的界定》，《科技进步与对策》2003年第3期。

接为某个区域的经济发展服务，由于其地域限制在一个区域内，可能会出现某种创新资源的缺失或不足，导致创新基础设施不完备，难以开展投入大、见效慢的基础研究等创新活动，并且由于区域内主要的创新主体企业的逐利性，也在一定程度上阻碍了基础研究活动的进行，因此区域创新系统主要的功能在于技术创新。区域创新系统通过技术创新，将新的技术引进区域经济系统中，促进区域产业结构的升级。[①]

三、产业创新相关的理论基础

（一）产业创新的概念

产业创新理论的创始人是弗里曼，他与荷兰经济学家卢克·苏特合著的《产业创新经济学》被认为是产业创新理论的奠基之作。弗里曼认为，产业创新是企业突破既定的已经结构化的产业约束，以产业先见或产业洞察力构想未来产业轮廓并通过培养核心能力使构想的产业成为现实的过程，它既包括了一种新兴产业的形成，也包括了对原先产业的改进。他强调，产业创新应该包括技术和技能创新、产品创新、流程创新、管理创新（含组织创新）和市场创新五个方面。[②]

在弗里曼之后，国内外许多学者从不同的角度对产业创新的概念进行了定义，但目前尚未形成统一的共识。国内学者李庆东通过梳理目前已有的关于产业创新的定义，将产业创新定义为产业创新主体（政府、企业等）通过制度创新、技术创新、组织创新、环境创新和组合创新，充分利用社会资源和能力，促进知识的产生、发展和传播，培育新兴产业，或改造原有产业，提升原有产业竞争力，或使其获得突破性的发展，从而促使产业发展实现质

[①] 赵立龙：《基于区域创新系统理论的大学科技园发展战略研究》，硕士学位论文，昆明理工大学管理与经济学院，2004，第25页。

[②] 李庆东：《产业创新系统协同演化理论与绩效评价方法研究》，博士学位论文，吉林大学管理学院，2008，第36页。

的飞跃的一系列创新活动的总和。[①]

(二)产业创新的主体和对象

在产业创新体系中,企业、政府、高校、科研机构和中介机构等构成了创新的主体要素。企业通过投资创新行为、开展技术研发和将技术成果投入市场等一系列的创新行为,成为整个产业创新体系中最重要的主体。任何形式的产业创新,都必须最终通过企业来实现其市场价值。因此,与技术创新理论和国家创新系统理论类似,企业在产业创新理论中也发挥了核心作用。但企业在产业创新中的核心作用并不意味着必须由企业来完成从研发到中试再到生产等的全过程,它可以通过技术引进或技术合作的方式来实现产品设计与开发上的创新、组织与管理的进步和市场利润的扩大。政府在产业创新体系中的作用主要体现在两个方面,一方面是作为创新活动的引导者和维护者,通过制定政策法律等,引导经济体系中的其他主体有序开展创新活动;另一方面是作为产业共性技术的提供者,通过建设科技创新基础设施等促进产业共性技术的研发。高校和科研机构通过研发新产品和新技术,为创新活动提供知识和技术支持,在产业创新体系中发挥着基础性的作用。除此之外,高校还承担着培育人才的功能,使得它可以为创新体系源源不断地输送拥有创新能力的人才。中介机构包括咨询机构、技术市场、工程中心、产学研联合体、创业中心等,通过各种方式将各类创新主体联系在一起,促进产学研合作,加速科技成果转化,在产业创新体系中扮演着重要的角色。

产业创新的对象主要有产业技术、产业管理技术和产业创新战略等。产业技术又包括产业共性技术和产业关键技术。[②]产业共性技术指的是在很多

[①] 李庆东:《产业创新系统协同演化理论与绩效评价方法研究》,博士学位论文,吉林大学管理学院,2008,第54页。

[②] 李庆东:《产业创新系统协同演化理论与绩效评价方法研究》,博士学位论文,吉林大学管理学院,2008,第51页。

领域内已经或未来可能被普遍应用,并对整个产业或多个产业及其企业产生深度影响的一类技术。由于产业共性技术通常都具有外溢性,且研发难度较大,通常由政府来进行提供。产业关键技术是对国家安全和经济繁荣至关重要的技术,对产业发展有着决定性的作用,通常由政府和企业共同研发。产业管理技术方面的创新通常包括产业创新系统的建立和产业创新评价体系的建立。产业创新系统的建立可以为创新活动提供良好的环境和高效的工具手段。通过建立产业创新评价体系,可以判断产业创新活动的价值实现情况,从而更好地指导产业创新活动。产业创新战略是指在明确产业的发展目标、方向、重点和主要措施的基础上,最大限度地实现产业创新的价值并获得产业竞争优势的过程。在产业创新战略方面进行布局,可以使产业内的企业获得产业竞争优势,实现更多利润。

在产业创新中应该加强企业、政府、科研机构、高校和中介机构等创新主体的建设,并合理协调彼此之间的关系,使整个产业创新系统形成一种良性的运转模式,通过制定合理的产业创新战略,促进产业共性技术、产业关键技术、产业管理技术的研发。

(三)产业创新的层次

李庆东根据产业创新的程度,将产业创新分为了七个层次。[①]第一个层次属于市场创新的范畴,指的是通过扩大产业区的范围或者在现有产业区内扩大消费者群体,为现有产品寻找到新的购买者,从而扩大市场范围。第二个层次属于要素创新的范畴,是指通过改进技术,将成本更低的生产要素引入生产过程中。第三个层次是为现有产业开辟新的供货渠道,例如通过电子商务来扩大产品的销售渠道,实现更多的产业价值,这被认为是对产业竞争

---

① 李庆东:《产业创新系统协同演化理论与绩效评价方法研究》,博士学位论文,吉林大学管理学院,2008,第56页。

规则的创新。第四个层次是产业延伸，即产业链的延伸，指衰退产业通过向上游产业或下游产业进行延伸，从而形成新的利润来源，延长了产业生命周期，体现了一种纵向思维。第五个层次是产业转型，是资源存量在产业间的再配置，通过将资本、劳动力等生产要素从衰退产业向新兴产业转移来实现产业转型。第六个层次属于产品创新的范畴，是指在原有产业内通过技术创新开发出新产品。第七个层次是产业创新的最高层次，是指开发一种全新的产业。一般来说，全新产业的创造过程会经历三个步骤：构想未来产业、创建核心能力和开拓市场。

（四）产业创新的模式

李庆东通过梳理历史上主要国家产业创新的规律，从创新的产生渠道角度，将产业创新分为了技术推动型、政策拉动型、企业联动型、环境驱动型、创新扩散型、合作型、产业融合与延伸型等几种不同的模式。[1]技术推动型强调技术创新在产业发展中的重要作用，认为产业技术水平的赶超是一个国家或区域产业经济实现赶超的关键，而推动产业实现突变的动力是技术进步，尤其是技术革命。从这个角度来看，技术创新是产业创新的发动机。技术推动模式的典型代表是日本。政策拉动模式强调产业政策在产业创新中的关键作用，认为由政府制定的政策、法律和其他管理制度，可以对产业发展产生强有力的指导和约束，从而拉动产业创新，这方面的例子有美国、韩国和日本。企业联动模式指的是企业为了应对日益激烈的市场竞争，打破产业界限和行业惯例，寻求新的经济增长点，由此而引起的产业创新类型，这方面的代表是韩国。环境驱动模式强调经济环境、产业结构、竞争规则、文化背景、资源禀赋等因素对创新的影响。创新扩散指的是产业内的一个企业首先实现技术突破，并实现从产品到市场和管理等多个环节的创新，然后这

---

[1] 李庆东：《产业创新系统协同演化理论与绩效评价方法研究》，博士学位论文，吉林大学管理学院，2008，第58-63页。

种技术被其他企业集群广泛使用，从而形成全新的产业。在合作模式下，产业创新有两种表现形式，一种是企业之间通过分工，各自完成不同的创新工作，并垄断局部技术或市场，进而相互支持构成一个整体的产业；另一种是以高新技术企业为中心，通过企业与高校、科研机构之间的联合创新，实现技术与知识的共享和转移，从而带动产业创新。合作创新的主要模式是高新技术企业通过技术入股等方式，与高校、科研机构开展产学研合作，将实验室的成果转化为现实的生产力。除此之外，孵化器也是产学研合作的典型模式，以高校和科研院所作为母体孵化出新产品、新企业甚至新行业。产业融合通常包括高新技术及相关产业向传统产业的渗透融合、高新技术间的相互渗透并形成新的产业、产业内部的重组与融合等，通过产业融合的方式实现产业链的优化与整合，实现产业创新。

第三章 政策赋能：高水平打造晋创谷的政策体系

党的二十大报告明确指出，必须坚持科技是第一生产力、人才是第一资源、创新是第一动力。这"三个第一"的论断，将科技创新提升到了前所未有的战略高度。为深入实施科教兴国战略、人才强国战略、创新驱动发展战略，我国致力于开辟发展新领域新赛道，不断塑造发展新动能新优势，以此引领经济社会的高质量发展。党的二十届三中全会进一步强调了构建全面创新体制机制的重要性，旨在打破传统壁垒，促进科技创新与产业创新的深度融合，加速发展新质生产力。这一战略部署，不仅体现了我国对科技创新的高度重视，也预示着科技创新将成为未来国家竞争力的核心要素。

在这一宏观背景下，我国出台了一系列政策支持，为科技创新提供了坚实的制度保障。从《国家创新驱动发展战略纲要》到各类科技计划、专项基金，再到税收优惠、金融支持等政策措施，全面覆盖了科技创新的全链条，从基础研究、应用开发到成果转化、产业培育，每一个环节都得到了精心布局和有力支持。这些政策不仅注重科技创新的投入和产出，更关注创新环境的营造，包括加强知识产权保护、优化科技评价体系、推动科技人才国际化等，为科技创新提供了良好的政策环境和社会氛围。同时，我国还积极推动科技创新与产业发展的深度融合，鼓励企业加大研发投入，加强产学研合作，推动科技成果向现实生产力转化。通过建设一批具有国际竞争力的创新高地和产业集群，我国正努力打造新的经济增长极和动力源。

山西积极响应国家创新驱动发展战略的号召，将晋创谷作为推动全省科技创新和产业升级的重要平台。晋创谷的建设，是山西深入贯彻党的二十大精神，紧跟国家科技创新步伐，寻求高质量发展新路径的战略选择。它不仅承载着推动山西科技创新和产业升级的重要使命，更是山西在全球化竞争日益激烈、新一轮科技革命和产业变革加速推进的背景下，抢占科技创新先机、提升综合竞争力的关键举措。

为支持晋创谷的高水平建设，山西省委、省政府在国家政策的基础上，结合本省实际，出台了一系列配套政策措施。这些政策不仅与国家政策相衔接，形成了上下联动、协同推进的政策体系，而且针对晋创谷的发展需求，进行了精细化、差异化的政策设计，确保政策的有效性和针对性。从科技创新的研发投入、平台建设到产业落地的项目支持、金融服务，再到公共服务的完善提升，每一个环节都精心布局，得到了政府的有力支持。

晋创谷政策体系的形成和实施，是山西深入贯彻国家创新驱动发展战略、积极响应国家政策号召的具体体现。这些政策的落地实施，不仅为晋创谷的发展提供了坚实的政策保障和创新支持，更为山西乃至全国的科技创新和产业升级探索出了新的路径和模式。

一、国家层面政策：引领创新驱动的宏观战略

（一）总体战略指导

党的十八大以来，面对全球经济形势的深刻变化和国内经济转型升级的迫切需求，以习近平同志为核心的党中央审时度势，将科技创新置于国家发展全局的核心位置，明确提出实施创新驱动发展战略。这一战略旨在通过科技创新推动经济结构调整和产业升级，实现高质量发展，为中华民族伟大复兴提供强大的科技支撑。习近平总书记多次强调，"科技创新是提高社会

生产力和综合国力的战略支撑,必须摆在国家发展全局的核心位置。"这一重要论述为新时代科技创新工作指明了方向。为落实创新驱动发展战略,国家出台了一系列重要政策文件,为创新驱动平台的建设提供了总体指导和方向。

2015年3月,中共中央、国务院发布了《关于深化体制机制改革加快实施创新驱动发展战略的若干意见》(中发〔2015〕8号)(以下简称《意见》),该文件被誉为全面深化科技体制改革的"战略蓝图"。其中明确提出了30条改革意见,旨在营造激励创新的公平竞争环境,推动科技与经济深度融合。《意见》强调了市场在资源配置中的决定性作用,提出要加快政府职能转变,减少政府对创新活动的直接干预,更多地运用财政、税收、金融等经济手段激励企业技术创新活动。同时,还提出要改革科技评价制度,完善科技成果评价奖励制度,构建更加科学合理的科技评价体系。

随后,2015年9月,中共中央办公厅、国务院办公厅发布了《深化科技体制改革实施方案》(以下简称《方案》),进一步细化了改革举措和政策措施,确保各项改革任务可落地、可检验、可督查。《方案》从10个方面、32项改革举措和143项政策措施出发,突出了内容的系统性、制度的可行性、措施的针对性,每一项改革任务均明确了具体成果、牵头部门和时间进度。

2016年5月,中共中央、国务院印发了《国家创新驱动发展战略纲要》(中发〔2016〕4号)(以下简称《纲要》),这是新时期推进创新工作的纲领性文件,为创新驱动发展提供了顶层设计和系统谋划。《纲要》提出了实施创新驱动发展战略的三个阶段目标,与中国现代化建设"三步走"战略目标相互呼应,为创新驱动平台的建设提供了明确的时间表和路线图。《纲要》还强调了"双轮驱动"和"六个转变"的布局,即科技创新和体制机制创新两个轮子同步发力,以及在发展方式、发展要素、产业分工、创新能力、资源配置、创新群体等方面实现根本转变。《纲要》针对创新驱动发展的重点领域和关键环节进行了部署,从创新能力、人才队伍、主体布局、协同创新、全社会创新等角度提出了8个方面的任务。其中，特别强调了要加强科技创新平台建设，构建开放协同的创新网络，推动创新资源高效配置和综合利用。同时，还提出要深化科技体制改革，破除制约科技创新的体制机制障碍，形成支持全面创新的基础制度。

2021年12月8日至10日在北京举行的中央经济工作会议，首次将科技政策作为七大政策之一。会议明确提出科技政策要扎实落地，并从实施科技体制改革三年攻坚方案、制定实施基础研究十年规划、强化国家战略科技力量、强化企业创新主体地位、继续开展国际科技合作等方面作出具体工作部署。这一会议的召开，充分凸显了科技创新在党和国家发展全局中的地位和作用，也为创新驱动平台的建设提供了最新的战略指导。会议强调，要加快构建以国家实验室为引领的战略科技力量，加强原创性、引领性科技攻关，坚决打赢关键核心技术攻坚战。同时，要发挥企业在科技创新中的主体作用，支持领军企业组建创新联合体，带动中小企业开展创新活动。此外，还要深化国际科技交流合作，加强国际化科研环境建设，形成具有全球竞争力的开放创新生态。

党的二十大报告明确指出，必须坚持科技是第一生产力、人才是第一资源、创新是第一动力，深入实施科教兴国战略、人才强国战略、创新驱动发展战略。这一表述不仅强调了科技创新的重要性，还将其与人才、教育紧密联系起来，形成了一个完整的创新生态系统。要完善科技创新体系，坚持创新在我国现代化建设全局中的核心地位，强化国家战略科技力量，优化配置创新资源，优化国家科研机构、高水平研究型大学、科技领军企业定位和布局，打造具有全球竞争力的开放创新生态。在构建支持全面创新体制机制方面，党的二十大报告提出了多项具体举措。包括深化科技体制改革，完善党中央对科技工作统一领导的体制，强化国家战略科技力量，优化配置创新资源，优化国家科研机构、高水平研究型大学、科技领军企业定位和布局，形成具有全球竞争力的开放创新生态。这些举措旨在打破科技创新的体制机制障碍，激发创新主体的活力和创造力，为创新驱动平台的建设提供有力的制度保障。

党的二十届三中全会则进一步明确了构建支持全面创新体制机制的任务和方向。会议强调，要构建高水平社会主义市场经济体制，以高质量发展为主题，以供给侧结构性改革为主线，以改革创新为根本动力，加快构建新发展格局。在科技创新领域，会议提出要深化科技体制改革，完善国家创新体系，加快建设科技强国。这些要求为创新驱动平台的建设提供了更加具体的指导和方向。

在具体政策实施上，党的二十大及党的二十届三中全会提出了一系列支持创新驱动发展的政策措施。具体包括加大财政科技投入力度，优化科技支出结构，提高资金使用效率；完善税收优惠政策，支持企业加大研发投入；加强知识产权保护，激发创新活力；推动产学研深度融合，促进科技成果转化；加强国际科技合作与交流，提升我国在全球科技创新体系中的地位和影响力等。这些政策措施为创新驱动平台的建设提供了有力的支持和保障。

（二）科技创新支持

习近平总书记多次强调，科技创新是引领发展的第一动力，必须摆在国家发展全局的核心位置。在这一指导思想下，中华人民共和国科学技术部（简称"科技部"）在其官方网站上发布了多项科技创新支持政策，涵盖了科研项目管理、科技成果转化、创新平台建设等多个方面，为科技创新提供了全方位的政策保障。

在科研项目管理方面，国家通过优化科技计划体系，整合科技资源，提高科研项目的管理效率和资金使用效益。党的十八大以来，国家科技计划管理改革取得了显著成效，将原有的近百项科技计划优化整合为国家自然科学基金、国家科技重大专项、国家重点研发计划等五大类科技计划，构建了总体布局合理、功能定位清晰的科技计划体系。这一改革解决了过去科技计划存在的重复、分散、封闭、低效等问题，促进了科技资源的集中高效利用。

例如，国家重点研发计划聚焦国家战略需求，支持了一批关键核心技术攻关和重大科技成果转化项目，为科技创新提供了有力支撑。

在科技成果转化方面，国家积极推动科技成果从实验室走向市场，实现经济效益和社会效益的双赢。2015年修订的《中华人民共和国促进科技成果转化法》及其实施细则，明确了科技成果的处置权、收益权等权属问题，为科技成果的转化提供了法律保障。同时，国家还设立了科技成果转化引导基金，通过风险投资、贷款风险补偿等方式，支持科技成果的转化和产业化。这些政策的实施，有效激发了科研人员的创新积极性，推动了科技成果的快速转化和应用。

在创新平台建设方面，科技部大力支持新型研发机构、产业技术创新战略联盟等创新平台的建设和发展。这些平台通过整合产学研各方资源，推动协同创新和技术突破，为科技创新提供了有力支撑。2020年，科技部在京召开综合类国家技术创新中心建设工作推进会，研究部署京津冀、长三角、粤港澳大湾区等三个综合类国家技术创新中心建设工作。2020年12月，国家首个综合类技术创新中心"京津冀国家技术创新中心"在北京揭牌成立。2021年4月，粤港澳大湾区国家技术创新中心揭牌仪式在广州举行。2021年6月，长三角国家技术创新中心在上海揭牌成立。这些平台在推动产业技术升级、培育新兴产业等方面发挥了重要作用。此外，还鼓励企业、高校和科研院所等建立联合实验室、产业技术研究院等创新平台，加强产学研合作，促进科技成果的转化和应用。

国际科技合作是提升国家科技创新能力的重要途径。我国积极推动国际大科学计划和大科学工程与国际知名科研机构和企业开展合作研究。例如，参与国际热核聚变实验堆（ITER）计划、平方公里阵列射电望远镜（SKA）等国际大科学工程，不仅引进了国际先进科技资源和技术，还推动了我国科技创新的国际化进程。同时，我国推动加强与国际科技组织的合作与交流，提升了我国在国际科技合作中的地位和影响力，拓宽了我国科技创新的视野和思路,为我国科技创新提供了更广阔的平台和机遇。

此外,通过举办"科创中国"科技创新大赛、中国创新创业大赛等活动,激发全社会的创新创业热情。这些活动不仅为创业者提供了展示才华的舞台,还促进了科技成果的交流和转化,推动了创新创业氛围愈发浓厚。通过这些措施的实施,国家为科技创新提供了全方位、多层次的政策支持,有效激发了科技创新活力,推动了科技创新事业的发展。

(三)财政支持

财政支持是创新驱动平台建设的重要保障,党的十八大以来,我国通过一系列具体政策和措施,为科技创新提供了强有力的财政保障。习近平总书记多次强调,要加大对科技创新的投入力度,确保科技创新工作有充足的资金保障。

在财政支持方面,2014年,国务院印发了《关于深化中央财政科技计划(专项、基金等)管理改革的方案》(以下简称《方案》),《方案》建立公开统一的国家科技管理平台,构建总体布局合理、功能定位清晰、具有中国特色的科技计划(专项、基金等)体系,建立目标明确和绩效导向的管理制度。2025年,科技部印发了《加快构建科技金融体制 有力支撑高水平科技自立自强的若干政策举措》,其中提出设立"国家创业投资引导基金",将促进科技型企业成长作为重要方向,以培育发展战略性新兴产业,特别是未来产业。一系列的举措不仅优化了科技资源配置,提高了资金使用效率,支持了国家实验室、重点实验室等重大科技基础设施的建设和运行,还通过政府引导基金、风险投资等方式,引导社会资本投入科技创新领域,形成了多元化的科技投入体系。

在具体实施中,国家科技计划项目如"国家重点研发计划"聚焦国家战略需求,针对关键核心技术进行攻关,并促进重大科技成果的转化。这些项目的实施不仅推动了科技创新的发展,还带动了产业升级和经济社会的发展。以"国家重点研发计划"为例,该计划涵盖了新能源、新材料、生物医药等多个领域,通过资金支持和政策引导,推动了一批重大科技成果的产出和转化,为创新驱动发展平台的建设提供了有力支撑。

此外,我国还通过税收优惠政策降低企业创新成本,鼓励企业加大研发投入。例如,实施研发费用加计扣除政策,允许企业按实际发生额的一定比例在计算应纳税所得额时加计扣除研发费用;对高新技术企业减按15%的税率征收企业所得税等。这些税收优惠政策的实施,有效减轻了企业的税收负担,增强了企业研发投入的积极性,为中小科技企业的创新发展提供了有力支持。

(四)人才培养与引进

人才是科技创新的第一资源,是推动创新驱动发展战略深入实施的核心要素。党的十八大以来,党和政府高度重视人才培养与引进工作,通过一系列精准有力的政策措施,为创新驱动平台的建设提供了坚实的人才保障。

在人才培养方面,科技部和教育部等部门紧密合作,不断加大科技人才的培养力度,支持高校、科研机构和企业培养高层次科技人才。实施了"国家万人计划""青年拔尖人才计划"等重大人才工程,这些计划旨在选拔和培养在科技创新领域具有卓越贡献的领军人才和青年拔尖人才。通过提供科研经费支持、搭建创新平台、优化创新环境等举措,这些人才在各自领域内取得了显著成就,为科技创新注入了强大动力。同时,我国还注重优化人才发展环境,加强科研设施建设,提高科研人员的待遇和福利水平,完善科技人才评价激励机制,充分激发科技人才的创新热情和创造活力。这些措施的实施,不仅吸引了大量优秀人才投身科技创新事业,还进一步激发了科技人才的创新潜能。

在人才引进方面,我国实施了一系列更加开放和灵活的人才政策,如"千人计划"(现更名为"国家高层次人才特殊支持计划")等,为海外高层次科技人才提供优厚的待遇和工作条件。这些计划不仅涵盖了自然科学、工程技术、经济金融等多个领域,还特别注重引进具有国际视野和战略思维的领军人才和创新团队。通过简化签证手续、提供住房保障、子女教育等优惠政策,国家为海外高层次人才来华工作提供了极大的便利和支持。这些举措吸引了一大批海外优秀人才回国(来华)工作,为创新驱动平台的建设提供了重要的人才支撑。

此外,我国还积极推动产学研深度融合,鼓励企业、高校和科研机构之间的人才交流与合作。通过建立产学研合作联盟、技术转移中心等平台,促进科技成果的转化和应用,同时也为人才提供了更多实践机会和成长空间。建立了产学研合作示范基地,推动高校、科研机构与企业的深度合作,共同开展技术研发和产品创新。这些措施不仅优化了人才结构,还促进了科技创新与经济社会发展的深度融合。同时,国家还通过举办国际科技会议、展览等活动,加强与国际科技界的交流与合作。这些活动不仅为国内外科技人才提供了交流合作的平台,还拓宽了人才引进的国际视野和合作渠道。通过与国际知名科研机构和企业建立合作关系,引进国外先进的科技成果和管理经验,进一步提升了国家的科技创新能力。

(五)知识产权保护

知识产权保护是科技创新的重要保障,也是创新驱动发展战略深入实施的关键环节。党的十八大以来,党和政府高度重视知识产权保护工作,通过一系列政策措施,不断完善知识产权法律法规体系,加大知识产权保护力度,为创新驱动发展提供了良好的法治环境。

在知识产权保护方面,科技部和相关部门积极推动知识产权法律法规的修订和完善。例如,修订了《中华人民共和国专利法》《中华人民共和国商标法》等法律法规,增强了知识产权保护的法律效力,为科技创新成果的合法权益提供了更加坚实的法律保障。同时,国家还加大知识产权执法力度,建立了跨部门、跨地区的执法协作机制,有效打击了侵权行为,维护了市场秩序和公平竞争环境。此外,国家还积极推动知识产权的创造和运用,支持企业加强知识产权管理,提高知识产权的市场价值,激发科技创新主体的创新热情和创造活力。

二、山西省层面政策：打造特色鲜明的创新生态

山西省政府通过制定一系列全面而有力的政策措施，为晋创谷的创新驱动发展提供了坚实的政策保障和支持。这些政策的实施将有力推动晋创谷成为山西省乃至全国的科技创新高地，为地方经济发展注入新的活力和动力。

（一）晋创谷创新驱动平台建设三年行动计划

为深入贯彻习近平总书记关于科技创新的重要论述精神，全面落实省委、省政府关于科技创新的决策部署，山西省政府制定了《晋创谷创新驱动平台建设三年行动计划（2024—2026年）》（以下简称《行动计划》）。该计划旨在通过加大政策扶持力度，推动晋创谷实现高质量发展，成为山西省乃至全国的科技创新高地。

《行动计划》明确提出了晋创谷的发展目标：到2026年，推广转化科技成果1000项以上，引进培育科技型企业达到1000家，形成一批具有核心竞争力的创新型产业集群。为实现这一目标，《行动计划》从总体要求、建设布局、重点任务和组织保障四个方面进行了全面规划。

在总体要求方面，《行动计划》强调要坚持创新引领，聚焦重点产业领域，构建开放协同的创新生态。通过优化创新资源配置，激发创新主体活力，推动晋创谷成为山西省创新驱动发展的核心引擎。

在建设布局方面，《行动计划》提出要以"晋创谷·太原"为先行区，依托太原市先行建设起步区和核心区。待运营成熟后，逐步在全省范围内推开，辐射带动各设区市及山西转型综改示范区形成全省域"谷区"。这种示范先行、逐步推广的建设模式，有助于确保晋创谷建设的稳步推进和可持续发展。

在重点任务方面，《行动计划》明确了五方面的重点措施：一是坚持特色优先，提升晋创谷主导产业集聚度；二是强化运营管理，构建晋创谷全方位服务体系；三是创新工作机制，鼓励科技成果在晋创谷转化；四是完善服

务体系,推动科技金融创新发展;五是强化政策支持,营造良好创新创业生态。这些重点任务的实施,将为晋创谷的创新驱动发展提供有力支撑。

在组织保障方面,《行动计划》提出了加强组织领导、做好分类推进、强化宣传引导等保障措施。通过建立健全工作机制,加强部门协同和省市联动,确保各项政策措施落到实处、取得实效。

(二)科创团队及企业入驻支持政策

为吸引和留住优质科创资源,山西省政府出台了一系列支持科创团队及企业入驻晋创谷的政策措施。这些政策覆盖了资金扶持、税收优惠、服务保障等多个方面,为科创团队和企业提供了全方位的支持。

在资金扶持方面,山西省政府对落户晋创谷或在区内新孵化的企业,一次性给予30万元至100万元的创新启动资金。这笔资金将直接用作项目成果转化公司的注册资本金,有助于降低企业的融资负债率,提升其抗风险能力。同时,政府还鼓励省内外企业特别是省内大中型企业用户以需求为导向,采用市场化的方式与区内科创型企业签订远期创新产品"预约采购协议"。财政经费将按照产品成交额的10%,最高1000万元给予后补助,以此增加用户黏性,锁定未来市场。

在税收优惠方面,针对入驻晋创谷的科创团队和企业,推出"三免两减半"的税收优惠政策。"三免两减半"税收优惠政策指企业在入驻晋创谷后的前三年免征企业所得税,后两年减半征收企业所得税,该政策覆盖企业从初创期到成熟期的关键发展阶段,旨在降低企业运营成本,增强市场竞争力。

在服务保障方面,山西省政府建立了科创团队入驻全流程服务机制和企业入驻全周期代办机制。科创团队入驻全流程服务机制包括建设"晋创谷科创团队入驻服务平台",设立科创团队服务专员,提供涵盖政策咨询、办公场所申请、支持资金申报、人才公寓申请、人事关系代理、随迁子女入学办理、配偶就业手续、健康体检就医、城市政务生活便利等全方位、多维度一站式服务。企业入驻全周期代办机制则涵盖建设"晋创谷企业入驻服务平台",成立企业入驻对接服务部门,帮助企业申请创业办公场地、商事注册、创业导师咨询、投融资对接、创新创业增值服务等预约和驻点上门服务。这些服务机制的建立,将大大简化入驻流程,提高入驻效率,为科创团队和企业提供便捷、高效的服务。

此外,政府还鼓励高校、科研院所与晋创谷内企业开展产学研合作,共同推动科技成果转化和产业化发展。对于为推动科技成果转化工作作出重要贡献的转移转化服务机构、投资机构等服务人员,政府将给予单个成果转化合计最高不超过200万元的奖励。

(三)科技创新支持政策

为鼓励企业加大研发投入,提升自主创新能力,山西省政府加大了对晋创谷内科技创新活动的支持力度。政府优先支持晋创谷内的科研项目研发、科技成果转化熟化、创新平台建设、科技企业培育和科技奖补等活动。

在科研项目研发方面,政府组织专家团队对晋创谷内的科研项目进行评审和筛选,对市场前景好、有创新性的项目给予重点支持。同时,政府还鼓励企业与高校、科研院所合作开展联合攻关,共同突破关键技术难题。

在科技成果转化熟化方面,政府将支持在晋创谷内建设科技成果转化交易服务平台和技术转移转化服务平台,为科创团队和企业提供技术评估、法律咨询、融资对接等一站式服务。这些平台的建立将有助于加速科技成果的商业化进程,提高科技成果转化效率。

在创新平台建设方面,政府将支持晋创谷内企业建设各类创新平台,包括重点实验室、技术创新中心、产业技术创新战略联盟等。对于新认定的国家级、省级创新平台,政府将给予一定的资金补助和运营经费支持。在科技企业培育方面,政府加大对晋创谷内科技型中小企业的培育力度,支持其快速成长壮大。对于符合条件的科技型企业,政府将给予一定的税收减免优惠和资金补助。政府将对在晋创谷内取得重大科技创新成果的企业和个人给予一定的奖励和表彰,以激发其创新活力和积极性。

（四）产业落地支持政策

为促进科技成果在晋创谷内快速转化和产业化，山西省政府出台了一系列产业落地支持政策。这些政策涵盖了资金支持、土地保障、人才引进等多个方面，为科技成果的产业化提供了有力保障。

在资金支持方面，政府将对在晋创谷内转化科技成果的企业给予一定的资金补助。对以委托开发、技术转让、独占许可、技术入股等方式转化先进科技成果的入驻企业，政府将按当年实际技术交易额的20%或技术入股占比的10%给予配套资金支持，最高给予100万元的资金支持。此外，政府还将鼓励高校、科研院所与企业合作共建产业技术创新战略联盟，推动产学研深度融合。对于合作成效显著的战略联盟，政府将给予适当的资金奖励和运营经费支持。

在土地保障方面，政府将为入驻晋创谷的企业提供充足的土地资源。对符合产业规划和发展方向的企业项目，政府将优先保障其用地需求，并提供一定的土地优惠政策。《关于印发晋创谷创新驱动平台科创团队及企业入驻支持政策措施等5个配套政策的通知》明确指出，对落地在晋创谷的科技成果转化企业，经年度考核，采取"先征后补"的方式，最高可给予2000平方米厂房或500平方米办公空间的租金补贴；对新入驻的技术服务机构给予最高100平方米办公空间的租金补贴，补贴期限最长不超过5年。经评审，对重点优秀成果转化项目实行"一事一议"。

在人才引进方面，政府将加大对晋创谷内企业引进高层次人才的支持力度。在《行动计划》中，提出将提供"一站式"人才服务。发展运营公司与属地政府一体化开展人才服务工作，在创新创业、人才安居、子女教育、健康医疗、配偶就业等多个方面为高层次人才提供"一站式"服务，实现人才优惠"一键式"落地，帮助他们解决工作与生活中的实际问题。此外，政府还将加强与企业、高校、科研院所的合作，共同培养一批高素质的产业人才和技术工人。

在激励科研人员方面，为鼓励高校、科研院所的科研人员积极投身科技成果转化工作，政府建立了科技成果转化分配利益优化机制，明确规定高校和科研院所科研人员将职务科技成果在晋创谷进行转化的，依据其转让或许可所得现金收入对区内地方经济的贡献度，给予科研人员等额奖励，充分调动科研人员的转化积极性。同时，为进一步畅通科技成果转化渠道，一方面加快探索市场化的科技成果转化和知识产权保护及应用机制，健全前沿科技研发"沿途下蛋"机制，支持高校院所及其科研人员将职务科技成果在晋创谷转化，同样按其转让或许可形成的区内经济贡献度给予等额奖励；另一方面，支持横向科研项目结余经费出资成果转化，允许晋创谷内高校院所及研发机构的发明人（团队）将横向科研项目结余经费以现金出资方式，入股经高校院所批准同意、产权清晰的科技型企业，形成"技术入股+现金入股"的投资组合，并按照约定共享收益。此外，还建立了拨转股、股转债成果转化新模式，根据科技成果转化项目的不同阶段，灵活采取财政资金拨转股、股转债等方式进行投入和变更，同时允许项目团队按约定的方式、时间、价格、比例等回购形成的股份。在支持转化服务方面，积极支持高校院所在晋创谷设立专业化科技成果转化服务机构，对表现优秀的转移转化服务机构给予奖励，并且针对在科技成果转化中作出贡献的人员，在转化净收入单位留成部分中提取不低于15%的经费用于人员奖励和机构能力建设。为保障转化工作的人才支撑，政府着重壮大技术转移专业人才队伍，致力于培养懂科技、懂产业、懂资本、懂市场、懂管理，从科技到产业的全链条复合型科技产业组织人才，依托在晋高校院所、龙头企业以及省级技术转移机构等，培育科技成果转化技术经理人队伍，还将技术经理人纳入全省工程系列职称评审范围，符合条件的可申报相应层级职称。

（五）科技金融支持政策

为有效解决科创企业融资难、融资贵的问题，政府特设立省级科技创新天使（种子）投资基金，该基金重点投资于晋创谷内的创业团队及初创期科技型企业，基金规模高达20亿元。同时，政府开放基金扩容通道，积极邀请并鼓励各级政府、高校院所、重点实验室、新型研发机构等多方力量参与基金设立，共同为科创企业注入活力。

为提高基金运作效率，政府采取了一系列改革措施。通过精简管理层级、优化管理流程，确保基金运作更加高效灵活；市场化遴选管理机构，引入专业团队进行基金管理；提升投资风险容忍度，鼓励基金大胆创新、积极投资；拓宽基金退出渠道，为基金投资提供多元化退出路径；放宽基金单个项目投资限额，让基金能够更灵活地配置资源；完善收益分配机制，确保各方利益得到合理保障。这些措施将进一步提高基金的市场化效率，引导并撬动其他社会资金投向科创领域，助力晋创谷打造科技金融股权投资的新高地。

此外，政府大力推动金融机构在晋创谷内的布局与优化，积极鼓励商业银行设立科技支行、科创企业金融服务中心等专营机构。这些专营机构将深入了解科创企业的特点和需求，围绕其不同发展阶段的融资需求，推出更加灵活、多样的金融产品和服务，为科创企业提供量身定制的创新信贷服务。为进一步优化金融机构的引育政策环境，政府不仅积极鼓励各类金融机构在晋创谷设立分支机构，还对这类专营机构给予大力支持。对于新设或迁入的金融机构，政府将依据其贷款规模或投资额度，提供相应的奖励和补助，以此吸引更多金融机构入驻晋创谷，共同为科创企业提供更加全面、专业的金融服务支持。

在科技保险方面，政府大力支持保险机构结合全省科技型企业的实际需求，开发设计具有针对性的科技保险产品。《关于印发晋创谷创新驱动平台科创团队及企业入驻支持政策措施等5个配套政策的通知》提出，支持保险机构结合全省科技型企业需求，开发设计科技保险产品，对购买保险产品的科技型企业给予保费50%的补贴，每家企业每年最高20万元。通过这一系列政策举措，有效降低了科技型企业的融资成本，为科创企业提供更多元化的风险保障，助力科创企业稳健发展。

第二编

实践探径：山西省域创新共同体的梯度发展

在科技引领时代发展和新质生产力重要性地位日益凸显的时代浪潮中，山西省积极响应创新驱动战略，全力打造晋创谷创新驱动平台，为全省的高质量发展注入科技创新活力。晋创谷建设作为山西推动科技创新高质量发展的关键举措，承载着推动产业升级、培育新质生产力的重要使命，正逐步成为山西经济转型和创新发展的核心动能。

晋创谷以太原为先行区率先扬帆起航。2023年底，山西省委审议通过相关行动计划，随后"晋创谷·太原"于同年12月22日正式揭牌运营。它凭借独特的区位优势，即地处山西省会，政治、经济、文化、教育和交通资源丰富，产业基础深厚，传统工业历史悠久，新兴产业蓬勃发展，为"晋创谷"创新活动提供沃土。同时，众多高校和科研机构汇聚于此，带来了大量科研人才、先进科研设备以及丰硕的科研成果，成为"晋创谷·太原"创新发展的坚实后盾。在建设进程中，其基本建设稳步推进，构建了合理的空间格局，多个项目有序开展；众多团队企业积极入驻，涵盖多个领域，带来了创新活力；科技创新成果显著，攻克了一系列关键技术难题。此外，太原市通过完善政策体系、支持企业入驻、搭建交流平台、广引金融活水等举措，为晋创谷·太原的发展提供全方位保障。

大同紧随其后，"晋创谷·大同"于2024年4月3日揭牌。大同地处山西省北部，是连接华北、西北与内蒙古的咽喉要地，交通便利，与京津冀地区紧密相连，在区域合作中占据重要战略地位。其产业基础扎实，传统工业与新兴产业协同发展，新能源、新材料等领域成果丰硕。创新资源方面，通过与中关村合作，承接京津冀产业转移，吸引了大量科研人才，科研条件不断完善，科研成果转化成效显著。在建设过程中，基本建设有序推进，打造了"一中心两基地"的空间布局；企业和团队积极入驻，涉及多个前沿领域；

科技创新成果不断涌现,推动了产业升级。大同市通过完善政策体系、创新合作模式、加强人才引进与培养、举办各类活动等措施,助力"晋创谷·大同"成为区域协同创新的重要引擎。

除太原和大同外,山西省其他地市的晋创谷也如雨后春笋般蓬勃发展。晋中、临汾、运城、晋城、长治、阳泉、吕梁、忻州、朔州等地的晋创谷创新驱动平台纷纷揭牌运营,它们立足各地独特优势,聚焦不同产业领域,在推动区域经济转型、培育新质生产力方面发挥着重要作用。

晋创谷创新驱动平台建设是山西省深入实施科教兴省、人才强省、创新驱动发展战略的生动实践。各地区晋创谷相互协作、优势互补,共同构建起山西省创新发展的新格局。未来,晋创谷将继续发挥创新引领作用,不断探索创新发展模式,推动科技成果转化,培育壮大新兴产业,为山西省的高质量发展开辟新赛道、塑造新动能,在全国科技创新版图中绽放出属于山西的独特光彩,成为驱动区域经济发展、产业升级、人才吸引、科技创新的强大引擎。

第二编　实践探径：山西省域创新共同体的梯度发展

第四章 极核引领："晋创谷·太原"的创新能极跃迁实践

2023年底，山西省委组织召开常委会会议，审议通过《晋创谷创新驱动平台建设三年行动计划（2024—2026年）》，并指出"要坚持高起点谋划、高站位部署、高标准推动，按照'示范先行、总结经验、全省推开'的模式，确保晋创谷创新驱动平台建设各项任务落地落实，服务支撑全省高质量发展"[1]。同年12月22日，"晋创谷·太原"正式揭牌并投入运营，作为全省晋创谷先行区，"晋创谷·太原"在全省科技创新战略布局中占据着重要地位，有关部门也采取一系列措施深入推进"晋创谷·太原"的建设。

一、"晋创谷·太原"的重要地位

2023年12月22日，"晋创谷"创新驱动平台揭牌仪式在位于太原市中北高新区的国科大太原能源材料学院举行，这场揭牌仪式标志着作为晋创谷先行区的"晋创谷·太原"创新驱动平台项目正式建成并投入运营。[2]山西

---

[1]《传达学习贯彻习近平总书记对"三农"工作重要指示和在广西考察重要讲话精神》，《山西日报》2023年12月22日，第1版。

[2]《打造科技创新关键引擎，增添转型发展强劲动能：晋创谷创新驱动平台揭牌》，《山西日报》2024年11月7日，第1版。

省委、省政府高度重视"晋创谷·太原"的相关工作，并将其作为全省首家晋创谷示范项目，"晋创谷·太原"在全省创新驱动平台建设中具有首创意义与先行优势。在战略定位上，"晋创谷·太原"将被打造成为具有全国影响力的全省科技创新首善地、创新创业示范区、中试验证和成果转化一站式服务区、战略性新兴产业聚集高地。"晋创谷·太原"在山西省科技创新发展史上将扮演重要角色，带动全省在科技赋能和创新驱动之路上迈出关键一步，具有创新资源集聚、全方位服务体系、聚焦重点领域、政策支持和市场化运营等显著特征。

就区域科技创新和经济社会发展等工作而言，建设晋创谷创新驱动平台是山西深入贯彻习近平总书记关于科技创新的重要论述，大力实施科教兴省、人才强省、创新驱动发展战略，打造科技成果转化高地，助力高质量发展开辟新赛道、塑造新动能的重要载体和抓手。[1]为高水平打造"晋创谷·太原"，在山西省委、省政府的领导下，太原市委、市政府高度重视"晋创谷·太原"创新驱动平台建设有关工作，将之作为"市之大计"，并以建设"晋创谷·太原"为抓手，加快推动全市科技成果转化和产业化项目落地，服务全省高质量发展。太原市委、市政府将"晋创谷·太原"创新驱动平台建设工作与全市"着力打造内陆地区高水平对外开放新高地"和"聚焦打造国家能源技术革命策源地"等重要目标和该市"六地"发展战略定位[2]相结合，坚持科技创新引领发展。瞄准科技前沿、对接国家战略，充分发挥"晋创谷·太原"示范引领作用，不断增强科技成果中试熟化服务能力，大力引育一批科技型企业，努力攻克一批支撑产业和区域发展的关键核心技术，全

---

[1] 沈佳：《以新气象新作为推动高质量发展取得新成效——省两会特别报道：以科技创新塑造山西发展新优势》，《山西日报》2024年1月21日，第1版。

[2] "六地"发展战略定位：指太原市委、市政府于2023年底提出的城市发展目标定位，内容包括加快建设国家先进制造业重要承载地、国家能源技术革命策源地、国内外重要文化旅游目的地、内陆地区高水平对外开放新高地、区域现代服务业集聚地和全省民生幸福首善地。

第二编　实践探径：山西省域创新共同体的梯度发展

力转化一批科技成果，努力探索科技创新和成果转化工作的太原模式，更好地服务全省高质量发展。①由此可见，"晋创谷·太原"在太原市乃至山西省创新驱动发展进程中发挥关键作用，也是太原市为全省高质量发展大局作出更大贡献的重要平台。

作为全省首家晋创谷示范项目，"晋创谷·太原"创新驱动平台在先行先试方面发挥关键作用，占据首发示范的重要地位。它是全省科技资源整合之谷、产学研贯通之谷、"四链"融合之谷，旨在打通科技成果落地转化的"最后一公里"堵点，为全省高质量发展开辟新赛道、塑造新动能。"晋创谷·太原"采取示范先行、总结经验、全省推开的建设模式，即依托太原市建设起步区、先行区，运营成熟后在全省逐步推开，辐射带动各设区市及山西转型综改示范区形成全省域"谷区"。"晋创谷·太原"先行区建设是山西省委、省政府赋予太原的重大使命任务，太原力求借此打造科技成果转化高地，推动更多优质科技成果转化为新质生产力，必须高起点、高标准推进，创新运营管理、投融资、成果转化等体制机制，推动"政产学研金服用"高效协同、紧密结合，为全省晋创谷建设探好路、作示范。②同时，"晋创谷·太原"创新驱动平台积极申报建设国家技术创新中心等国家级创新平台，培育建设一批省级创新平台，以科技创新推动产业创新，更好地服务高质量发展。

对谷区所在地太原市尖草坪区和中北高新区来说，"晋创谷·太原"是两个区域坚持科创引领，在培育新质生产力上打造新引擎的重要抓手，承载着汇聚创新资源，优化创新生态，推动创新链、产业链、资金链、人才链深度融合的重要使命。两区一方面全力支持"晋创谷·太原"先行区建设。全

---

①殷雪鸢、胡引平：《市委召开经济工作务虚会 韦韬主持并讲话 陈振亮出席 张新伟讲话》，《太原日报》2023年12月29日，第1版。

②薄鸿：《更好发挥科技创新引领作用——深入贯彻落实市委十二届六次全会暨市委经济工作会议精神（二）》，《太原日报》2024年1月12日，第6版。

面落实省市政策体系，在整合科技资源、促进"四链"融合、贯通产学研、推动体制机制创新等方面发挥先行先试作用。另一方面，全力营造一流创新生态。全力做好科技服务保障，加快将中北科技成果转化中试基地打造成企业全周期服务载体，尽快把晋科半导体漂移地块人才用地项目打造成涵盖商业交流、党群服务、人才公寓等全要素综合配套项目。①"晋创谷·太原"创新驱动平台对当地全方位发展发挥着关键作用。

"晋创谷·太原"创新驱动平台不但对谷区所在的太原市尖草坪区和中北高新区发展有着重要意义，对周边地区的辐射带动作用同样十分明显，特别是与尖草坪区毗邻的杏花岭区、阳曲县乃至小店区等地，都在积极融入"晋创谷·太原"，共同助力科技创新和成果转化。例如，2023年10月17日，中北大学与阳曲县举行共建中北大学科技创新基地（晋创谷阳曲分部）合作签约仪式，阳曲县委负责人等出席。通过此次签约，中北大学将"筑巢引凤"，而阳曲是"借智借力"，双方全面推进资源共享、优势互补、合作共赢。②2024年太原市杏花岭区政府工作总体要求指出，优化科技创新生态，杏花岭区将融入"晋创谷·太原"先行区建设，探索以"飞地"模式推进"四链"融合发展，建设"杏创谷"创新驱动产业园。③太原市两会期间，太原市委书记韦韬在参加小店区代表团审议时指出，小店区要主动融入、充分用好"晋创谷·太原"平台，发挥创新资源高度汇集优势，实施好各类人才支持计划，推动创新链、产业链、资金链、人才链深度融合，加快科技成果转化应用，培育发展新质生产力。④综上所述，"晋创谷·太原"不仅在太原

---

①王勇：《锚定"六地"发展目标 建设活力北部新城——访尖草坪区委书记、中北高新区党工委书记刘锦春》，《太原日报》2024年4月10日，第3版。

②《进一步强化省会龙头意识，更好发挥"五个引领带动作用"》，《太原日报》2023年10月23日，第2版。

③《杏花岭区锚定"六地"发展定位 奋力开创现代化建设新局面》，《太原日报》2024年2月23日，第2版。

④殷雪鸢、胡引平：《韦韬参加小店区代表团审议》，《太原日报》2024年2月23日，第1版。

市科技创新发展史上具有里程碑意义，更在全省范围内，尤其对周边地区相关工作的推进，发挥着典型示范与辐射带动作用。

二、"晋创谷·太原"的建设基础

晋创谷创新驱动平台建设是山西省委、省政府深入实施科教兴省、人才强省、创新驱动发展战略的重大决策部署，得到了省级政府的高度重视和大力支持。将先行区设在山西省太原市，有利于集中资源和力量，推动晋创谷的建设和发展。2023年底以来，太原市委、市政府积极响应省级决策部署，为晋创谷的建设提供了政策支持、资金支持和服务保障，制定了一系列优惠政策和措施，吸引企业和人才入驻晋创谷，为晋创谷的发展营造了良好的政策环境。"晋创谷·太原"项目的布局和建设主要依托太原的区位优势、产业基础和创新优势，创新驱动平台建设与区域高质量发展相辅相成。

（一）区位优势

创新平台的布局区位选择需要综合考虑多方面因素，主要包括地理位置、经济社会、文化教育、交通条件等。太原市是山西省的省会城市，也是山西省政治、经济、文化、教育和交通中心，对全省具有较强的辐射带动作用。因此，"晋创谷·太原"积极依托太原市的区位优势进行布局，同时适应太原市经济社会发展的需求。

在经济和社会方面，太原市在"十三五"时期综合实力全面增强，地区生产总值年均增长7.6%，总量迈上4000亿元台阶。"十四五"时期，太原市确立了经济社会发展的主要目标，包括经济总量和发展质量大幅提高，在全国省会城市中的排位稳步前移，工业对经济的支撑更加有力，新兴产业竞争力进入全国第一方阵等。这表明太原市在经济发展方面不断努力，以提升其在全省乃至全国的地位和影响力。与此同时，太原市拥有相对优越的医疗、教育和商业资源，且城市基础设施较为完备，能够为入驻晋创谷的科研人员和企业员工提供良好的生活条件，解决他们的后顾之忧，使他们能够安心地进行科研和创业活动。上述优势为产业布局和科技创新提供较好的社会经济基础。

在交通和对外联系方面，太原市是全国性综合交通枢纽城市，拥有便捷的交通网络，包括铁路、公路、航空等多种交通方式。太原市支撑国家重大战略的区位优势明显，保障国家能源安全的战略地位突出，因此，近年来太原市以高速铁路、普通铁路、高速公路等为骨干，普通公路、城际铁路、民航等为补充，"六放射"综合运输通道发展格局逐步完善。太原市位于山西省的中心地带，对全省各地的辐射能力较强。[1]晋创谷先行区布局在太原市，可以更好地发挥示范引领作用，带动全省的科技创新和产业发展。同时，太原市与周边省份的联系也较为紧密，有利于加强区域间的合作与交流，提高山西省在全国的创新地位。上述条件有利于晋创谷内的企业与国内外其他企业进行交流合作，便于人才、技术、资金等创新要素的集聚和流动。

在历史和文化方面，太原古称晋阳，在历史上曾长期作为军事战略要地和现今山西的政治中心，具有重要的军事、政治价值。与此同时，太原市拥有5000多年文明史和2500多年建城史，有着厚重的历史文化底蕴，是中国优秀旅游城市、国家历史文化名城和国家园林城市。[2]市内有晋祠、双塔寺、崇善寺等众多名胜古迹，还有山西博物院、太原市博物馆、迎泽公园等大量文化场所，为市民和游客提供了丰富的文化活动和精神享受。近年来，太原市文化旅游事业发展迅速，文化影响力逐步增强。因此，晋创谷先行区布局在太原市，同样可以拥有更多的文化优势，丰富的文化旅游资源也可以满足入驻晋创谷的科研人员和企业员工的精神文化需求。

从谷区位置的规划和布局来看，"晋创谷·太原"谷区位于太原市中心

---

[1]《太原加快构建综合运输大通道》，据中华人民共和国交通运输部官网网站：https://www.mot.gov.cn/jiaotongyaowen/202308/t20230829_3902420.html 。

[2]张悦：《加强文物保护利用，推动文旅融合发展》，《太原日报》2023年11月6日，第5版。

城区北部，涉及尖草坪区上兰街道和向阳镇等7个乡镇（街办）27个村庄。周边有崛围山、棋子山、窦大夫祠、净因寺等自然人文资源，规划范围内有中北大学、中国科学院大学太原能源材料学院、沪硅产业控股的晋料硅材料技术有限公司等科技创新资源。与此同时，谷区交通便捷，通达性良好，可通过太原市绕城高速、阳兴大道、新兰路、泥向线、恒山路北延等道路与杏花岭、迎泽、万柏林等主城区连接，向北可达阳曲县和忻州市忻府区等地。"晋创谷·太原"谷区用地规划布局东起阳兴大道，西至慕云山，南起新兰路—阳兴大道，北至西关口村—太原市绕城高速，总用地面积58平方公里，其中规划建设用地面积46平方公里。目前规划以柏板河为界，分为先行区和拓展区。先行区用地面积17平方公里，其中规划建设用地面积15平方公里；拓展区用地面积41平方公里，其中规划建设用地面积31平方公里。拓展区将延伸覆盖太原市主城区北部诸多区域。按照"晋创谷·太原"产业定位，着力发展主导特色产业，布局重大产业项目。目前先行区项目共计17项。[1]晋创谷先行区的布局一方面能够更好地发挥太原市的示范引领作用，从而带动山西全省的科技创新、产业升级及转型发展；另一方面有利于用好创新资源优势，带动太原市城北的尖草坪区及周边杏花岭区和阳曲县等的创新发展。

（二）产业基础

地区的产业集聚可以为创新平台带来更多规模效应和协同创新的机会。晋创谷先行区的布局也与太原市产业基础密切相关，太原市传统工业领域良好的工业基础及当前形势下的转型需要是晋创谷先行区布局太原市的重要推动力；当地新能源、新材料、电子信息、高端装备制造、现代煤化工等新兴产业的发展更与"晋创谷·太原"的局部建设相辅相成，形成良性的二元互动关系。

太原市工业历史悠久，自古以来即有"煤铁之乡"的美誉。区域内矿产

---

[1] 刘锦春：《建设"晋创谷·太原" 打造科创城》，《前进》2024年第7期。

资源丰富且质地优良，早在春秋战国时期就已形成发达的手工冶铁业和铸铁业，南北朝及唐宋时期太原手工冶铁铸铁业闻名全国，并在明清时期达到传统时代的巅峰。除冶铸行业外，太原地区制陶、造纸和酿酒等传统手工行业同样有着较大影响力。近代以来，在"实业救国"的号召下，三晋大地上一大批有识之士在太原市开设火柴、机器、钢铁、煤炭、电力、纺织、化工、食品等一系列近现代工业企业，在推动太原地区工业化和现代化的同时也为当地构建了相对完善的产业基础。1949年新中国成立后，太原市工业经济蓬勃发展，"一五"计划时期，太原市初步形成以冶金、机械、电力、化工、煤炭等为主导行业的重工业生产格局。经过社会主义革命和建设时期、改革开放初期的发展，截至2000年前后，太原市工业得到了巨大的发展，形成了以煤炭、冶金、机械、化工4个行业为支柱，电力、纺织、轻工、电子、建材、精密仪器等36个行业协调发展、门类比较齐全的工业体系，太原市成为我国能源重化工基地的中心城市，在全省乃至全国发挥着越来越重要的作用。[1]2000年以后，太原市传统工业进一步发展，以钢铁、机械和电力等领域龙头企业为牵引，逐步打造了一批纵向关联、横向耦合、综合竞争力强的优势产业链，形成梯次产业发展格局。

近年来，太原市深入贯彻绿色发展和创新发展理念，以制造业振兴升级为主攻方向，部分传统产业加速推进产业升级改造，传统工业经济运行基本筑底企稳。例如，在西山煤电马兰矿的矿井下以智能巡检机器人取代人工，地面操作人员对地下采煤设施一键可控，不仅提高了生产效率，还降低了工人的劳动强度和作业风险。在精密带钢领域，太钢产品研发团队攻克了众多设备和工艺难题，实现了关键工艺和生产制造技术的重大突破，"笔尖钢"和"手撕钢"等高技术附加值产品在业界深受好评。[2]美锦能源在太原多地投

---

[1] 本书编辑委员会：《山西工业经济》，山西经济出版社，1993，第317-319页。
[2] 魏晓锴、张悦：《中国工业遗产故事丛书：西北炼钢厂故事》，南京出版社，2022，第150页。

入各类氢燃料商用车，在重载货运、城市物流、园区通勤等交通领域开展示范与推广。然而，近年来由于投资、消费和出口三大需求不足及受到一系列国际国内因素的影响，煤炭、钢铁和机械等主要产品价格大幅下跌，传统优势工业行业增速回落，非煤行业低位运行，工业经济增长后劲不足、基础还不牢靠，太原市传统工业产业面临较大转型压力。因此，太原市将逐步改造提升传统产业，在钢铁、焦化和装备制造等领域加快大规模设备更新和技术改造，全面提高相关企业的设计、制造、技术和管理水平。

如今，太原市积极响应国家和山西省委、省政府号召，培育和发展战略性新兴产业，逐步推动装备制造、新一代电子信息制造、现代煤化工、新材料、新能源等产业高端化、智能化发展。阶段性规划打造了12条战略性优势产业链，包括4个千亿级支柱产业链（特种金属材料、新型电子信息产品制造、新型化工材料、生物基新材料）、4个百亿级特色产业链（轨道交通、工业机器人、新能源汽车、节能环保装备）和4个战略性未来产业链（信创、物联网、新一代半导体、通用航空）。部分行业已初具规模，如在新能源汽车领域，太原市吸引了一批相关企业入驻，通过技术创新和产业协同，有望将太原市打造成为山西省的新能源汽车产业基地。在此基础上，太原市积极布局未来产业，在人工智能、第四代半导体、碳基新材料、低空无人机、机器人等领域，开展技术攻关，推进工业产业的迭代升级。截至2024年第二季度，太原市高新技术制造业增加值占比30.3%，战略性新兴产业增加值占比31.7%，非传统工业增加值占比49.7%，多元支撑的产业格局正加速构建。[①]与此同时，太原市的战略性新兴产业和非传统工业仍然拥有较大的发展潜力。

---

① 姚雅馨：《山西太原：大手笔建设工业城市》，《山西经济日报》2024年5月19日，第1版。

综上所述，良好的产业基础是"晋创谷·太原"创新驱动平台建设的关键推动因素，为"晋创谷·太原"创新驱动平台建设提供了产业资源支撑、企业资源助力和技术人才积累等优势条件。与此同时，太原市产业经济的高质量发展同样需要晋创谷的助力。一方面，太原市是山西省首屈一指的工业城市，也是新中国成立以来全国重要的能源重化工基地，在煤炭、钢铁、机械等传统产业方面具有深厚的基础。随着经济发展和产业升级的需求，传统产业需要通过科技创新实现转型，"晋创谷·太原"的建设可以为传统产业升级提供技术支持和创新动力。另一方面，近年来，太原市积极培育新兴产业，在新能源、新材料、电子信息等领域取得了一定的发展。"晋创谷·太原"的建设可以进一步集聚创新资源，推动新兴产业快速发展，形成新的经济增长点。

（三）创新资源

创新资源是地区科技创新平台的重要支撑因素，可以为创新平台提供科研人才、科研条件和科研成果积累等优势资源。作为省会及山西省的文化教育中心，太原市拥有丰富的创新资源，包括高校、科研机构及创新型企业等。

第一，科研人才基础方面。太原市的高校、科研机构和创新型企业拥有大量具有创新思维和能力的人才，他们是科技创新的核心主体，能够为科技创新平台带来新的想法、理论和技术方案，持续推动技术的突破和创新。以高校为例，高校是科研人才的重要汇集地，太原市有着数量众多的高等院校和相对完善的高等教育体系，如今已经形成以综合性大学、理工类院校和专业性院校三位一体的多层次办学格局。例如，太原理工大学通过不断优化人才引进政策，吸引了众多高层次人才。学校拥有全职院士、国家杰青等高层次人才，形成了一批高水平的创新团队，可以为科技创新提供强大的智力支持。如在航空航天领域，学校于2019年成立了航空航天学院（航空航天研究院），由中国C919大飞机总设计师、中国工程院院士吴光辉担任首席学科带头人,积极推动太原理工大学在该领域的产学研深度融合。[①]再如,中北大学充分借助山西省高等教育发展的有利契机,进一步加大对重量级人才及团队的引进力度,通过以才引才、以才荐才、以才聚才等方式,多层面、多渠道汇聚海内外各类优秀人才。目前已经建立了一支结构合理、实力强劲的科研人才队伍。例如,该校微纳传感与动态测试技术创新团队依托于中北大学仪器科学与技术一级学科进行建设,该团队面向国家重大工程,针对极端环境下的传感与测试问题开展研究工作。经过多年的持续发展,目前已经形成以国家和省部级科技领军人才为骨干的科技创新研究团队,拥有国家杰青、国家优青、万人计划入选者等高层次人才,研究成果在我国多个重大武器型号研制中得到成功应用,并逐步推广至航天、航空、船舶等应用领域。此外,山西大学、太原科技大学、中国科学院山西煤化所等高校和科研机构也拥有成熟的科研团队与创新人才体系,具备较强的科技创新实践能力。

第二,科研条件方面。太原主要高校和科研机构拥有先进的实验室与科研设备等科技创新基础设施,这些设施可以为晋创谷的科研创新活动提供有力的硬件支持。特别是在能源、材料和机电等领域的科研设备和实验条件,能够满足"晋创谷·太原"企业和科研团队的部分研发需求。例如,中国科学院山西煤化所长期致力于能源环境、先进材料和绿色化工三大领域的应用基础和高技术研究与开发工作,该研究所设有多个高水平的实验室和研究中心,如1个国家重点实验室(煤转化国家重点实验室)、2个国家工程实验室(煤炭间接液化国家工程实验室、碳纤维制备技术国家工程实验室)、1个国际研发中心(山西煤化工技术国际研发中心)、1个中国科学院重点实验室(炭材料重点实验室)、1个山西省工程研究中心(粉煤气化工程研究中心)等。此外,中国科学院山西煤化所公共技术服务中心拥有众多先进的设备仪器,如真空红外发射光谱仪、热场发射扫描电子显微镜、全自动物理吸

[①]《加快山西高校高质量发展》,《山西日报》2020年7月29日,第6版。

附仪、高分辨CT机、电感耦合等离子原子发射光谱仪、X射线粉末衍射仪等,可以为科研工作提供坚实的硬件支持。①再如,中北大学拥有多个省级及以上科研平台,包括山西省超重力化工工程技术研究中心、超重力化工过程山西省重点实验室、山西省煤基工业气体深度净化技术高校协同创新中心、山西省现代化工节能减排协同创新基地等。这些科研平台为承担重大科研项目、开展高水平科学研究提供了重要支持。与此同时,中北大学拥有众多专业实验室,涉及兵器、机械、材料、化工、电子等多个学科领域,为科研人员开展实验研究提供了基础条件。这些实验室配备了先进的仪器设备,如高精度的材料测试设备、电子测试设备、力学实验设备等。②上述科研平台和实验室等科研基础条件能够满足不同科研项目的需求,山西大学和太原理工大学等高校同样具有较为完善的科研基础设施,涉及新能源、高端装备制造、新材料和半导体等多个领域,可以有效对接"晋创谷·太原"的科技创新需求。

第三,在科研成果积累方面。太原主要高校和科研机构在长期的科学研究工作中积累了大量的创新成果和实践经验,这为晋创谷的企业提供了丰富的技术来源和创新灵感。入驻企业可以与高校、科研机构合作,将科研成果进行转化和应用,推动产业的发展。以太原理工大学为例,该校长期以来积极承担各类科研项目,如在与企业合作的山西省关键核心技术和共性技术研发攻关专项"焦化清洁生产智能监测、控制一体化系统研制与产业化"项目中取得良好经济效益和环境效益;还承担了国家重点研发计划课题等。近年来太原理工大学在人工智能和大数据技术应用方面,科技创新成果显著,比较著名的案例有,该校智能感知与大数据技术团队开发出基于点线网络的深

---

① 《山西煤化所简介》,据中国科学院山西煤炭化学研究所官网网站:http://www.sxicc.cas.cn/gkjj/jgj/。

② 李林霞、胡慧萍、张智韵:《瞄准最前沿 勇闯无人区——我省高校新质生产力观察》,《山西日报》2024年3月5日,第7版。

度学习方法用于田间玉米检测模型，目标检测准确率可达81.5%；研发的煤矿井下工人图像识别技术，可在井下复杂环境中准确识别工人信息；研制的高速激光器芯片光学灾变损伤过程实时分析仪，为半导体激光器检测产业提供高效、可靠的解决方案。①中北大学一方面在兵器、航天等领域具有深厚的科研积累和技术优势，曾为神舟系列飞船的发射任务提供"黑匣子"等关键设备，在国防科技领域贡献了众多科研成果；另一方面近年来也在积极致力于多学科科研，在材料、化工、机械等多个学科领域取得了一系列科研成果，拥有多个省级及以上科研平台，为科技创新提供了坚实基础。山西大学不但在数学、物理、化学、生物、地理等基础学科领域具有较强的研究实力，可以为相关领域的技术创新提供理论支持，而且在光学工程、环境科学和计算机等应用学科领域也有大量的科研成果积累。太原科技大学拥有机械工程、材料科学、控制科学与工程等传统优势学科，近年来积极整合机械工程学科资源，成立了新能源动力科研团队和技术工程研究中心，建立了先进完善的新能源动力综合试验平台，在新能源燃料内燃机开发等多个方向有着大量科研创新积累。

三、推进"晋创谷·太原"创新驱动平台建设的进程

自2023年末山西省委、省政府部署建设晋创谷创新驱动平台以来，太原市委、市政府坚决贯彻落实省委、省政府的工作要求，按照"一年建设成形、两年运营成势、三年培育见效"目标，举全市之力推动建设。②截至2024年底，"晋创谷·太原"在基本建设、企业入驻和科技创新方面均取得显著成果，为全省晋创谷创新驱动平台建设打好头阵。

---

①邬帅莉：《从大数据中探寻创新富矿——太原理工大学智能感知与大数据技术团队研发记事》，《山西日报》2024年8月27日，第6版。

②王蕾：《"晋创谷·太原"先行区建设正大力推进》，《山西经济日报》2024年1月17日，第2版。

（一）基本建设持续推进

在太原市委、市政府的统筹规划与总体布局下，"晋创谷·太原"确定了项目区位和规划范围，力求构建"双轴核心、四区四带"的空间发展格局。所谓"双轴"指的是依托中北大街横贯东西的科技创新轴、依托中心绿轴纵贯南北的都市发展轴，在空间格局中纵横"晋创谷·太原"谷区；"双心"指的是"晋创谷·太原"所属的先行区科技创新中心和拓展区城市综合服务中心，"双心"在谷区中占据着核心地位。而"四区"指的是科创、制造、居住、农业四类功能区，满足晋创谷入驻科技型企业、科技创新团队管理人员、技术人员和其他人员及家属工作、生活的需求，最终力求打造形成"4352"的功能区体系，即4个科创功能区、3个制造功能区、5个居住功能区和2个现代农业功能区；"四带"则是"晋创谷·太原"外围的生态景观带，包括柏板河、泥屯河—棋子山、杨兴河和向阳生态景观带，全方位改善谷区及周边地区的生态环境，打造宜居宜业谷区。

表4-1 "晋创谷·太原"现行主要建设项目表

类型	研发孵化制造类项目（共6个）	科创生产服务类项目（共3个）	人才生活服务类项目（共3个）
项目	传感器产业园：1个 研发孵化产业园：4个 标准化厂房：1个	综合服务中心：1个 对外交流中心：1个 技术共享中心：1个	商业服务中心：1个 医疗中心：1个 晋创客厅：1个
占地面积	规划用地面积：924亩 （1亩≈666.67平方米） 规划建筑面积：123万平方米	共享办公中心规划用地面积：182亩 规划建筑面积：37万平方米	产业生活配套社区规划用地面积：498亩 规划建筑面积：56万平方米

在用地布局方面，"晋创谷·太原"规划聚焦先进制造、能源和新能源、半导体材料等重点产业领域，强化科技创新和城市服务，提升中试验证、成果转化能力，按照"产城融合、绿色智慧、人本宜居、科学弹性"发展理念，优化用地结构布局。规划研发、科教、制造、商业等产业用地比例为45%，居住、公共服务、公园绿地等生活用地比例为40%，道路和公用设施

用地比例为15%。其中，先行区以打造成为高创新水平、高科研密度的全省科技创新策源主阵地为总目标，规划建设高校智力支撑、科技创新策源、战新产业集聚、成果转化承接、人才配套服务、城镇综合生活六大承载地。规划研发、科教、制造、商业等产业用地比例为46%，居住、公共服务、公园绿地等生活用地比例为36%，道路和公用设施用地比例为18%。起步区重点建设研发孵化制造、科创生产服务、人才生活服务等3类14个项目，规划净用地面积107公顷（1604亩），规划建筑面积216万平方米。按照"晋创谷·太原"产业定位，着力发展主导特色产业，布局重大产业项目。目前先行区项目共计17项。其中，半导体硅片材料生产基地项目，将主要建设拉晶产能60万片/月、切磨抛产能20万片/月的"300mm半导体硅片拉晶以及切磨抛基地"，计划总投资约91亿元，占地面积223.73亩。建成投产后5年内实现达产，达产后预计实现年营收约30亿元。天成半导体碳化硅晶体生长项目，将主要生产第三代半导体单晶衬底，总投资约9.3亿元，投产后年产值约6亿元，年纳税约5000万元。[①]重点项目的集聚将推动"晋创谷·太原"半导体材料产业集群的发展壮大。

在先行区的建设中，太原市充分借鉴了国内先进地区的成功经验，结合自身实际，明确了先行区的范围，并重点划定1.5平方公里作为起步区。起步区以中国科学院大学太原能源材料学院为核心，挂牌并组织运营，这里将建成为科技创新、中试验证和成果转化的一站式服务区。太原市对2.6万平方米的办公场所进行了升级改造，为首批68个科研团队提供了宽敞舒适的办公环境。同时，在中国科学院大学太原能源材料学院设立了科技、金融、行政审批、高校技术转移转化、运营服务等5个功能区，构建了政策直享、服务直达、诉求直办的高效服务体系，为入驻企业和科研团队提供了全方位、全

---

① 刘锦春：《建设"晋创谷·太原" 打造科创城》，《前进》2024年第7期。

链条的服务保障。[①]2024年1月,太原市有关部门确定了三个"晋创谷·太原"主要建设项目。第一个是配套的首个22万平方米的中试基地,计划于2024年底建成投用;第二个是面向"晋创谷·太原"入驻科技型企业和科技创新团队相关人员的配套人才公寓,有180套可以直接拎包入住,还有307套于2024年5月前后具备基本入住条件;第三个是配套的基础设施,包括交通道路设施、供水加压站、污水处理厂和电力供应设施等项目,建设进度持续加快。

最受"晋创谷·太原"入驻科技型企业和科技创新团队关注的建设项目是成果转化基地建设项目。国投晋创谷（太原）发展运营有限公司及建设单位持续推进工程主体和外墙保温板、地暖设施、地库地面垫层、市政设施和辅助景观等相关工程建设。2024年10月底,一期建设约20万平方米基本建设完毕。与此同时,国投晋创谷（太原）发展运营有限公司积极对接意向企业,对成果转化基地厂房进行认租,认租面积超过10万平方米,面积占比达94%。截至2024年11月中旬,1、2、3号厂房基本完成;4号厂房外墙保温板完成,屋面外板完成,二次结构完成,抹灰腻子完成85%,地面面层完成,水电消防安装完成70%;H厂房抹灰完成,地面完成,墙面装饰完成95%,屋面完成;配套楼抹灰完成,地暖完成,屋面完成;厂房A抹灰完成,地面完成,屋面完成,涂装完成90%;厂房B抹灰完成,屋面完成,涂装完成80%;厂房C二次结构完成,抹灰完成,屋面完成,涂饰完成20%,地面完成73%;地库地面垫层完成,面层完成,墙面腻子完成;市政完成97%;景观完成92%。国投晋创谷（太原）发展运营有限公司同时就入驻企业情况与中北高新区沟通立项,并进行环评等相关事宜。二期工程地块建设面积约60万平方米,截至2024年11月,尚处在"拿地阶段"。

[①] 王蕾:《"晋创谷·太原"先行区建设正大力推进》,《山西经济日报》2024年1月17日,第2版。

（二）团队企业积极入驻

自2023年末揭牌运营以来，"晋创谷·太原"创新驱动平台不断加强与高校、科研机构的合作与交流，积极推动科技成果转化和产业化，目前已经有中国科学院山西煤化所、山西大学、太原理工大学、中北大学和太原科技大学入驻"晋创谷·太原"，并推荐了一大批科技型企业和科技创新团队。与此同时，包括西安交通大学、浙江大学、西北工业大学在内的20余家省外一流大学的科技型初创企业也正在洽谈，有意入驻"晋创谷·太原"创新驱动平台。[1]此外，太原市技术转移中心、中北高新区、山西省创新创业服务中心等有关单位也推荐了一批科技型企业和科技创新团队入驻。截至2024年10月中旬，"晋创谷·太原"已正式入驻科技型企业有154家，签署产品销售、技术合同交易额达2.27亿元，通过"免申即享"模式发放企业创新启动资金累计2800万元。据"晋创谷·太原"科技服务中心统计，截至2024年11月18日，共有319个科技创新项目申请入驻。其中，从申请入驻项目领域来看，高端装备制造领域项目164个，新能源领域项目有81个，半导体与新材料领域项目有74个。

山西大学、太原理工大学、中北大学、中国科学院山西煤化所、国投晋创谷（太原）运营中心、太原市转移中心等单位积极推荐科技创新项目申请入驻，据有关部门在2024年11月中旬统计，319项"晋创谷·太原"申请入驻项目中，已经通过综合评估的项目有234项，占比接近80%。其中，按照入驻类别区分，注册企业并正式入驻"晋创谷·太原"谷区的项目有165项，其余项目大多正在推进注册中。从项目领域来看，能源与新能源领域有55项，先进制造领域有127项，半导体与新材料领域有49项。

---

[1]刘锦春：《建设"晋创谷·太原" 打造科创城》，《前进》2024年第7期。

表4-2 "晋创谷·太原"申请入驻项目来源表

项目推荐单位	申请入驻项目数量	通过综合评估项目数量
中北大学	40项	26项
山西大学	17项	11项
太原理工大学	15项	10项
太原科技大学	36项	29项
中国科学院山西煤化所	9项	5项
省创	44项	32项
国投公司	103项	74项
太原市技术转移中心	29项	29项
中北高新区	26项	18项
共计	319项	234项

2023年以来,"晋创谷·太原"积极开展与京津冀等地区的科技对接工作,先后引进新材料、先进设备制造、工业自动化、无人机和水处理等方面科技型企业与科技创新项目,并落户"晋创谷·太原"。截至2024年11月中旬,"晋创谷·太原"引进北京水硬石灰新材料有限公司的"天然水硬性石灰应用于古代砖石及夯土文物建筑的修复工程、3D打印(三维打印)材料与工程、装配式建筑、特种材料与工程、MONOCOUCHE外墙彩色装饰材料与工程"等项目且落地,在太原成立山西水硬石灰新材料有限公司并入驻谷区;引进水清华(天津)生态科技有限公司的水处理新工艺、新材料和整体设施装备技术,在太原成立水清华(山西)生态科技有限公司并进行成果转化;引进北京天地绿源生态环保科技有限公司的煤基腐殖酸人造土壤、石质坡面无土种植系统、生态多孔纤维棉的种植系统、利用铁尾矿制备矿渣纤维、热态煤渣制备无机纤维技术、基于5G互联网绿化管护系统、无人机激

光雷达扫描地质灾害早期预警系统、生物结皮技术等成果，在太原成立天地绿源生态环保科技（山西）有限公司并进行成果转化；引进北京威林视讯科技有限公司的分布式视听产品制造商，以及提供显示控制解决方案，在太原成立山西威林视讯科技有限公司并进行成果转化。

与此同时，"晋创谷·太原"也在积极搭建科技创新交流平台，鼓励有关企业与本地高校合作，共同成立研发团队并入驻谷区。如引进北京瑞欧杰科技有限公司的"视觉检测及生产管理系统"项目，在太原与太原科技大学共同组建研发团队，成立山西浩思杰科技有限公司并进行科研成果转化，入驻谷区。在与京津冀进行科技对接的进程中，"晋创谷·太原"也积极引进京津冀高校、科研院所的科技创新团队入驻"晋创谷·太原"，成立科技型企业。如引进中国科学院、北京邮电大学的博硕士团队，在山西成立山西讯龙科技有限公司，以"软件—硬件—服务"为轴心，开展物体自动识别、无人工厂、工业自动化、智能机器人、人工智能图像及语音、质量智能检测、产品追溯系统、软件算法体系等业务，打造以软硬件为一体的智能解决方案；依托引进的北京航空航天大学教授和博士生导师科技成果转化平台，成立京航（山西）科技创新研究院有限公司，共同研发煤仓清理机器人项目。

"晋创谷·太原"科技服务中心数据显示，该部门对谷区内178家企业的职工情况进行摸底，目前企业职工总数1658人，其中博士学历329人，硕士学历372人，副高职称以上277人。政治面貌中，党员376人，民主党派46人。全时入驻人员约560人。截至2024年11月中旬，178家企业共签订产品销售、预约采购等各类合同1145项，预期销售收入118896万元；已实现销售收入10746.74万元。其中水清华（山西）生态科技有限公司凭借着水处理新工艺、新材料和整体设施装备等技术优势，积极开拓省内外市场，最终实现盈利2312万元。实现销售的企业共78家，按照实现销售金额划分区间，如表4-3所示。

表4-3　入驻企业（团队）2024年销售金额区间表

销售金额区间	数量	销售金额区间	数量
10万元（含）以下	18家	500万—600（含）万元	1家
10万—50（含）万元	31家	600万—700（含）万元	1家
50万—100（含）万元	12家	800万—900（含）万元	1家
100万—200（含）万元	7家	900万—1000（含）万元	1家
200万—300（含）万元	1家	2000万元以上	1家
400万—500（含）万元	5家	—	—

（三）科技创新成果显著

作为全省晋创谷首家示范项目，"晋创谷·太原"领跑全省，聚焦先进制造、能源与新能源、半导体材料等重点领域开展关键技术攻关，将建设一批创新联合体，打造成山西省创新企业"孵化器"、成果转化"加速器"和四链融合"助推器"。"晋创谷·太原"揭牌运营以来，入驻企业在技术攻关、产品研发和技术服务等方面取得一定成绩，其中知识产权申请数量达到407件。

晋创谷创新平台的成立改善了高校、科研院所及科技创新团队的科研体制，推动了创新研发工作与社会经济效益的双向互动，提高了科研人员的工作积极性。例如，"晋创谷·太原"首家注册、首批入驻的前沿科技初创企业为山西中北测控科技有限公司，入驻"晋创谷·太原"后，科研人员在2024年春节期间坚持工作，成功调试一款深空图像测量装置，未来企业完成自主研发的这款设备将搭载在卫星上进入太空获取周边环境图像，并将信息进行传输处理，为我国的地外探测、航天发展提供助力。据介绍，该装置技术过去一直掌握在国外企业手里，目前该公司已经实现技术突破，完全实现国产化，破解了"卡脖子"难题，为国家航天发展提供太原解决方案。[①]再如太原理工大学电气与动力工程学院科研团队新技术"非干预式输电线路防冰除冰解决方案及其装备量产"成功研发的案例更是重要例证。山西华智电网防冰除冰科技有限公司依托太原理工大学电力系统运行与控制山西省重点实验室科研团队第一批入驻"晋创谷·太原"并成立公司,开展"非干预式输电线路防冰除冰解决方案及其装备量产"产业化项目。该团队通过前期多年的试验试制,已经在现场进行了初步的不带电试验,验证了技术路线的可行性,已与检测机构进行了初步接触,明确了各项型式试验的主要内容。以往输电线路除冰只能采用人工除冰、振动除冰等传统方法,用这些方法进行除冰作业不仅需要先停电,而且需要人员深入参与,安全风险高,作业周期长。目前,较为常用的"直流融冰技术"是将外部电源的交流电转化成直流电,通过导线内部发热从而融化线路覆冰,但该方案同样存在除冰需要首先停电,以及人工深度参与,安全风险过大等诸多不便。因此,入驻"晋创谷·太原"后,山西华智电网防冰除冰科技有限公司瞄准市场需求,积极推动产品从实验室样机走向市场,进行产品量产前的产品定型测试。下一步将完成型式试验检测,获得入网许可,开展带电试运行与产品销售。该技术路线将为电网防冰除冰提供一种无需设备停电、无需人工干预、无需被动应对的"三无"解决方案。预期将在该细分赛道具有一定技术领先优势的可能,而且,国内市场容量将会达到千亿级别。

类似通过新技术研发极大改变现状的入驻企业还有很多,如清泽源科技创新中心研制的"源创粒重介质高速沉淀系统",通过微砂加入提高了絮凝絮体密度加速沉淀,减少占地面积;对水的浊度、SS(悬浮物)以及悬浮物去除率高达60%—80%;并且对进水量和水质的变化应对速度快,能稳定出水水质,该技术能够节省10%—20%的药剂用量,降低运行成本。该工艺适用

[①] 魏薇、马向敏、尹哲:《正待昂扬振奋时——太原着力打造国家能源技术革命策源地》,《太原日报》2024年2月29日,第1版。

于供水预处理、初期雨水、矿井水、污水深度处理等。如太原市呼延供水管道，在不停水的情况下，进行了全线安全检测。

四、高水平打造"晋创谷·太原"的具体举措

2024年1月23日下午，在山西省十四届人大二次会议太原市代表团全体会议举行过程中，省人大代表、省委常委、太原市委书记韦韬强调，要高标准建设"晋创谷·太原"先行区，创新运营管理、投融资、成果转化等体制机制，加快探索全产业链培育模式，率先转化、率先成规模，为全省晋创谷建设蹚路子、作示范。"晋创谷·太原"创新驱动平台建设发展工作从此成为太原强化省会作为，锚定"六地"发展定位，加快建设国家区域中心城市的关键举措。鉴于"晋创谷·太原"创新驱动平台建设发展工作的重要地位，太原市委、市政府在全面落实习近平总书记关于科技创新的重要论述和省委、省政府《晋创谷创新驱动平台建设三年行动计划（2024—2026年）》（晋发〔2023〕28号）精神的基础上，结合本地实际，于2024年5月6日印发《太原市贯彻落实〈晋创谷创新驱动平台建设三年行动计划（2024—2026年）〉实施方案》。与此同时，市发改委、市科技局、市工信局、市财政局、市税务局、市教育局、市市场监管局、市金融办、市国投公司等有关部门和单位推出一系列举措支持"晋创谷·太原"的建设和发展工作，"晋创谷·太原"谷区所在的中北高新区和尖草坪区同时出台支持政策，附近的杏花岭区、万柏林区及阳曲县等地也积极支持和全面对接"晋创谷·太原"项目。太原市举全市之力高标准推进"晋创谷·太原"创新驱动平台建设。

（一）完善政策体系

2024年2月27日，太原市第十五届人民代表大会第四次会议上，太原市人大代表们听取并审议了太原市市长张新伟所作的《太原市政府工作报告》。报告肯定了太原市不断优化的创新生态，同时指出要进一步培育战略

科技力量。在2024年工作安排部分，报告将"高标准建设'晋创谷·太原'先行区"作为加快发展新质生产力和培育高质量发展新引擎的关键任务。报告指出："高标准建设'晋创谷·太原'先行区，在整合科技资源、促进'四链'（创新链、产业链、资金链、人才链）融合、贯通产学研、推动体制机制创新等方面先行先试，为全省晋创谷建设蹚路子、作示范。以'晋创谷·太原'为载体，加快构建北京、天津、太原市科技创新联动格局，积极融入京津冀协同发展国家战略。"①2024年3月1日，在太原市第十五届人民代表大会第四次会议闭幕式上，太原市委书记韦韬再次强调，要做好项目全生命周期管理服务，培育壮大"晋创谷·太原"科创平台。同年3月15日，太原市政府党组召开会议，太原市市长张新伟主持。会议指出，要加快发展新质生产力，支持第一实验室申报国家级重点实验室，高标准建设"晋创谷·太原"先行区，强化企业科技创新主体地位，打好关键核心技术攻坚战，以科技创新驱动生产力跃升。太原市2024年初的一系列重要会议为"晋创谷·太原"相关政策的出台与政策体系的完善奠定了基础。

为更好推动创新链、产业链和人才链的深度聚合，太原市于2024年5月14日在省级相关政策和《太原市贯彻落实〈晋创谷创新驱动平台建设三年行动计划（2024—2026年）〉实施方案》的基础上，结合省市实际，围绕"晋创谷·太原"谷区企业入驻政策、科技成果转化支持政策和研发机构建设支持政策等，全面推出"晋创谷·太原"7个配套政策措施，由此形成被称为太原市"1+7"政策包的"晋创谷·太原"政策体系。相关政策各条款细则同一事项与山西省级支持政策及太原市现行其他科技创新、人才引育、财政支持政策，按"就高不重复"原则支持。②太原市"1+7"政策包是在山西省"1+5"

---

① 张新伟：《太原市政府工作报告》，据太原市人民政府网站:http://www.taiyuan.gov.cn/zfgzbg/20230331/30032208.html。

② 何宝国：《更好推动创新链、产业链、人才链深度聚合——太原实施"晋创谷·太原"7个配套政策措施解读》，《太原日报》2024年5月29日，第2版。

政策包、省级工作专班实施细则及省、市现行其他政策基础上进一步加强和完善的，同时也是在推动相关区县和部门、单位配套措施的基础上提出的，适用主体主要涵盖"晋创谷·太原"谷区内引进或培育孵化中的科技型中小企业和创新型企业等。

"1+7"政策包由《太原市贯彻落实〈晋创谷创新驱动平台建设三年行动计划（2024—2026年）〉实施方案》和7项涉及具体工作的文件组成。其中，"1+7"中的"1"，即以《太原市贯彻落实〈晋创谷创新驱动平台建设三年行动计划（2024—2026年）〉实施方案》为政策包的基础，该文件由总体要求、建设布局、重点任务、保障措施四部分组成，其中主要内容为重点任务，涉及"晋创谷·太原"创新驱动平台建设工作中的方方面面，并规定了每一项工作任务的实施责任单位，具体包括培育壮大特色主导产业、促进科技成果就地转化、打造一流创新平台基地、加强知识产权转化运用、吸引集聚科技创新人才、加强众创孵化机构建设、强化科技金融服务等主要工作任务，从主导产业、科技成果转化、平台基地建设、创新人才引育等多方面为"晋创谷·太原"提供了基本建设纲领。例如，文件中规定的首个重点任务为"高质量发展特色产业"，其具体内容如下：

聚焦先进制造、能源和新能源半导体和新材料等重点领域，高质量谋划推动重点产业和重大项目布局。加强特色产业资源供给，高标准编制空间发展规划，明确空间利用、产业定位和布局、服务配套等要素支撑，加快推动周边道路、通信、电力等城市基础设施建设。制定年度建设发展计划，研究制定目标任务、重点工作及保障措施，明确责任分工、时间表、路线图，分阶段推动重点项目落实落地。①

文件中明确指出"晋创谷·太原"的重点聚焦领域，并明确了在产业资

---

① 中共太原市委办公室：《太原市贯彻落实〈晋创谷创新驱动平台建设三年行动计划（2024—2026年）〉实施方案》（2024年5月6日），国投晋创谷（太原）发展运营有限公司编《晋创谷·太原专项政策汇编》（内部资料），2024，第53页。

源供给、空间发展规划和基础设施建设等方面的工作重点，要求各责任单位明确责任分工、时间表、路线图，分阶段推动项目落实落地。文件中明确规定了上述工作的落实单位，包括市发展改革委、市规划和自然资源局、市科技局、市工信局、市能源局五家市直有关部门，"晋创谷·太原"谷区所在的尖草坪区、中北高新区和市国投公司、国网太原供电公司两家相关国有企业。

"1+7"政策包中的"7"包括以下7项政策性文件，涉及企业入驻、科技成果转化、研发机构建设等方面内容。

1.《"晋创谷·太原"企业入驻支持政策措施》

从多个方面明确了"晋创谷·太原"支持企业和科研团队入驻的具体政策措施，包括成立企业入驻对接服务部门为企业入驻提供全周期代办、科创团队入驻全流程服务、中介服务平台建设等内容，具体措施有落实企业入驻对接服务、设立服务专员为入驻企业和团队提供"一对一""7×24"小时在线、全流程服务，依托太原科技大市场建设"晋创谷科创团队及企业中介服务平台"等。

2.《"晋创谷·太原"科技成果转化支持政策措施》

为支持科技成果转化，"晋创谷·太原"推出了多项措施，包括项目落地、成果转化和产业化引导专项、技术转移市场化服务、科技成果转化服务集聚区建设、概念验证和中试平台建设等，具体支持措施的指向性非常明确具体，如在支持科技成果转化项目落地方面，对相关科技成果转化企业采取"先缴后补"方式，最高可给予2000平方米厂房或500平方米办公空间的租金补贴；在设立成果转化和产业化引导专项方面，支持建设科技成果转化基金体系，广引创投基金与社会资本，逐步建设形成覆盖"晋创谷·太原"谷区"科创企业全生命周期的基金和创投体系"等。

3.《"晋创谷·太原"研发机构建设支持政策措施》

研发工作同样是"晋创谷·太原"的重要工作，因此出台专项支持政策进行鼓励。该政策性文件分别规定了科技骨干型企业、高校、科研院所、重点实验室和技术创新中心依托"晋创谷·太原"创新驱动平台建设研发机构的支持政策措施,同时明确了"支持新型研发机构建设"和"国家级创新平台建设"的相关支持政策。如鼓励省内外一流高校和科研院所积极关注主导产业和新兴优势产业等重点领域,在"晋创谷·太原"创新驱动平台建设产业(技术)研究院(所),其科研人员"达到50人以上并投入运营,前3年每年最高给予500万元的研发及运营经费支持";对新获批的重点实验室、技术创新中心、企业技术中心、工程研究中心等国家级平台,在省财政鼓励的基础上,一次性给予500万元奖励等。

4.《"晋创谷·太原"高价值专利培育支持政策措施》

在高价值专利培育方面,"晋创谷·太原"推出的支持政策措施包括知识产权服务引进、知识产权高地建设、重点产权专利导航项目和知识产权保护、服务机制等方面。具体政策涉及知识产权工作的鼓励与服务。如为鼓励企业积极申报知识产权,"晋创谷·太原"会引进知识产权服务机构在晋创谷备案并开展服务;对能为产业发展提供科学决策的专利导航项目,每个项目可给予100万元资金支持等。

5.《"晋创谷·太原"人才引育支持政策措施》

"晋创谷·太原"人才引育支持政策措施涉及高层次人才引育补助、人才安居服务、生活保障提供、技术转移人才培养和推进技术经纪人职称评审等内容。各项具体政策对人才引育工作进行了全方位助力,如对新设立院士工作站、国家重大人才工程专家工作站、博士后科研工作(流动)站依据现行政策分别给予100万元、60万元、50万元的建站补助;每年评选不超过10位优秀技术转移转化个人,给予10万元奖励;为符合规定的引进人才,提供就医和子女入学等政策性优惠。

6.《"晋创谷·太原"众创孵化机构发展支持政策措施》

"晋创谷·太原"众创孵化机构发展支持政策措施主要包括支持建设孵化载体和支持新认定国家级、省级孵化载体,开展孵化载体绩效评估,支持孵化载体降低运营成本等。具体措施包括支持众创孵化机构聚焦先进制造、能源和新能源、半导体和新材料等产业领域，对新认定的省级、国家级科技企业孵化分别给予运营单位100万元、200万元奖补；对科技企业孵化器按照综合型、专业型，众创空间按照社会建设、高校建设设置不同绩效评价指标进行分类考核，对考核优秀的孵化器、众创空间分别给予30万元、10万元奖励等。

7.《"晋创谷·太原"科技金融服务支持政策措施》

"晋创谷·太原"科技金融服务支持政策措施从多个方面进行综合布局，涉及基金投资企业、风险评估机构及科技企业自身等主体，此外还包括鼓励融资租赁机构为科技企业提供服务，激励企业登陆资本市场，建立完善政银担险协同模式，支持企业运用知识产权质押融资和提升孵化载体金融服务能力等内容。具体措施面面俱到，力争为入驻企业提供切实可行的科技金融服务政策。

上述7项政策性文件同《太原市贯彻落实〈晋创谷创新驱动平台建设三年行动计划（2024—2026年）〉实施方案》共同构成太原市委、市政府高水平打造"晋创谷·太原"的政策体系，"晋创谷·太原""1+7"政策包与山西省"1+5"政策包、省级工作专班实施细则及省、市现行其他科技创新、人才引育、科技成果转化等政策共同为"晋创谷·太原"及入驻企业的高质量发展保驾护航，也是"晋创谷·太原"管理和服务等工作的政策依据。在政策支持的基础上，"晋创谷·太原"多措并举，在支持企业入驻、推动成果转化、鼓励创新研发、助力人才引育、广引金融"活水"、搭建交流平台等方面进行了一系列工作。

（二）支持企业入驻

企业是创新平台建设的关键，也是平台发展的重要活力源泉。为支持科技企业（团队）入驻，山西省及太原市有关部门早在2023年底即出台一系列政策措施支持企业入驻晋创谷。如2023年12月29日发布的《山西省人民政府办公厅关于印发晋创谷创新驱动平台科创团队及企业入驻支持政策措施》，从科创团队入驻全流程服务机制、企业入驻全周期代办机制、科创团队及企业中介服务机制、科创团队金融服务机制等方面，为全力支持企业和科创团队入驻提供了保障。①出台的一系列政策为"晋创谷·太原"相关政策的制定、落实奠定了坚实基础，同时有利于为晋创谷科技企业（团队）的入驻遴选和支持保驾护航。

1. 推出企业入驻全方位服务

在省级政策措施文件基础上，《"晋创谷·太原"企业入驻支持政策措施》在多个方面进行了政策延伸，如在"企业入驻全周期代办"的相关工作方面，市委金融办、市科技局、市审批服务管理局等单位按照政策要求积极参与，"晋创谷·太原"高标准建设一站式服务窗口，力求实现企业登记注册全程"零见面、无纸化、自助办、就近办、马上办"。②与此同时，"晋创谷·太原"依托一站式服务窗口为企业提供创业导师咨询、投融资对接等服务。

2024年初以来，按照省市有关政策规定，国投晋创谷（太原）发展运营有限公司为入驻企业提供了全流程服务，从企业咨询、初步评估、政策匹配、场地规划、参与评审、入驻签订、工商注册辅导、高校转化服务、科技支持服务、科技金融服务、人才招聘、技能培训、运营服务、物业服务、研发生产等各个环节，对企业孵化相关事宜，只要符合政策支持范围，都全面进行帮扶，国投晋创谷（太原）发展运营有限公司针对企业提出的诉求，与公司内各部门以及政府相关职能单位进行对接，并解决问题，及时了

---

①国投晋创谷（太原）发展运营有限公司编《山西省人民政府办公厅关于印发晋创谷创新驱动平台科创团队及企业入驻支持政策措施》《晋创谷·太原专项政策汇编》（内部资料），2024，第17-18页。

②国投晋创谷（太原）发展运营有限公司编《"晋创谷·太原"企业入驻支持政策措施》《晋创谷·太原专项政策汇编》（内部资料），2024，第66页。

解企业诉求以及做好对接政府职能单位后的回访工作，确保企业能够顺利入驻并快速成长。

"晋创谷·太原"揭牌运营后，太原市多个部门积极响应上级号召，全力支持"晋创谷·太原"发展。与此同时，为向谷区企业提供精准化服务，国投晋创谷（太原）发展运营有限公司持续推动"搭桥"工作。例如，2024年4月，太原市市场监管局聚焦"晋创谷"新能源产业领域，积极谋划创建国家级新能源产业知识产权运营中心，加强与产业和创新主体对接。[①]为向谷区内科技型企业和科技创新团队提供知识产权等相关服务，国投晋创谷（太原）发展运营有限公司加强与市区两级市场监管部门合作，2024年8月至9月期间，太原市市场监管局和中北高新区分局两次深入"晋创谷·太原"开展"惠企直通车基层行"和"入谷帮扶"服务活动。市场监管局人员详细了解企业需求和目前发展遇到的困境，认真解答企业提出的关于标准制定、知识产权、检验检测、质量发展、惠企政策等方面的困惑，给予行政服务和指导，为企业现场解决问题，打通阻碍企业发展"堵点""难点""痛点"，为企业创新发展保驾护航。从2024年9月开始，中北高新区质量基础设施一站式服务站相关负责人为企业提供认证（体系、产品）、检验检测、知识产权、山西精品等方面的高效便捷服务，并于每周三上午在中北高新区管委会政务大厅帮助企业答疑解惑，逐步形成制度化服务模式。

2.采用"免申即享"模式发放企业创新启动资金

为支持和鼓励初创阶段的科技型中小企业落户晋创谷，山西省财政厅推出专项资金，面向晋创谷入驻科技企业推出"免申即享"政策资金，截至2024年7月底，山西省财政厅已下达晋创谷入驻科技企业"免申即享"政策资金1800万元。其中，6月13日，山西省财政厅下达晋创谷入驻科技企业"免申

---

① 张勇：《蓄能发力打造"双引擎" 太原跑出知识产权发展"新速度"》，《太原日报》2024年4月30日，第3版。

即享"首批政策资金500万元；7月15日，下达第二批资金1300万元。两批共计1800万元，后续经费还将持续增加。

根据相关政策，晋创谷入驻企业创新启动资金支持对象为经山西省科技厅等部门遴选入驻晋创谷并依法完成设立、实缴注册资本金（现金）到位的科技型初创企业和新迁入的科技型初创企业。新迁入的科技型初创企业应为注册成立3年以内、规模以下的企业，符合晋创谷产业发展方向，创新成果转化突出，产业链协作紧密的高成长型中小企业。通过"免申即享"方式，对符合条件的企业一次性给予30万元至100万元创新启动资金，用于项目成果转化注册公司的注册资本金。同时，对于地区经济社会亟需的发展潜力大、成长性好的项目，可以适当放宽条件。根据山西省财政厅相关政策，创新启动支持资金拨付到位后，由园区运营公司协助项目成果转化企业及时注入注册资本金、完成实缴，启动资金在注册资本金的占比不得高于实缴50%。太原市财政部门积极贯彻"免申即享"政策，由太原市财政局负责，太原市科技局和国投晋创谷（太原）运营公司负责企业遴选工作。

据国投晋创谷（太原）运营公司统计，截至2024年11月初，已完成3个批次共计54家签约入驻企业的申报，其中符合条件并通过的企业为28家，配套经费总计2800万元。目前第4批28家企业正在申报中，预计2024年底前可完成申报5个批次。

3.优化办税流程，推出办税服务

税收优惠政策是党和政府激励创新平台发展的重要政策工具。科学合理的税收政策不仅能够有效引导社会资源向创新平台聚集，更能为创新平台内科技型企业和科技创新团队营造良好的市场环境。为支持科技创新，国家及省、市有关部门推出了一系列税费优惠政策，涉及创业投资、研究与试验开发、成果转化、重点产业发展、全产业链等科技创新流程，国家税务总局太原市税务局制定了一系列措施提高服务标准，以"税动能"为"晋创谷·太原"创新平台的启程保驾护航。"晋创谷·太原"全面推行"十一税合一"

申报，企业个人税务办理缴费"一网通办"，积极优化办税流程。税务部门按照要求及时发布税收事项容缺办理清单，企业对清单内事项主要资料齐全、次要资料欠缺时，承诺"先办后补"，可以容缺办理。实现企业财务报表与纳税申报表对接转换、"一键报送"。与此同时，税务部门按照省级统一部署，推行非税收入掌上办，实现"一键缴费"。

为向相关科技型企业、科技创新团队和重点人群提供精准化服务，2024年4月30日，中北高新区税务局税收服务专员团队走进"晋创谷·太原"，为谷区科技型企业和科技创新团队送去定制化服务。在活动现场，服务专员针对不同类型企业的诉求，全方位、多角度地讲解涉税知识。[①]此外，中北高新区税务局推出了"新办一家，跟进服务一家；迁入一家，政策推送一家"的办税服务模式，为企业提供"一对一"咨询辅导，"点对点"解决企业涉税困难。

税务部门树牢服务大局的"经济税收观"，着眼涵养优质税源与优化营商环境两大重点，依托"新办企业涉税问题服务站"和"重点项目工作服务专班"，发挥支持产业发展、科技创新、招财引智等作用，持续推进"晋创谷·太原"企业科技创新，推动更多优质科技成果转化为新质生产力重点战略，为地方经济高质量发展注入源源不断的"税动能"。

4.推动技术转移，提供入企服务

为推动"晋创谷·太原"技术转移促进工作，国投晋创谷（太原）发展运营有限公司积极与太原市技术转移促进中心加强合作，面向谷区企业开展"一对一"深入服务，切实摸准企业需求，帮助企业解决问题。技术转移促进中心围绕"晋创谷·太原"入驻企业需求，组织技术经纪人深入企业开展调研，并深入企业提供精准化技术转移服务。

2024年10月以来，转移中心和国投公司联合分三组开展入企服务，先

---

① 司勇：《"税动能"助力"晋创谷"强势启航》，《太原日报》2024年5月3日，第3版。

后深入山西泽益云科技有限公司、中矿科创（山西）矿业科学研究院有限公司、山西清众能源大数据科技有限公司、山西中北测控科技有限公司、太原赛因新材料科技有限公司、山西万联中科新材料技术有限公司、山西元工通用航空技术有限公司、太原智博泓瑞科技有限公司、山西讯智硕锦装备科技有限公司、山西浩东防控科技有限公司、山西鼎盛维度科技有限公司、山西允博华环保、深眸远见、中北晟腾、上卓玻璃、华智电网、闪速冶金、普罗布诺等多家企业，围绕科技型中小企业和高新技术企业认定、创新型平台申报、创新券政策申领、"先投后股"科技成果转化政策及金融政策，为企业进行讲解辅导，同时针对企业的一些个性问题提出了务实有效的建议。

5. 引进专业服务，助力企业发展

当代商业环境瞬息万变，企业特别是初创企业稳健前行愈发依赖于专业、高效且定制化的服务支持体系。因此，"晋创谷·太原"积极按照《"晋创谷·太原"企业入驻支持政策措施》要求，为谷区科技型企业和科技创新团队建设中介服务平台。

财税服务平台方面，2024年10月，国投晋创谷（太原）发展运营有限公司与山西云会计财税科技有限公司（简称"云会计"）正式缔结战略合作盟约，为谷区企业搭建全方位财税服务体系。"云会计"作为山西省财政厅为中小微企业购买代理记账服务入围机构，可以为符合政策条件的省内中小微企业提供免费代理记账服务，同时其服务范围广泛且深入，从基础的账务代理到复杂的财税战略规划，从潜在风险的前瞻预警到经营决策的精准参谋，云会计凭借其卓越的数据处理能力、智能分析系统及丰富的实战经验，为企业量身打造了一套科学、高效、闭环的财务管理生态系统。此外，云会计还提供了财务外包、财税咨询、项目申报、融资对接及法律咨询等一站式增值服务，全方位护航企业稳健成长。

法律服务平台方面，2024年10月，"晋创谷·太原"打造的法律服务平台正式上线，山西华炬律师事务所受邀为园区提供法律服务及专业支持，合力打造共赢产业生态圈，为园区入驻企业提供更加全面、高效、专业的法律服务。法律服务平台可为园区入驻企业提供免费的法律咨询服务，覆盖企业生命"全周期"的法律相关问题，包括企业成立、知识产权服务、合同问题、劳动关系、合规审查、企业债务、兼并重组、资本运作、纠纷解决等方面，助力企业更好地规避法律风险，专注于业务创新，实现健康可持续发展。

此外，零工服务平台建设方面，2024年"晋创谷·太原"创新驱动平台建设了"零工"驿站，积极满足谷区科技创新团队和科技型企业多样化用工需求，为全区各类用工主体和零工人员搭建了供需对接平台。[①]"零工"驿站使"晋创谷·太原"用工服务更加有温度，实现了用工单位与零工个人的双向互利。

（三）搭建交流平台

为帮助"晋创谷·太原"入驻科技型企业（科技创新团队）和相关人员了解"晋创谷·太原"政策，鼓励相关企业和人员进行创新创业交流，"晋创谷·太原"组织多种形式的活动，为企业和创业者搭建推动科技创新和交流创业经验的平台。

1. 承办全国创新创业大赛

中国创新创业大赛是目前全国规模最大、影响力最强的创新创业赛事之一。2024年8月22日至23日，"晋创谷·太原"顺利承办第十三届中国创新创业大赛山西赛区决赛，在为入驻企业搭建创新平台的同时提升了"晋创谷·太原"的社会影响力，此外更有利于激发创新创业活力、弘扬创新创业文化，为"晋创谷·太原"的发展建设注入新的活力。

据新闻媒体报道，本届大赛由山西省科技厅、山西省工信厅和太原市

[①] 刘锦春：《建设"晋创谷·太原" 打造科创城》，《前进》2024年7月。

政府主办，山西省创新创业服务中心、太原市科学技术局、国投晋创谷（太原）发展运营有限公司联合承办。在"晋创谷·太原"承办决赛前，山西赛区自2024年7月拉开帷幕，赛程分为初赛、决赛，采用线下路演和现场答辩的方式进行，共有417家企业报名，326家企业正式参赛，其中晋创谷企业30家。①参赛项目涉及信息技术、高端装备制造、新能源、新材料和生物医药等领域，主办方邀请投资专家担任评委，参考创业投资标准，从技术和产品创新、市场前景和竞争、管理团队、财务及融资等方面对参赛企业进行评价和打分。经过激烈的角逐和层层选拔，最终95个项目晋级决赛。在决赛阶段，参赛企业以"8分钟路演+7分钟答辩"的模式展现选送项目的风采，随后经过专业评委团的严格评审，共决出一等奖24项、二等奖34项、三等奖37项。"晋创谷·太原"企业表现非常突出，荣获一等奖4项、二等奖7项、三等奖16项，充分展现了"晋创谷·太原"入驻科技型企业在科技创新、项目培育和成果转化等方面的强劲实力。在比赛期间，主办方和承办方还组织了丰富多彩的活动，包括创业培训、项目展示、创业高峰论坛、创业分享沙龙、项目路演等，受到参赛企业的一致好评。

2.组织"晋创沙龙"活动

组织"晋创沙龙"活动是"晋创谷·太原"为企业和创业者提供推动科技创新和交流创业经验的重要平台，旨在便捷政企沟通、畅通"晋创谷·太原"入驻企业诉求渠道、解决入驻企业实际困难、交流持续发展思考、共探更广泛的创新发展路径。"晋创沙龙"活动可以为企业搭建共同探讨发展的平台，激发头脑风暴、广纳真知灼见，为"晋创谷·太原"入驻企业可持续发展注入更多内在动力。截至2024年11月中旬，"晋创谷·太原"已成功举办两届"晋创沙龙"活动。

---

① 李兵：《第十三届中国创新创业大赛山西赛区决赛在太原举行》，《山西日报》2024年8月24日，第2版。

2024年7月24日,首场"晋创沙龙"正式举行,以装备制造为主题。省市相关单位(处室)负责人及10家晋创谷入驻装备制造企业代表参加。此次"晋创沙龙"活动的举行不但为"晋创谷·太原"装备制造领域入驻企业搭建了交流平台,而且有利于政府及时了解企业诉求,避免存在"晴天送雨伞"式投资行为,做到"雪中送炭",为科技企业打造全生命周期的精准服务。

2024年11月4日,第二场"晋创沙龙"——煤机智能装备专场在"晋创谷·太原"成功举行。省市相关单位(处室)负责人及5家入驻晋创谷煤机智能装备制造企业代表参加,旨在通过高效、务实的交流平台,实现双向奔赴,共话长远发展。在会上,各入驻企业代表与各职能单位(部门)负责人、应用端国有企业参会代表轮流发言、共商共讨。[①]本次沙龙活动是搭建政府与市场等创新要素形成合力的一次生动实践。该活动有利于政企合力构建开放合作的创新生态体系,推动科技成果快速转化,为园区入驻企业和应用端的国有企业牵线搭桥,促进"产学研"联动,帮助科技型企业开拓市场、找到更多应用场景,助力国有企业实现技术突破、产业升级。

3.举办"晋创讲堂"活动

"晋创讲堂"活动是"晋创谷·太原"为加快园区建设,开创运营服务工作新局面而推出的宣讲、学习和交流平台,旨在通过邀请行业专家、政府官员、优秀创业者分享创新创业经验、政策法规等内容,提升园区企业行业竞争力,促进科技成果转化。

2024年8月30日,首场"晋创讲堂"顺利举办,活动采取"线上直播+线下宣讲"相结合模式,约30家企业到场参加,据直播后台统计,观看直播人数达到200多人。截至同年11月中旬,该活动已成功举办11场,先后邀请

---

① 《"晋创谷·太原"举办煤机智能装备"晋创沙龙"》,《山西日报》2024年11月19日,第6版。

太原市科技局、尖草坪区人社局等相关人员，以及北京隆安（太原）律师事务所、山西华炬律师事务所、山西省融资再担保集团有限公司、山证投资有限责任公司、山西云会计财税科技有限公司等相关企业的专业技术人员、专家学者进行宣讲，宣讲主题包括"有关科技创新政策解读""企业股权融资""专利法理论与保护实务""新《中华人民共和国公司法》修订与防控公司治理法律风险""深化担保功能发挥，助力科技企业发展""商业计划书制作""技术合同认定登记及相关税收政策实务"和"加强合规风险管理，赋能企业高质量发展"等。

"晋创讲堂"活动内容丰富、实用性强，有利于切实解决企业入驻和发展中遇到的难题。与此同时，"晋创讲堂"活动也会根据山西省、太原市及"晋创谷·太原"推出的新政策为企业开展业务培训。如2024年10月21日，为支持"晋创谷·太原"初创期科技企业尽快实现成果转化，太原市科学技术局启动了以"先投后股"方式支持"晋创谷·太原"科技成果转化和产业化项目的申报工作。为能更好地服务"晋创谷·太原"相关科技企业准确把握政策、及时开展申报，10月25日，在太原市科学技术局指导下，太原市技术转移促进中心、国投晋创谷（太原）运营发展有限公司联合举办了"'先投后股'方式支持科技成果转化和产业化项目申报辅导会"。太原市科技局成果科科长张晓军应邀出席并作项目申报辅导，太原市技术转移促进中心主任李国忠主持会议。山西闪速冶金、国科瑰石、科峰翼动、万联中科、清泽源、京航科技等来自谷区内30余家企业约50人参加本次辅导会。在会上，主讲嘉宾首先对《"晋创谷·太原"科技成果转化和产业化项目管理办法（试行）》进行宣讲，深度解读了项目运行机制、实施流程以及保障支持措施等相关内容，鼓励社会资本参与，服务企业快速发展。随后，太原市技术转移促进中心工作人员就项目"申报通知"中的要点向企业作了说明。在政策提问、交流环节，各参会企业代表积极参与讨论，就科转项目转股业务实操、政策支持等提出问题，两位主讲嘉宾先后进行了答疑解惑。会后，参会企业人员与进行宣讲的太原市科技局和太原市技术转移促进中心的领导干部、业务骨干进行了交流互动。

4.推出宣讲活动

为持续提高"晋创谷·太原"的知名度，吸引更多企业入驻，有关部门及国投晋创谷（太原）发展运营有限公司（"晋创谷·太原"运营主体）通过多种方式进行宣传宣讲。例如，2024年3月15日，尖草坪区、中北高新区联合举办"晋创谷""1+5"政策包政策宣讲会，进一步引导企业、科研团队入驻"晋创谷·太原"发展。①此次宣讲会就山西省"1+5"政策包进行了详细解读，向企业及全社会宣讲晋创谷企业入驻、科技创新、产业落地、科技金融、公共服务等方面的政策。

2024年11月4日"进博会"期间，山西省工商业联合会和山西省投资促进局共同在上海主办"科技创新激发晋商活力，推动晋创谷高质量发展"活动，旨在在晋沪间搭建招商引资服务平台，使"晋创谷·太原"等山西省优势创新平台对接长三角地区创新和产业优质资源，并积极向当地高校、科研机构和创新型企业宣传推介山西，引进一批优强企业和项目，引进一批专业人才和技术。在活动中，山西省4家单位、企业与上海商协会、高等院校、科研院所进行技术合作和项目落地签约。②11月6日，由山西省人民政府主办，山西省商务厅和山西省投资促进局联合承办的"山西省新一代信息技术及人工智能产业专题推介会暨项目路演"在上海举办，来自晋沪两地的150余名嘉宾参会。在会上，国投晋创谷（太原）发展运营有限公司介绍了"晋创谷"创新驱动平台的创新实践与运营举措。③2024年第七届进博会期间的两场活动进一步提升了"晋创谷·太原"的影响力，同时吸引长三角地区科技型企业

---

①司勇：《两区联办"晋创谷"政策宣讲会》，《太原日报》2024年3月18日，第2版。
②李炼：《关注第七届进博会："科技创新激发晋商活力 推动晋创谷高质量发展"活动在沪举办》，《山西日报》2024年11月5日，第2版。
③闫杰：《关注第七届进博会：晋沪联动 共筑数智新未来》，《山西日报》2024年11月7日，第3版。

与科技创新团队关注"晋创谷·太原"。

5.积极进行国际合作

"晋创谷·太原"创新驱动平台积极推动国际合作。2024年11月7日，国投晋创谷（太原）发展运营有限公司与重器科工企业发展（上海）有限公司、丹瑞里企业管理（上海）有限公司共同在丹麦驻上海总领事馆举行丹麦（北欧）科技创新中心签约仪式，标志着该中心将落户"晋创谷·太原"。丹麦是较早与新中国建交的西方国家之一，近年来该国企业在绿色能源、人工智能、智能制造、生物制药等新兴领域展现出显著优势，这些领域与当今全球发展趋势高度契合，同时，丹麦是欧盟成员国和北欧地区重要的发达国家，在国际合作交流方面具有独特优势。因此，"晋创谷·太原"可以通过引进欧洲高科技企业、科研机构、投融资机构、国际化高层次人才等优势创新资源，为太原市产业升级和创新发展提供强劲动力，积极助力打造具有国际竞争力的产业创新高地，并大幅提升太原市在国际舞台上的知名度和影响力。

（四）广引融资"活水"

创新平台建设离不开高质量的融资服务。首先，融资为平台提供了资金支持，能够保障基础设施建设、设备购置等基础工作顺利开展，为科研活动打造坚实的物质基础。其次，充足的资金有助于吸引顶尖人才，因为良好的薪酬待遇和科研条件往往离不开资金投入。最后，融资能够助力创新平台加快技术研发进程，让有潜力的创新项目不会因资金短缺而夭折，促进科研成果的快速产出和转化，使平台在激烈的科技竞争中占据先机，保持活力和竞争力。2023年12月以来，山西省和太原市面向晋创谷创新驱动平台，围绕科技型企业和科技创新团队推出一系列适宜的科技金融服务支持政策，广引金融"活水"支持"晋创谷·太原"发展。[1]相关措施包括科创金融股权投资、

---

[1] 张巨峰：《加快发展新质生产力一线行：金融赋能 向新而行——我省金融业多措助力新质生产力发展》，《山西日报》2024年3月19日，第1版。

政银担险协同模式构建和多场景服务模式创新等,充分发挥资本市场的直接融资功能,促进资本市场的金融资源向"晋创谷·太原"集聚,推动优质科技创新成果转化为新质生产力。据太原市技术转移促进中心摸排统计,截至2024年11月底,在摸排的178家企业中,有9家企业已取得融资,共取得融资金额8400万元。

表4-4 入驻企业已获得融资情况

序号	企业名称	已获融资情况
1	三公半导体（山西）有限责任公司	银行贷款300万元
2	山西科莱特科技有限公司	银行贷款100万元
3	山西胜一金属新材料科技有限公司	银行贷款1500万元
4	山西新元智能制造有限责任公司	银行贷款200万元
5	山西天成半导体材料有限公司	股权融资：5000万元（云懿投资）
6	山西元工通用航空技术有限公司	银行贷款400万元
7	山西中北凌飞智造科技有限公司	银行贷款100万元
8	山西星火科技制造有限公司	股权投入200万元
9	水清华（山西）生态科技有限公司	中国银行授信100万元 晋商银行授信500万元
合计		8400万元

1.便捷股权融资,实行"先投后股"

"先投后股"政策是面向"晋创谷·太原"科技型企业和科技创新团队提供金融支持的重要政策之一,也是"晋创谷·太原"在科技金融领域的政策创新尝试。该政策由太原市科技局牵头,就"晋创谷·太原"的相关科技成果开展概念验证、小试、中试及二次开发等工作。顾名思义,该政策包括"先投"和"后股"两个阶段。在"先投"阶段,有关部门以科技项目形式向企业"投"入财政资金，支持项目研发和成果转化，并约定科技成果项目实施后期股权转化条件、股权比例等；在"后股"阶段，当被投企业实现市场化股权融资或进入稳定发展阶段达到股权转化条件后，按照事先约定将投入的财政资金转换为股权，伴随企业成长一段时间后按照"适当收益"原则逐步退出。太原市科技部门"先投后股"模式主要服务"晋创谷·太原"入驻企业，单个项目支持资金原则上不超过项目总投入的50%，且金额不超过500万元；重大项目可采取"一事一议"方式给予支持。"先投后股"项目实施周期原则上不超过6年，其中科研期2年、股权转化期2年、股权退出期2年。①太原市设立科技成果转化和产业化引导专项，创新财政资金投入方式，以"先投后股"模式，支持科技型企业实施科技成果概念验证、小试、中试及二次开发等项目，推动关键共性技术、前沿引领技术、现代工程技术、颠覆性技术取得重大突破并实现产业化；财政资金根据科技成果转化不同阶段，采用不同形式助力项目、企业成长，发挥资金最大效益。此举有利于形成财政资金循环运行的长效机制，提高财政资金的使用效益，以"真金白银"助力科技创新。

政策出台后，太原市科技局按程序确定受托管理机构，作为"后股"阶段持有股权的主体，定位为"科技成果转化合伙人"。"先投后股"项目由太原市科技局、太原市财政局和受托管理机构按照职责分工，共同实施。其中，太原市科技局负责组织开展项目的申报、立项、中期评估、专项审计及结题验收等工作；受托管理机构按照管理办法和相关制度，具体实施"先投后股"工作；与此同时，太原市财政局和科技局需要负责监管财政资金使用绩效。在"先投后股"的资金方面，单个项目支持资金原则上不超过项目总投入的50%，且金额不超过500万元；重大科技创新项目可采取"一事一议"方式给予支持。财政资金转股后，受托管理机构不成为被投企业第一大股

---

① 《太原市启动实施"先投后股"创新模式》，《山西日报》2024年10月29日，第6版。

东。截至2024年11月底,"先投后股"尚处于申报阶段,共有山西中北测控科技有限公司、山西允博环保新科技有限公司和普罗布诺(山西)生物技术有限公司等36家企业提交了申报材料。

作为引导科技创新和成果转化的加速器,"先投后股"政策旨在通过改革科技计划项目管理方式、创新财政资金支持科技成果转化模式,聚焦初创期科技企业,探索建立引导社会资金投早、投小、投长期、投硬科技的融资场景,以此加快推动技术驱动型的新模式、新动能、新产业发展,培育壮大新质生产力。

2.推出金融产品,减轻企业负担

科技型企业和科技创新团队的发展需要资金扶持,而银行和其他金融机构可能无法及时精准对接有需求的企业。因此,太原市科技管理部门和国投晋创谷(太原)发展运营有限公司搭台,精准发力,协调银企对接,为企业制定个性化科技金融服务方案。受惠于此,山西金控资本、中国银行、中国工商银行、交通银行、中国农业银行、浦发银行、晋商银行、山西银行、山证创新投资有限公司、中国平安山西分公司、太原市融资担保有限公司等金融机构面向"晋创谷·太原"推出一系列金融产品和服务。

中国银行较早推出了面向"晋创谷·太原"的金融服务产品——"晋创谷贷"。该产品具有额度大、审批简、期限长、利率低等显著特点。2024年5月,首批入驻"晋创谷·太原"的太原赛因新材料科技有限公司,通过中国银行太原平阳支行"晋创谷贷"普惠贷款拿到贷款。太原科技大市场与中国银行的联合入企服务,针对太原赛因新材料科技有限公司制定了个性化科技金融服务方案,促成了这笔贷款的发放。现已批复并投放线上银税贷61万元,及时解决了该企业的融资需求。[①]该企业专注于通过高科技设备制备

[①] 魏薇:《太原市技术转移促进中心携手中国银行太原平阳支行"晋创谷贷"打造金融服务新模式》,《太原日报》2024年5月4日,第1版。

优质石墨烯及其他高端碳材料，资金需求较大。太原市技术转移促进中心（太原科技大市场）和中国银行太原平阳支行得知该企业因持续性研发投入和生产规模扩大有融资需求时，太原科技大市场企业服务专员邀请企业参加银企对接活动，并帮助企业参加由山西省科技厅举行的"晋创谷科技企业投融资路演活动"，最终推动该笔贷款的落地。这笔贷款是中国银行首笔晋创谷科技型小微企业贷款，走在全省金融机构的前列，也是太原科技大市场与中国银行太原平阳支行紧密合作服务"晋创谷·太原"，这是促进科技成果落地转化的良好开端。"晋创谷贷"普惠贷款正是中国银行山西省分行第一时间为晋创谷设计推出的普惠金融产品，在银企对接活动和投融资路演活动中，中国银行太原平阳支行有关负责人积极向"入谷"科技型企业宣传对接"晋创谷贷"。中国银行太原并州支行也面向"晋创谷·太原"的科技型企业、初创型企业和专精特新企业推出多种普惠金融产品。例如，该行"科创贷"产品是面向科技创新型小微企业的线上流动资金贷款，贷款额度最高为500万元，贷款期限最长为一年。

其他银行和金融机构也积极锚定"晋创谷·太原"科技金融新赛道，坚持"融智+融资"理念，与"晋创谷·太原"的科技型企业和科技创新团队相伴护航，努力为山西省高质量发展注入澎湃金融动能。例如，2024年以来，兴业银行太原分行积极行动，响应号召，截至同年5月已完成对94家企业的调研，先后有5家企业提出融资需求。[1]中国农业银行依托"科创贷"产品，向纳入政府风险补偿基金支持范围的科技型中小企业发放各类本外币贷款，用于企业技术成果应用转化中的流动资金需求，满足相关企业在技术和产业转化过程中的融资需求。中国建设银行太原迎新路支行先后推出科技研发贷、善科贷、善担贷、科技创业贷、科技云贷等金融产品，面向"晋创谷·太

---

[1]《兴业银行太原分行：广引金融活水，灌溉"科技之花"》，《太原日报》2024年5月28日，第3版。

原"的科技型企业和科技创新团队提供金融服务。例如善科贷业务以科技小微企业及其企业主的信用信息、经营信息、人才信息、科技成果等数据为依据，综合考虑企业的经营现状、科技属性及发展潜力，为具有良好成长性的科技小微企业发放流动资金贷款或为其企业主发放个人经营性贷款。未来，太原科技大市场将继续联合金融机构深入企业，满足企业融资需求，使科技金融成为助力企业创新发展的强有力支撑。

3.构建支持体系，助力银企对接

科技金融是融通科技创新与产业发展的关键环节，对"晋创谷·太原"谷区内科技型企业和科技创新团队的重要性不言而喻，山西省及太原市有关部门都将科技金融相关工作作为晋创谷创新驱动平台建设及配套工作体系建设的重要组成部分。《晋创谷创新驱动平台建设三年行动计划（2024—2026年）》中明确提出，"建立全周期'1+N'创投基金投资体系"和"建立全链条'1+N'科技金融协同体系"相关政策。[1]山西省金融办也在强化顶层设计，制定出台了《晋创谷创新驱动平台科技金融支持政策措施》，会同人行山西省分行及12个厅局制定了金融支持科技型企业发展的实施细则，并在省级层面建立支持科技型企业融资行动工作专班。山西省"5+1"政策包和太原市"7+1"政策包同时推出关于科技金融服务的相关政策，逐步构建了"晋创谷·太原"科技金融支持体系，全力打通"科技—产业—金融"通道。

在构建政策体系的基础上，有关部门持续依托晋创谷创新驱动平台，组织银企对接活动，切实帮助入驻企业解决融资难题，指导入驻企业用好、用足科技金融政策，助力企业高质量发展。例如，2024年5月15日，山西科技金融投融资晋创谷对接会议在太原举行，会议主题是"投资科技、拥抱未来，助推新质生产力"，在这场对接会上，晋创谷入驻企业山西尼尔耐特机电技

---

[1] 国投晋创谷（太原）发展运营有限公司编《晋创谷创新驱动平台建设三年行动计划（2024—2026年）》，《"晋创谷·太原"专项政策汇编》（内部资料），2024，第6-7页。

术有限公司、山西科莱特科技有限公司分别进行项目路演，主办方邀请投资机构专家点评。山西金控资本、中国银行山西省分行、中国农业银行山西省分行、浦发银行太原分行、太原市融资担保有限公司分别与谷区科技企业签约，提供金融支持。

国投晋创谷（太原）发展运营有限公司也在通过相关活动积极助力银企对接，宣讲和落实科技金融支持政策。2024年内，"晋创谷·太原"组织多场银企对接活动，为科技型企业、科技创新团队与银行、金融机构搭建对接平台。银企对接会活动有助于金融机构倾听企业的心声，创新研发适用于"晋创谷·太原"企业发展的金融产品，更好地服务入驻企业。例如，2024年7月26日，"晋创谷·太原"第三期银企对接活动在"晋创谷·太原"北区会议室举行，该活动由太原市科学技术局主办，太原市技术转移促进中心（太原科技大市场）与国投晋创谷（太原）发展运营有限公司共同承办。中国银行、工商银行、交通银行、晋商银行、山西银行、山证创新投资有限公司、中国平安山西分公司等金融机构相关负责同志参加了本次活动。"晋创谷·太原"入驻企业山西万联中科新材料技术有限公司、山西利普达医药科技有限公司、山西国正绿色建造科技有限责任公司、山西闪速冶金科技开发有限公司、山西通创智能制造股份有限公司与山西图优新材料科技有限公司6家企业的负责人围绕企业重点研发项目、核心技术团队、产品市场前景和当前融资需求情况进行了详细阐述。中国银行北城支行介绍了该支行的基本情况和服务太原市科技型中小企业的历程，同时表示将深化与"晋创谷·太原"入驻企业的联系，进一步开展精准服务；山证创新投资有限公司指出了初创型科技企业获得投融资的渠道和努力方向；中国平安山西分公司说明了科技保险产品的开发情况和重要意义。

（五）推动创新研发

科技创新工作是晋创谷创新平台建设的核心动力。它可以汇聚高端人才、整合资金与技术资源，为平台筑牢根基。这不仅能建立平台技术优势，塑造优质品牌形象，大幅提升竞争力；还可以推动产业技术进步、孵化新兴产业，带动产业升级与结构优化，让创新平台在科技发展浪潮中蓬勃发展、引领前沿。为推动"晋创谷·太原"创新驱动平台建设，山西省"1+5"政策包和太原市"1+7"政策包等配套政策体系围绕科技成果转化、研发机构建设和科创项目孵化等推出了多项支持政策，积极推动创新研发工作的深入开展。

1.创新研发机构建设

《"晋创谷·太原"研发机构建设支持政策措施》针对谷区内科技型骨干企业建设研发平台、重点实验室和技术创新中心等平台基地建设、新型研发机构建设推出一系列支持政策。如，针对科技型骨干企业建设，文件规定"支持省内外科技型骨干企业作为需求主体、投资主体、管理主体和市场主体，与高校、科研院所、投资机构等联合组建机制灵活的创新研究院、联合实验室等具有独立法人的新型研发机构，按照实际投资额的20%给予一次性最高300万元奖励支持"。在支持重点实验室和技术创新中心等平台基地建设方面，文件规定"对获批建设的省实验室、省级重点实验室（技术创新中心）分别给予一次性400万元、300万元奖励，平台基地的科技成果以转让、许可、作价投资入股到晋创谷的企业，自入驻正常纳税年度起，前5年每年按照对区内地方经济的贡献度给予相应奖励"。[①]2024年以来，太原市技术转移促进中心和国投晋创谷（太原）发展运营有限公司通过入企服务、举办相关培训和后续跟踪服务，积极向入驻企业宣传支持政策。截至2024年11月底，"晋创谷·太原"入驻企业已网上提交山西省技术创新中心申报材料的共5家，已完成申报太原市新型研发机构的共11家，如表4-5、表4-6所示。

---

①国投晋创谷（太原）发展运营有限公司编《"晋创谷·太原"研发机构建设支持政策措施》，《"晋创谷·太原"专项政策汇编》（内部资料），2024，第72-73页。

表4-5 "晋创谷·太原"入驻企业申报山西省技术创新中心名单（5家）

序号	企业名称	申报类型	专业方向	申报进度
1	山西万联中科新材料技术有限公司	山西省技术创新中心	碳基新材料	完成网报
2	太原清泽源科技创新中心有限公司	山西省技术创新中心	水环境高质量治理技术集成与开发	完成网报
3	山西铂瑞得工业科技有限公司	山西省技术创新中心	新材料研发和制备	完成网报
4	国科清宇（山西）环境技术有限责任公司	山西省技术创新中心	先进无机非金属	正在网报
5	山西国正绿色建造科技有限责任公司	山西省技术创新中心	工业废纸与低碳建材	完成网报

表4-6 "晋创谷·太原"入驻企业申报太原市新型研发机构名单（11家）

序号	企业名称	申报类型	申报进度
1	通创智控科技（太原）有限公司	太原市新型研发机构	已报
2	水清华（山西）生态科技有限公司	太原市新型研发机构	已报
3	太原清泽源科技创新中心有限公司	太原市新型研发机构	已报
4	山西浩博瑞工程技术有限公司	太原市新型研发机构	已报
5	山西铂瑞得工业科技有限公司	太原市新型研发机构	已报
6	睿动（山西）科技有限公司	太原市新型研发机构	已报
7	山西万联中科新材料技术有限公司	太原市新型研发机构	已报
8	山西允博环保新科技有限公司	太原市新型研发机构	已报
9	国科清宇（山西）环境技术有限责任公司	太原市新型研发机构	已报
10	山西艾微科光科技有限公司	太原市新型研发机构	已报
11	山西国正绿色建造科技有限责任公司	太原市新型研发机构	已报

山西省新型工业总线技术创新中心是晋创谷创新驱动平台筹建的首家省级技术创新中心，该平台于2024年9月10日由山西省科技厅批准筹建，由山西中北测控科技有限公司联合中北大学、北京六合联创科技有限公司、太原芯愿景微电子技术有限公司共同参与建设，主要开展高性能工业测控网络技术及其产品攻关，致力于打造具有先进特色的创新型研究平台。

2.培育转化科技成果和高价值专利

在培育转化科技成果和高价值专利方面，"晋创谷·太原"推出了多项支持政策。例如，为支持技术转移的市场化服务，太原科技大市场在"晋创谷·太原"打造线上与线下相结合的科技成果转化交易服务平台，实时发布科技成果、适宜技术目录和企业技术需求，促进技术交易对接，跟踪项目落地，经考核每年给予500万元运营支持。[1]太原市支持实施专利导航。围绕先进制造、能源和新能源、新材料等产业领域，太原市实施重点产业专利导航项目，明晰产业发展定位，研判产业创新发展路径，对能为产业发展提供科学决策的专利导航项目，每个给予30万元资金支持。在科技成果项目落地、高校和科研院所成果转化、科技成果转化和产业化引导专项等方面同样推出系列支持政策。为推动"晋创谷·太原"的高价值专利培育工作，太原市市场监督管理局、科技局、财政局及中北高新区、太原国有投资集团有限公司按照政策要求，围绕知识产权服务机构建设、资金支持、重点产业专利导航项目等内容积极开展工作。例如，2024年太原市市场监督管理局以国家知识产权运营服务体系建设重点城市和国家知识产权强市建设试点城市两项重点任务为契机，围绕"晋创谷·太原"创新驱动平台建设这一"市之大计"，深入贯彻落实市委、市政府决策部署，推动知识产权和高价值专利转化工作的深入开展。

---

[1] 国投晋创谷（太原）发展运营有限公司编《"晋创谷·太原"科技成果转化支持政策措施》，《"晋创谷·太原"专项政策汇编》（内部资料），2024，第70页。

在一系列优惠政策的推动下,"晋创谷·太原"的科技型企业与科技创新团队积极投入创新研发和成果转化工作。据太原市技术转移中心对178家企业创新情况摸底的数据显示,截至2024年11月底,共有100家企业进行知识产权申请,知识产权申请数为467项。其中,山西工大惠易能源科技有限公司已获批知识产权29件、山西元工通用航空技术有限公司已获批知识产权23件、太原智博泓瑞科技有限公司已获批知识产权20件、太原中研认知数字科技有限公司已获批知识产权36件、山西搏拓西科技有限责任公司已获批知识产权26件。178家企业中,目前有90项成果进行转化,合同总成交额2845.78万元,实际进账981.31万元。按合同类型区分,技术转让合同16项,技术开发合同34项,技术服务合同17项,成果产品推广合同23项。例如,在"晋创谷·太原"创新驱动平台的推动下,大秦铁路股份有限公司朔州工务段以96万元的合同价格购买了山西元工通用航空技术有限公司的无人机救援巡检装置项目;山西三友和人工智能科技有限公司以100万元的合同价格购买了山西工程技术学院基于人工智能的物联网技术研究项目成果;广东美的厨房电器制造有限公司以16.7万元的合同价格购买了太原赛因新材料科技有限公司的焦耳热还原石墨烯膜项目成果等。

据太原市技术转移中心摸底统计,2024年"晋创谷·太原"入驻企业通过技术开发、技术转让、技术许可等方式,积极进行成果转化,共有33个项目,合同成交总额648.40万元,实际发生账目金额380.28万元。按照《晋创谷创新驱动平台产业落地政策》中"按合同成交额的20%给予补贴",如按照合同成交额测算,财政经费需支付129.68万元;如按照合同实际进账额测算,财政经费需支付76.056万元。例如,山西辉光映璨新能源科技有限公司通过技术开发委托的方式,向太原科技大学和太原工业学院引进高效光催化降解水中有机污染物催化剂的技术开发、导电浆料用高触变性有机载体技术开发、染料敏化太阳能电池光阳极材料的技术开发等专利成果,共计实际发生账目金额超过80万元;太原清泽源科技创新中心有限公司通过技术开发方式,向山西废油脂资源化联合实验室纽普瑞（山西）科技有限公司引进名为"餐厨水处理中低氧环境下生物迭代及生物相关特性研究"的创新专利成果，实际发生账目金额超过10万元。

3.技术经理人队伍建设

技术经理人在创新驱动平台建设中的作用至关重要。他们能精准洞察市场需求与技术趋势，为平台筛选适配的创新项目，避免资源错配。凭借专业人脉与沟通协调能力，高效整合高校、科研机构与科技创新型企业等各方资源，促进产学研深度合作，加速创新成果转化。在平台创新生态构建中，技术经理人制定完善的激励机制与知识产权保护策略，激发创新主体活力，保障各方权益，推动平台持续稳定地孕育创新成果并实现商业化，从而让创新驱动平台高效运转，在区域乃至更大范围的创新发展进程中发挥核心引领与推动作用。

为了给"晋创谷·太原"企业培育更多服务科技成果转移转化的高端专业技术人才，发挥技术经纪人在技术转移工作体系中的桥梁纽带作用，架设科技成果从实验室到企业车间的"高速路"，推动科技成果转化项目加速实现产业化，2024年8月9日至11日，为期3天的2024年第二期山西省初级技术经纪人培训班——"晋创谷·太原"专场培训在"晋创谷·太原"举办。[1]据新闻媒体报道，本次培训邀请了6位行业知名专家围绕"科技成果标准化评价及其在技术转移中的应用""需求挖掘与资源匹配""技术合同认定登记实务""中国创业孵化发展现状与实践探索""科技成果转化的模式与难点分析""技术经理人与技术转移实务"等16门课程集中展开授课，60多名学员全程参加培训并与讲师们进行了交流研讨。此次授课较以往更注重案例讲解和实战分析，旨在提升学员们的实操能力，加快培育一批产学研合作和科技

---

[1] 魏薇、常文斐：《培训技术人才，促进成果转化》，《太原日报》2024年8月13日，第2版。

成果转移转化领域的"中介红娘""骨干精英",助推全市技术转移体系健全完善。①同年10月19日至20日,山西省国家技术转移专业人员能力等级(中级技术经纪人)——"晋创谷·太原"专场培训在"晋创谷·太原"举办。通过2场培训,54名人员取得初级技术经纪人资格、51人取得中级技术经纪人资格。

技术经理人培训旨在为太原市乃至全省的晋创谷创新驱动平台建设培育一支懂技术、懂市场、懂管理的复合型科技服务高端人才,以提高技术交易的成功率,从而促进当地技术转移和科技成果转化,更好地支撑全市技术市场工作高效开展。此举有利于推动"专业人干专业事",为谷区内科技型初创企业和科技创新团队科创成果走向市场牵线搭桥,进一步推动创新研发工作。

(六)助力人才引进

人才是科技创新平台建设和发展的关键要素,人才的引进是创新平台建设和创新活动开展的重要支撑。优秀人才的引入能为创新驱动平台注入新鲜智慧与前沿理念,带来多元技术与创新思维的碰撞。精心培育人才可构建平台内部的人才梯队,保障创新活力的持续迸发。他们在科研攻关中攻克难题,在技术转化中推动成果落地,在团队协作中营造良好创新氛围,使创新平台得以不断拓展边界、提升核心竞争力,在科技发展征程中稳步前行且成果斐然。为深入推进人才引进工作,"晋创谷·太原"积极贯彻落实国家及省、市人才政策,吸引更多人才加入"晋创谷·太原"。

1.加强高层次人才引进

山西省人民政府办公厅于2023年12月29日印发的《晋创谷创新驱动平台公共服务支持政策措施》中就"加强科技服务人才培养"和"支持晋创谷内应用基础研究"推出了多项优惠政策,如规定"每年评选不超过10位优秀技

---

① 《我省举办初级技术经纪人培训班》,《山西日报》2024年8月15日,第12版。

术转移转化个人，给予10万元奖励"。①可见山西省采用"真金白银"的方式支持晋创谷科技创新型人才的引进和发展。

2024年6月6日，太原市委常委会召开会议，就"晋创谷·太原"创新驱动平台建设工作强调，"要高标准建设'晋创谷·太原'先行区，以科技创新引领产业创新，依托创新平台加强原创性科技攻关，培养引进高层次、应用型人才，不断提升区域创新能力和科技成果转化能力"。②为"晋创谷·太原"培养引进高层次、应用型人才被太原市委列为"晋创谷·太原"创新驱动平台建设工作的重要内容。《"晋创谷·太原"人才引育支持政策措施》也在省级文件精神基础上进一步推出引进培育人才的一系列具体措施，特别是针对高层次人才，"晋创谷·太原"推出如下措施。

对新设立的院士工作站、国家重大人才工程专家工作站、博士后科研工作（流动）站，依据现行政策分别给予100万元、60万元、50万元的建站补助。积极引进"两院"院士、国家重大人才工程专家、杰青、优青等高层次人才，支持其在晋创谷落地转化项目并实现产业化，鼓励种子、天使和成果转化引导等创投基金采取"以演代评"等方式投资项目，对不超过总投资额度的30%、不超过2000万元的科技成果转化引导经费支持重点项目可"一事一议"。对晋创谷内科技型企业引进的科研团队博士、硕士研究生，若缴纳社保且签订三年期以上劳动合同的，根据科研项目、研发能力等情况，经申报和评审分别给予博士、硕士研究生10万元、5万元科研项目经费支持。（责任单位：市委人才办、市人社局、市科技局、市财政局、市科协）③

---

①国投晋创谷（太原）发展运营有限公司编《晋创谷创新驱动平台公共服务支持政策措施》，《"晋创谷·太原"专项政策汇编》（内部资料），2024，第30页。

②殷雪鸢、胡引平：《市委常委会召开会议 传达学习贯彻习近平总书记近期重要讲话重要指示精神 韦韬主持》，《太原日报》2024年6月6日，第1版。

③国投晋创谷（太原）发展运营有限公司编《"晋创谷·太原"人才引育支持政策措施》，《"晋创谷·太原"专项政策汇编》（内部资料），2024，第76页。

受惠于上述政策,"晋创谷·太原"引进了大量科技创新团队和人才,入驻"晋创谷·太原"创新驱动平台的科技型企业拥有数量众多的高水平人才。例如,首家入驻谷区的山西中北测控科技有限公司主营SharkNet系列芯片以及交换机、终端设备、标准化板卡等产品,该公司科研团队中有博士3人、硕士20人、本科15人;主营工业固废制备的新型胶凝材料替代"双高"胶凝材料水泥技术的山西国正绿色建造科技有限责任公司科研团队有博士5人、硕士15人、本科10人;主营煤炭制备高品质石墨烯和高端碳材料的研究、开发和产业化的太原赛因新材料科技有限公司科研团队有博士2人、硕士3人、本科3人。据太原科技服务中心的摸排数据显示,截至2024年11月底,参与情况摸底的178家企业1658名职工中,有博士学历的329人,有硕士学历的372人,有副高职称以上的277人。

2.为人才提供生活保障

近年来,太原市按照山西省委、省政府要求,牢固树立"人才是第一资源"的理念,先后推出6大类61项含金量高、吸引力强的人才政策,对来并创业就业的毕业生提供一系列优惠政策。[①]在此基础上,"晋创谷·太原"同样推出一系列人才优惠政策,构建人才引育支持体系,吸引更多人才进入"晋创谷·太原"。在政策体系完善方面,为支持晋创谷创新驱动平台的人才引育工作,山西省"1+5"政策包和太原市"1+7"政策包等文件都在省、市现有人才政策的基础上明确了相关政策支持措施,如《"晋创谷·太原"人才引育支持政策措施》就"做好人才安居服务"和"进行全方位生活保障"等方面推出若干支持政策,涉及人才住房、子女入学和医疗服务等方面。[②]国

---

① 王磊:《推动高质量发展,深化全方位转型:锦绣太原"走马求贤"——太原市多向发力加快打造人才集聚高地》,《山西日报》2024年5月27日,第1版。

② 国投晋创谷(太原)发展运营有限公司编《"晋创谷·太原"人才引育支持政策措施》,《"晋创谷·太原"专项政策汇编》(内部资料),2024,第76页。

投晋创谷（太原）发展运营有限公司积极落实上述政策，为人才提供各种生活保障。

在人才住房方面，太原市出台一系列安居政策，针对性解决人才不同阶段的住房需求，保障从"过渡"到"安家"，从"租房"到"购房"，从"一张床"到"一间房"到"一套房"的无缝衔接，构建起"人才驿站+人才租赁住房+人才公寓+团购住房+购房补贴"的全链条住房保障体系，从根本上解决各类人才的后顾之忧。与此同时，太原市为青年人才提供7天免费拎包入住服务，在青年人才公寓设置公共活动区、会客室、创业办公室等，满足青年人才各类需求。上述措施同样有利于为"晋创谷·太原"提供人才服务。目前，"晋创谷·太原"已经建成较为完善的人才公寓，且这些人才公寓为企业管理人员、科研人员及职工提供了舒适的生活环境和发展空间。截至2024年11月底，"晋创谷·太原"先行区内已拥有近500套人才公寓，且这些人才公寓具备基本入住条件，甚至有些可以直接"提包入住"。[①]国投晋创谷（太原）发展运营有限公司目前已经与太原市租赁住房建设投资有限公司签署战略协议，按照协议，太原市租赁住房建设投资有限公司将对"晋创谷·太原"入驻的科技型企业与科技创新团队人员提供主城区房屋租赁优惠政策。上述举措为科研人员提供了舒适的生活环境，有助于吸引更多优秀人才来到"晋创谷·太原"创新驱动平台创新创业。

在其他生活保障方面，"晋创谷·太原"致力于为人才提供优质的医疗、教育资源和丰富的文化生活。谷区所在的中北高新区立足实际，积极谋划区域人才政策，借鉴发达地区先进做法，为符合条件的高层次人才发放"人才绿卡"，进一步提高人才保障水平。[②]在企业人才子女教育方面，"晋创谷·太原"推出多项政策，将面向不同学段与不同教育要求的人才子

---

①②刘锦春：《建设"晋创谷·太原" 打造科创城》，《前进》2024年第7期。

女提供入学服务。2024年,国科大附属中小学招收了一批符合条件的"晋创谷·太原"科技型企业管理人员和技术骨干子女入学,未来该校将建成12年制寄宿公立学校。在文化服务方面,2024年,"晋创谷·太原"推出了多场文体活动。例如,2024年10月底,晋创谷(太原)创新联合工会承办"晋创谷健步行"活动,丰富谷区职工文化生活;同年11月29日,邀请著名国学大师柳河东带来晋创谷国学大讲堂,为"晋创谷·太原"相关人员及附近居民带来传统文化盛宴。

3.举办系列招聘引才活动

为积极引进"晋创谷·太原"所需的各类人才特别是青年技术人才,太原市及尖草坪区、中北高新区有关部门、国投晋创谷(太原)发展运营有限公司积极组织各类招聘活动。2024年毕业季,上述有关部门面向高校毕业生组织多场招聘活动,为"晋创谷·太原"入驻科技型初创企业和科技创新团队解决人才难题,并全面深化校地合作成果,满足多元化、多层次、多类别人才需求。

太原市人才办、人社局和科技局等部门多措并举为"晋创谷·太原"吸引高水平人才。2024年4月22日至25日,为大力吸引省外高校毕业的优秀青年人才到太原工作,太原市启动该年首次跨省引才活动,并走进高校密集的上海和西安两地。作为全省首家晋创谷示范项目,"晋创谷·太原"在此次活动中深受重视。①2024年6月22日,由太原市委组织部指导,太原市委人才办、市人社局、市科技局主办的2024年太原市百日千万招聘专项行动暨"晋创谷·太原"人才服务直通车活动在山西太原人力资源产业园举办。在招聘活动前,有关部门积极深入"晋创谷·太原"进行实地调研,了解谷区企业用人需求,为招聘活动的顺利进行奠定了基础。此次招聘活动采用线上线下

---

① 王磊:《推动高质量发展,深化全方位转型:锦绣太原"走马求贤"——太原市多向发力加快打造人才集聚高地》,《山西日报》2024年5月27日,第1版。

同步进行的方式，现场共邀请79家科技创新型企业参会，提供就业岗位2000余个，现场共吸引800余人参与，初步达成意向304人次。此外，招聘会现场设立了政策咨询区，为求职者提供咨询解答服务，送政策送服务，发放相关政策宣传资料。其中，来自"晋创谷·太原"招聘专区的山西中北测控科技有限公司、山西华智电网防冰除冰科技有限公司等19家科技创新企业提供了机械工程师、技术工程师、机电工程负责人、办公室文员、行政内勤、财务会计、见习生等150余个岗位，初步达成就业意向90余人。线上活动中，主办方和企业通过直播平台同步带岗，实现多平台联动招聘，累计观看人数达1.8万余人，线上投递简历50余份。

2024年6月以来，尖草坪区人社局、科技局联合举办的"晋创引领，'职'等你来"系列招聘活动先后在中北大学、太原工业学院和山西金融职业学院三家驻地高校举行，主要面向特色产业、现代服务业、高端制造业、金融服务业等领域，涉及技术研发人员、工程师、市场专员、办公文员等岗位，覆盖从普通一线员工到企业管理人员的多类别职位，为不同专业背景和学历层次的应届毕业生、社会求职人员及大三需要参加实习实训的学生提供了丰富的岗位选择。6月16日，在中北大学举办的招聘活动中，共30家"晋创谷·太原"入驻企业参加，带来就业岗位60个。6月18日，在太原工业学院举办的招聘活动中，共24家"晋创谷·太原"入驻企业和尖草坪区科技型企业参会，提供就业岗位78个。招聘会现场气氛火热，共达成求职意向186人。[①]在6月18日的招聘活动现场，工作人员与前来求职的在校生和毕业生进行一对一、面对面洽谈，解答工资待遇、工作时间、工作环境等问题。同时，尖草坪区公共就业服务中心现场设立咨询台，专业人员提供就业指导服务、测评等，帮助学生拓宽职业视野、提高就业竞争力。此外，尖草坪区零工市场依

---

① 《助力"晋创谷·太原"人才招引，尖草坪区举办系列招聘会》，《太原日报》2024年6月18日，第2版。

托抖音、微信视频号直播平台同步推广带岗,在线观看人数约6000人,直播带岗收到简历43份。2024年6月26日,第三场招聘活动在山西金融职业学院举行,共有67家"晋创谷·太原"入驻企业和尖草坪区科技型企业参会,提供了164个就业岗位。

『晋创谷·太原』部分公司简介

山西中北测控科技有限公司

　　山西中北测控科技有限公司是依托中北大学仪器科学与技术优势学科，在"晋创谷·太原"成立的前沿科技型初创公司。公司于2023年12月18日成立，自成立以来，始终致力于智能工业总线与网络化测控前沿技术的研究和开发，主要成员来自原山西省新型工业总线工程技术研究中心创新团队。截至2025年初，公司拥有专职员工46人，流动人员130多人，具备极强的设计、研发和生产能力。

　　山西中北测控科技有限公司是首家入驻"晋创谷·太原"的科技创新型企业。入驻谷区后，公司传承了此前30余年在恶劣环境下动态测试的新原理、新方法、新仪器等前沿技术研究成果和工程产品研制经验，并将其融入当今先进的网络信息技术，面向工业自动化、物联网、特种传感、测控仪器和系统集成领域，服务于航天、航空、兵器、船舶、汽车、智能工厂等行业，在业内极具影响力。2024年初以来，公司科研技术团队持续深入研究新型工业总线技术，联合中北大学共同创建山西省新型工业总线技术创新中心，积极开展高性能工业测控网络技术及其产品的攻关工作。2024年8月23日，公司在2024年中国创新创业大赛山西赛区决赛中荣获一等奖。在技术专利方面，截至2025年初，公司共有2件商标、8项专利、5项软件著作权。例如，2024年9月申请的"一种智能型通信设备采集装置及其采集方法""一种多传感器融合的配电设备带电检测系统及其使用方法"等专利，分别于2024年12月13日、11月22日获得授权。

公司的盈利模式包括自主研发的先进网络芯片和功能模块销售、专用设备研制、测控系统集成、第三方授权合作、支撑软件开发以及相关技术培训等服务。相关技术目前已实现年产值 3000 万元以上。在未来三年到五年内,公司将继续保持创新和领先地位,不断拓展业务领域,扩大市场份额,预期产值将达到 2 亿—3 亿元。

水清华（山西）生态科技有限公司

水清华（山西）生态科技有限公司位于山西省"晋创谷·太原"内，注册资本达600万元人民币。该公司为总部位于天津的水清华旗下企业，属于以从事水利、环境和公共设施管理业为主的科技创新型企业。自2024年成立后，该公司致力于水处理新材料、新工艺和整体设施装备的技术研发与市场应用。

在技术方面，水清华（山西）生态科技有限公司的核心技术团队成员来自南开大学、天津大学、浙江大学、中北大学等高校。公司集铝硅系列产品应用技术开发、水处理工艺设计及工程实施为一体。创新研发了DM(铝硅材料)污水处理工艺、陶瓷膜以及针对不同水体的水处理新材料。

水清华（山西）生态科技有限公司入驻"晋创谷·太原"以来，得到省委、省政府以及省、市等各级相关部门领导的大力支持，已成功对接十余家大中小型水处理项目，2024年度实现销售收入2773万元；产品具有一定的市场竞争力，市场拓展取得了较好成效。2024年6月，该公司入选山西公示的晋创谷入驻科技企业第二批创新启动资金支持企业名单。

截至2024年末，水清华（山西）生态科技有限公司申报多项知识产权，已下证14件，其中发明专利3件，实用新型专利7件，软件著作权4件。其中，公司于2024年4月提交了"一种基于陶瓷膜生产的产品识别系统及方法"的专利申请，该专利申请于2024年12月31日公告授权，公告号为

CN118566477B，这是公司一项重要的技术专利。

2024年7月25日，在"晋创谷·太原"和太原技术转移促进中心专业服务团队组织下，该公司与山西太钢碧水源环保科技有限公司围绕工业废水处理、农村生活污水处理中的无机膜（陶瓷膜）技术、硅藻土应用和污水处理成套设备等进行了深入探讨。此外，公司与中北大学共建山西省膜分离与水处理技术创新中心，与南开大学、河北工业大学、山西大学等高校开展了产学研合作；公司申报了2024年度省科研成果转化引导专项和2024年度太原市新型研发机构。水清华（山西）生态科技有限公司研发的陶瓷膜产品，拥有核心自主知识产权，获得第十三届中国创新创业大赛山西赛区二等奖，目前生产线正在建设中，产品应用广泛，市场前景良好。

"水清中华，造福于民"是水清华（山西）生态科技有限公司的愿景。当前，该公司客户已涉及城市饮用水厂、市政污水处理厂、工业、电力、医疗、精细化工、煤业、制药、电镀、河道治理等众多行业。未来，公司将不断创新发展水生态新质生产力，推动水环境高质量发展。

山西飞羽智能制造
有限责任公司

　　山西飞羽智能制造有限责任公司是太原龙翔科技股份有限公司的全资子公司，龙翔科技是山西省首批在青创板挂牌的科研企业。目前，该公司已登录山西省"晋兴板"，企业代码为060097，同时被纳入科技部科技型中小企业名录，是山西省高新技术企业、民营科技企业，也是太原市工业互联网协会会员单位、太原市无人机应用协会会长单位。公司主要从事人工智能信息系统开发、大数据处理、特种无人机研发等业务。

　　公司自创办以来，因其在人工智能和大数据开发领域的业务，受到多位国家及省市各级领导的关注与支持。公司先后荣获中国创新创业大赛山西省一等奖、"创青春"全国创新创业大赛铜奖、全国"互联网+"大学生创新创业大赛铜奖等国家及省市各级比赛奖项。目前，公司已拥有多项自主知识产权，并与中国科学院、中国气象局、国内多所高校及科研机构建立了合作关系。

山西元工通用航空技术有限公司

　　山西元工通用航空技术有限公司成立于2018年6月，注册资本300万元，是元工能源科技集团下属子公司，为集团公司科技研发板块。该公司是一家从事民用无人机及其配件的研发、制造、销售，提供行业定制化解决方案及技术服务，以及民用无人机航空飞行动力控制系统的研发及销售的高新技术企业。该公司被山西省总工会评为省级"创新工作室"，是太原市总工会无人机行业"劳模和工匠人才创新工作室联盟"发起单位，被山西省科协评为2022年"创响山西"最具市场竞争力企业。

　　2024年4月企业入驻"晋创谷·太原"，得到了政策对接、人才培养、企业宣传、金融服务等全方位的支持，实现了营业收入倍数的增长。与此同时，公司继续注重技术创新研发，现公司拥有研发团队15人，服务大秦铁路股份有限公司科学技术研究所、焦煤等多家大中型企业，由获得"山西省晋阳工匠"荣誉称号的总工带头，汇集了多名无人机行业精英人才，为产品的研发生产奠定坚实的基础。企业研发团队与太原理工大学、太原市交通学校建立了长效的研发、应用合作机制，成立太原理工大学力学学院创新创业基地、太原市交通学校校企共建教师流动工作站，与太原理工大学智能电网工程研究中心紧密合作，推动无人机在智能电网工程中的应用，进一步提升了企业的研发实力与实践能力。公司在山西省无人机行业属领先地位。公司自主研发制造的YG系列六轴旋翼无人机已广泛应用于电力、应急、影视、消防、救援、农业、环保、遥感测绘等多个领域。公司拥有核心技术，多项技术国内领先，获国家专利总局颁发的实用新型专利15项,软件著作权9项,外观专利1项,实审阶段发明专利3项,企业技术标准6项。根据国家近年来大力发展低空经济,以山西省"十四五"规划为纲要,以山西省下发的《关于调整山西省国家通用航空业发展示范省建设领导小组的通知》为契机抢抓战略机遇,紧跟全省建设国家通用航空业发展示范省的步伐,培育发展企业的科技创新力、研发制造力。鼓励研发团队突破新技术、发展新材料、研发新产品。经过研发团队多年的研发与实践,市场潜力巨大。

山西元工通用航空技术有限公司将秉承"专业定制、优质诚信、技术先进、安全可靠"的企业发展理念,学习先进经验、注重优化创新,内部加强管理,外塑优质形象,不断向质量效益型、科技创新型的现代化企业目标迈进!

太原清泽源科技
创新中心有限公司

　　太原清泽源科技创新中心有限公司是山西清泽源环保科技发展有限公司依托晋创谷省级创新驱动平台成立的集科技创新、技术研发、产学研项目合作于一体的科研创新基地。在科技平台建设过程中，太原清泽源入选2024年度太原市新型研发机构培育名单。同时，公司积极申请山西省黄河流域高效节能水处理技术与装备技术创新中心。其项目"水处理中低氧环境下生物迭代及生物相特性研究"，凭借在水处理行业中的创新性及实用价值，使公司荣获省市级科技创新券兑付资金补助资格，成为获得该资格的12家企业之一。

　　公司主要产品及技术包括"清"系列污水处理低碳工艺技术产品、"泽"系列智慧水务产品、"源"系列清水处理低碳工艺技术产品。"清"系列、"源"系列为绿色低碳净水、污水处理技术，广泛用于雨水处理、黑臭水体治理及矿井水处理。"泽"系列智慧水务产品专注于输水管线安全解决方案仿真平台技术，包括长距离输水管线水力过渡过程分析、输水管线安全性检测技术及安全运行仿真平台实用技术研究 。

　　作为"晋创谷·太原"首批入驻的科技创新服务标杆企业，太原清泽源科技创新中心有限公司以"技术驱动、产业赋能、生态共建"为核心理念，聚焦新一代智能制造、绿色低碳、能源和新能源等领域，致力于打造集技术研发、成果转化、企业孵化、产业协同于一体的全链条创新服务平台。

　　扎根晋创谷创新沃土，太原清泽源科技创新中心有限公司继续推进科技创新同产业创新深度融合，整合科研资源和力量，积极响应国家创新驱动发展战略,为高质量发展提供强有力的科技支撑。

技术与成果简介

1. "清"系列产品:清微氧·微氧循环流技术和清氮·自养反硝化滤池技术、清质·初雨污染削减技术。

(1)清微氧·微氧循环流技术。

(2)清氮·自养反硝化滤池技术。

(3)清质·初雨污染削减技术(科技成果转化阶段)。

2. "源"系列清水处理低碳工艺技术产品:源创粒。

3. "泽"系列智慧水务产品:泽探®、泽卫士®。

(1)PCCP断丝检测技术——泽探®。

(2)PCCP断丝监测技术——泽卫士®。

第五章 特色突围:"晋创谷·大同"的差异化发展模式

根据省委、省政府出台的《关于支持大同市打造对接京津冀协同发展桥头堡的意见》《晋创谷创新驱动平台建设三年行动计划(2024—2026年)》及相关要求,在大同市委、市政府和北京中关村发展集团有限公司的大力支持下,"晋创谷·大同"于2024年4月3日揭牌。作为全省第二家落地的晋创谷创新驱动平台,"晋创谷·大同"在全省科技创新战略布局中占据着重要地位,有关部门也采取一系列措施深入推进"晋创谷·大同"的建设。

一、"晋创谷·大同"的重要地位

2024年4月3日,"晋创谷·大同"揭牌仪式在大同经济开发区举行。作为全省第二家落地的晋创谷创新驱动平台,"晋创谷·大同"项目正式建成并投入运营。[1]山西省委、省政府高度重视"晋创谷·大同"相关工作。在战略定位上,"晋创谷·大同"作为全省创新驱动发展的抓手,是为了更好地践行省委、省政府提出的"唱好双城记、融入京津冀"战略部署,进一步支持大同有效承接京津冀协同发展的溢出效应,服务于大同"融入京津冀、打

---

[1]《对接融入京津冀 打造创新新引擎:"晋创谷·大同"正式揭牌》,《山西日报》2024年4月4日,第1版。

造桥头堡"战略，在整合科技资源、促进"四链"融合、贯通产学研、推动体制机制创新等方面积极发挥先行先试作用，未来将打造成为全省科技创新首善地、创新创业生态示范区、中试验证和成果转化一站式服务区、战略性新兴产业聚集高地。

为高水平打造"晋创谷·大同"，在山西省委、省政府的领导下，大同市委、市政府高度重视"晋创谷·大同"建设相关工作，以"晋创谷·大同"为抓手，立足大同科技创新发展实际，锚定京津冀科技创新资源，以企业为主体、市场为导向，以北京中关村创新要素和产业转移为脉络，结合大同本地承接能力和中关村优势运营能力，坚持"战略性招商、产业链引企、前景化培育"战略，注重大同本土应用场景，围绕"新能源、新材料、新装备"三大主导产业精准开展产业链建设工作。在"双碳"目标引领下，做大做强新装备产业，推动装备制造业向技术密集型、知识密集型、低能耗和高附加值的先进制造业方向发展，提高全市经济增长质量。大同市委、市政府精准发力新材料产业，重点打造价值链中高端的新材料产业发展体系，打造晋北碳基新材料集聚区。响应"争当全国能源革命排头兵"的现实要求，重点布局数字能源、储能等领域，构建以项目为引领的综合新能源产业体系，助力大同市从"煤都"向"新能源之都"转变，成为全国清洁能源产业发展引领高地。

二、"晋创谷·大同"的建设基础

2024年以来，大同市委、市政府积极响应省委、省政府决策部署，为晋创谷的建设提供了政策扶持、资金支持和服务保障，制定了一系列优惠政策和措施，吸引企业和人才入驻晋创谷，为晋创谷的发展营造了良好的政策环境。"晋创谷·大同"项目的布局和建设依托大同的区位优势、产业基础和创新资源，创新驱动平台建设与城市发展相辅相成。

（一）区位优势

创新平台的区位选择需要综合考虑多方面因素，主要包括地理位置、经济社会、文化教育、交通条件等。大同市位于山西省北部，黄土高原东北之隅，是连接华北、西北与内蒙古的咽喉要地。这一独特的地理位置，使大同在区域合作中具有无可替代的战略价值。作为山西省的"北大门"，大同与京津冀地区地理相近、人文相亲，为两地的经济交流与合作提供了得天独厚的便利条件。根据山西省政府官网发布的信息，大同市与京津冀地区的紧密合作，不仅有助于推动区域经济的协同发展，更有助于实现资源共享和优势互补，共同构建区域发展的新格局。

大同市构建的多元化交通网络，是其区位优势的重要组成部分。铁路方面，大同是京包、大秦、同蒲、京原四条铁路干线的交会点，连接着华北、西北、东北及三晋腹地，铁路交通十分发达。这不仅促进了大同与周边地区的物资交流，更为"晋创谷·大同"吸引京津冀乃至全国的科技企业与创新人才提供了便捷的交通保障。据大同市政府官网数据显示，大同市铁路货运量连续多年保持增长，为区域经济发展提供了有力的运输支撑。公路方面，大同市高速公路里程长达562.249公里，高速公路密度达到3.99公里/百平方公里，与北京、太原、呼和浩特、张家口等城市已基本实现3小时公路互通。这一完善的公路网络，不仅提升了大同市的交通便捷性，更增强了其作为区域交通枢纽的辐射带动能力。此外，大同还积极布局多样化的交通线路，如长城一号旅游公路等，进一步提升了城市的交通多样性和旅游吸引力。航空方面，大同云冈机场的运营，为大同与国内外城市的空中联系搭建了桥梁。通过航空交通，大同能够更快地融入全球经济体系，吸引更多的国际资源和人才。据大同云冈机场官网数据显示，机场已开通多条国内航线，为大同市与国内外城市的交流与合作提供了便捷的空中通道。

"晋创谷·大同"作为大同市经济开发区的重要组成部分，其区位优势在于能够深度融入京津冀协同发展的大局。京津冀协同发展是国家重要的战略部署，旨在推动北京、天津和河北三地的经济协同发展，实现资源共享和优势互补。大同市与京津冀地区有着紧密的地理和经济联系，是这一战略部署中的重要一环。在产业对接方面,"晋创谷·大同"通过构建"北京研发设计、大同中试制造"的产业协同发展机制,实现了与京津冀地区的无缝对接。这一机制不仅吸引了大量科技企业与创新人才汇聚大同,更为大同市传统产业的转型升级与新兴产业的蓬勃发展注入了强大动力。据"晋创谷·大同"官方发布的数据显示,自平台成立以来,已吸引多家京津冀地区的科技企业入驻,共同开展中试制造与产业合作,取得了显著的成效。在创新资源共享方面,大同市与北京市科委、中关村管委会进行了多次密集互访,推动双方在更高层次、更多领域、更广空间进行深入合作交流。这些合作不仅为"晋创谷·大同"提供了丰富的创新资源,更有助于提高大同市的科技创新能力和水平。通过引入中关村体系的前沿技术企业、科研院所资源以及成熟的产业科技服务能力,"晋创谷·大同"努力建设成为京晋协同创新生态新高地、中关村高质量发展协同区和山西产业转型升级试验田。

"晋创谷·大同"的区位优势还体现在其对科技企业和创新人才的强大吸引力、对产业升级与转型的积极推动以及对城市影响力和知名度的显著提升上。在吸引科技企业和创新人才方面,"晋创谷·大同"通过提供优惠的政策环境、完善的配套设施和高效的服务体系,成功吸引了众多科技企业和创新人才来此发展。这些企业和人才的涌入,不仅为大同市带来了新的经济增长点,更提升了其科技创新能力与产业竞争力。已入驻企业、科研团队及中试基地产业类型涉及精密装备制造、工业机器人、新能源等新兴产业,为大同市的高质量发展注入了新的活力。在促进产业升级和转型方面,"晋创谷·大同"通过与京津冀地区的产业对接和创新资源共享,引入了先进的科技理念和管理模式,推动了大同市传统产业的改造升级和新兴产业的培育发展。在这一过程中,不仅提升了大同市的产业结构和经济效益,更增强了其可持续发展能力。以中环联合(山西)生态环境科技有限公司为例,该企业总部位于北京,专注于油烟在线监测及空气净化服务,入驻"晋创谷·大同"后,该企业利用大同市的区位优势和政策支持,成功实现了24小时无人油烟排放监管服务模式的推广，为大同市的环保产业注入了新的动力。在提升城市影响力和知名度方面，通过举办主题科技活动周、产业对接大会等活动，"晋创谷·大同"成为展示大同市科技创新成果和产业发展成就的重要窗口和平台。这些活动的举办，不仅吸引了国内外众多企业和人才的关注，更提升了大同市在国际舞台上的知名度和影响力。

（二）产业基础

地区的产业集聚能够为创新平台带来显著的规模效应和协同创新机遇。对于"晋创谷·大同"而言，其产业布局与大同市的产业基础紧密相连，大同市在传统工业领域的坚实基础及当前转型发展的迫切需求，为"晋创谷·大同"的建设提供了重要的推动力。同时，大同市在新能源、新材料、数字经济等新兴产业领域的蓬勃发展，与"晋创谷·大同"的建设形成了相互促进、共同发展的良性互动关系。

大同市作为山西省的重要工业城市，拥有着丰富的矿产资源和优良的工业基础。自20世纪80年代以来，大同市逐渐发展成为煤炭、电力等能源产业的重要基地，为当地经济和社会发展提供了有力支撑。近年来，大同积极响应国家和省委、省政府的号召，加快推动产业转型升级和高质量发展。

在传统产业方面，大同市通过技术改造和设备更新，努力提高煤炭、电力等产业的智能化、绿色化水平。在煤炭开采领域，大同市积极推广智能化开采技术，提高生产效率和安全性。在电力领域，大同市大力发展清洁能源和可再生能源，推动电力产业向绿色、低碳方向转型。

在新能源领域，大同市依托丰富的风能、太阳能等资源，大力发展风电、光伏等清洁能源产业，积极布局储能产业，推动高功率密度、高转化效率、高使用周期新型充换电技术和装备的研发工作，为新能源产业的持续发展提供了有力支撑。

在新材料领域，大同市依托当地丰富的矿产资源和高校院所的科研力量，在高性能纤维材料、高端碳基新材料等方面取得了重要突破。例如，在高性能纤维材料方面，大同市与相关高校院所深度合作，发展培育碳纤维全产业链中下游的原丝加工、碳纤维相关产物以及碳纤维复合材料生产加工和高性能碳纤维应用等环节，着力推动碳纤维材料的产业化和工程化。

依托区位、电力、新能源等优势，大同市还进一步培育壮大数据信息等产业，加强与中国科学院、国家工业信息安全发展中心等国家级科研院所的联系，重点引进大模型、区块链、人工智能等前沿技术，发展数据中心、算力中心、智算中心等核心产业。这些新兴产业的快速发展，为"晋创谷·大同"的建设提供了丰富的产业资源和创新动力。

"晋创谷·大同"作为全省第二家落地的科技创新驱动平台，其建设和发展与大同市的产业基础密切相关。一方面，"晋创谷·大同"充分利用大同市在传统产业和新兴产业领域的坚实基础和创新资源，推动平台建设和发展；另一方面，"晋创谷·大同"的建设进一步集聚创新要素和产业资源，推动大同市产业转型升级和高质量发展。具体而言，"晋创谷·大同"依托大同市在新能源、新材料等领域的产业基础和创新资源，打造创新创业生态示范区、中试验证和成果转化一站式服务区、战略性新兴产业集聚高地。通过构建"北京研发、大同中试""北京研发、大同制造"的产业发展模式，打通各类科技资源整合通道，推动更多科研成果在大同转化、更多优质产业项目向大同转移。

同时，"晋创谷·大同"充分发挥其在科技创新、中试熟化、成果转化等方面的优势，为大同市传统产业转型升级和新兴产业快速发展提供有力支撑。通过引入先进的科技创新成果和转化机制，推动大同市传统产业向智能化、绿色化方向转型；通过打造一流的创新生态和产业集群，吸引更多新兴产业项目和企业入驻大同市，形成新的经济增长点。

综上所述，"晋创谷·大同"的产业基础优势显而易见。大同市在传统产业和新兴产业领域的坚实基础和创新资源，为"晋创谷·大同"的建设和发展提供了有力支撑;"晋创谷·大同"的建设也可以进一步推动大同市产业转型升级和高质量发展,形成相互促进、共同发展的良性互动关系。

(三)创新资源

创新资源是地区科技创新平台的重要支撑因素,对于"晋创谷·大同"而言,其创新资源优势同样显著,主要体现在科研人才基础、科研条件以及科研成果积累三大方面。

第一,在科研人才基础方面。大同市虽非省会城市,但依托"晋创谷·大同"这一创新驱动平台,积极吸引和汇聚了国内外众多科研人才。这些人才是科技创新的核心主体,为平台带来了源源不断的创新思维和技术方案。首先,"晋创谷·大同"与中关村发展集团中关村智酷公司合作运营,充分借助了中关村体系庞大的前沿技术企业和科研院所资源。这一合作模式不仅为大同引入了中关村的创新基因,还吸引了大量具备行业领军才能的科研人才。这些人才在新型装备制造、新材料、新能源、数字经济等重点领域发挥着重要作用,推动技术的突破和创新。其次,大同市通过出台一系列人才政策,如"双十六条"人才新政、发放"凤凰英才卡"等,不断优化人才发展环境,吸引和留住了大量高层次人才。此外,"晋创谷·大同"还积极与国内外知名高校和科研机构建立合作关系,通过"千校万企"协同创新平台等机制,实现产学研深度融合。这一合作模式不仅为平台提供了丰富的科研人才资源,还促进了科技成果的转化和应用。

第二,在科研条件方面。"晋创谷·大同"平台规划占地面积39.2万平方米,拥有完善的科技创新基础设施和实验条件。首先,平台内设有中试车间、产业基地等硬件设施,为科研团队和企业提供了良好的中试熟化和成果转化环境。这些设施不仅满足了科研团队对实验设备、场地等的需求,还促进了科技成果的产业化进程。平台构建了开放创新的生态系统,通过搭建创新、金融、人才等一站式、管家式的"类中关村"服务体系和运营模式,为科研团队和企业提供了全方位的服务支持。这一服务体系不仅包括了政策咨询、补贴兑现、住房保障等基础服务，还涵盖了创业培训、赛事承办等增值服务，为科研创新营造了良好的生态环境。

第三，在科研成果积累方面。平台自成立以来，已经吸引了大量科研团队和企业入驻，并取得了一系列重要的科研成果。平台内的科研团队和企业积极承担各类科研项目，通过与企业合作、承接政府科研项目等方式，不断推动技术的突破和创新。例如，山西大同大学高志翔教授团队研发的半导体行业封装材料已经进入小规模量化生产阶段，这一成果不仅体现了平台在新型材料领域的科研实力，也为相关产业的发展提供了有力支持。"晋创谷·大同"还积极促进科技成果的转化和应用。平台通过搭建科技成果转化中试基地、举办科技成果对接会等方式，推动科研成果向现实生产力转化。中环联合（山西）生态环境科技有限公司、山西云通时代科技有限公司等企业已在平台上实现了科技成果的转化和应用，取得了良好的经济效益和社会效益。此外，平台还注重与国内外知名科研机构和企业的合作与交流，通过引进先进技术、开展联合研发等方式，不断提高自身的科研水平和创新能力。这些合作不仅为平台带来了更多的科研成果和技术积累，还促进了国内外科技资源的共享和互利共赢。

综上所述，"晋创谷·大同"通过汇聚国内外科研人才、构建完善的科研条件和积累丰富的科研成果，为大同市乃至山西省的科技创新和产业发展提供了有力支撑。未来，"晋创谷·大同"将继续发挥其在创新资源方面的优势，推动更多科技成果的转化和应用，为大同市的高质量发展贡献更大力量。

三、推进"晋创谷·大同"建设的进程

在山西省委、省政府的战略部署下，大同市积极响应国家关于推动区域协同发展的号召，依托《关于支持大同市打造对接京津冀协同发展桥头堡的

意见》和《晋创谷创新驱动平台建设三年行动计划（2024—2026年）》的指导，携手北京中关村发展集团有限公司，共同推动了"晋创谷·大同"项目的落地与快速发展。该项目作为山西省第二家创新驱动平台，承载着"融入京津冀，打造桥头堡"的战略使命，致力于成为区域协同创新的重要引擎。截至2024年末，"晋创谷·大同"在基本建设、企业入驻和科技创新方面均取得显著成果，展现出强劲的发展势头和广阔的发展前景。

（一）基础建设持续推进

在山西省委、省政府的统筹规划与总体布局下，"晋创谷·大同"作为继"晋创谷·太原"先行区后的又一重要科创园区，其基本建设在大同经济技术开发区内持续推进，展现出了蓬勃的发展态势。

"晋创谷·大同"坐落于大同市经开区的新兴产业园内，拥有10.7万方平方米的办公楼和厂房（其中办公楼面积3.3万平方米，8栋厂房面积7.4万平方米）。园区按照"前店后厂"的模式进行布局，旨在构建从科技创新、中试熟化到成果转化的完整产业链条。整体空间布局为"一中心两基地"，即产学研融通创新中心、科技成果转化中试基地和产业转型发展示范基地。

首先，产学研融通创新中心作为园区的核心部分，重点布局了科技研发、创新孵化、科技服务、成果展示、学术交流、技术交易、商务配套等功能。该中心的一层已规划为科技展厅、"千校万企"协同创新平台、中关村集成服务平台、科技金融服务中心、大同经开区一站式服务平台等功能性空间，这些空间将集中展示"晋创谷·大同"的核心优势、运营成效和重点企业，成为项目汇报、展示、交流及交易的主窗口。二至四层则聚焦创新研发类企业，同时承载产业科创平台、共性技术实验测试平台、大数据公共服务平台等，为入驻企业和科研团队提供了全方位的研发和创新环境。

其次，科技成果转化中试基地也已初步建成。该基地重点承接企业中试熟化项目和京津冀成果转化项目，旨在打通科技成果向现实生产力转化的通道。其中，中试熟化项目集聚区聚焦企业检验检测、小规模制造、柔性化生产等需求，利用起步区标准化厂房集中服务企业中试熟化，发展产业转型示范工程。基地引入了产业制造型企业，进行小批量生产并逐步形成产业化。京津冀成果转化项目集聚区则重点聚焦京津冀企业对标准化生产厂房、定制化生产线等需求，打造京晋成果协同转化的示范基地，承接北京优质科技创新成果的转化落地。基地完善了中试服务流程，提供了一站式中试技术咨询、中试方案设计、中试过程管理等全方位服务，为企业的中试工作提供了强有力的支持。新能源、新材料、新装备等主导产业的中试和产业化项目是园区的重中之重。项目团队通过引进先进设备和技术，搭建专业平台，为这些项目的研发和生产提供了全方位的支持。同时，还积极与高校、科研机构和企业开展合作与交流，推动产学研深度融合和协同创新，为这些项目的成功落地和实施注入了强大的动力。

再次，"晋创谷·大同"还建设了产业转型发展示范基地。该基地以中关村产业运营经验为借鉴，推动产业链、创新链、供应链、要素链、制度链五链耦合，打造一流创新生态。基地以项目落地作为发展产业的硬抓手，依托现有载体空间培育壮大产业集群，并以市场需求为出发点，促进核心技术推广和应用示范，推动大同制造向高端、智能转变。

最后，在基础设施建设方面，园区内的水、电、气、暖、网等基础设施和配套道路已完备，为入驻的高科技公司提供了良好的生产和研发环境。同时，园区还提供了丰富的优惠政策，如免费提供实验或中试厂房和办公空间、高端人才享受生活补贴和学费补贴、购买全新设备给予补贴等，这些政策极大地吸引了京津冀地区的科技资源来此集聚。

综上所述，"晋创谷·大同"在基本建设方面取得了显著进展，已初步构建起从科技创新到成果转化的完整产业链条，并为企业提供了全方位的研发和创新环境。随着更多企业和科研团队的入驻，以及园区各项政策的持续完善，"晋创谷·大同"有望成为京晋协同创新生态新高地、中关村高质量发展协同区和山西产业转型升级的"试验田"。

展望未来,"晋创谷·大同"将继续加大硬件设施建设的力度,不断提升园区的整体品质和实力。一方面,继续完善现有硬件设施的功能和配套,提高设施的利用率和便捷性;进一步完善中试基地的建设,继续扩建中试生产线,引进更多先进的中试设备和技术人才,提升中试服务的质量和效率;进一步加强与高校和科研机构的合作与交流,推动产学研深度融合和协同创新在中试领域的实践应用;加强基础设施配套的建设,继续优化水电暖设施、网络设施和交通设施等基础设施配套的建设和管理,确保入驻企业的正常运营和员工的舒适生活;关注新兴技术的发展趋势和应用需求,及时引进和推广新技术、新设备和新模式。另一方面,将积极引进更多的先进设备和技术,提高园区的科技水平和创新能力,推动智能化、绿色化、可持续化的发展。大力推广智能化管理系统和技术在园区内的应用,提高管理效率和便捷性。

(二)团队企业积极入驻

自2024年4月3日"晋创谷·大同"在中关村智酷的引领下正式揭牌以来,项目便依托产业和科创人才的双重优势,迅速推进高层次人才及科技成果的转化工作。截至2025年3月,园区已经吸引了32家企业和研发、中试团队项目的入驻,涵盖了半导体封装材料、高压高速气流应用、数字经济及配套服务等多个领域。

在入驻的企业中,半导体封装材料项目由山西华辉光电科技有限公司主导。该项目专注于半导体行业封装材料的研发与生产,为不同半导体企业提供个性化的封装解决方案及产品。凭借先进的技术和优质的产品,该项目在市场上赢得了广泛的认可和好评。交通行业高压高速气流应用中试基地是另一个值得关注的亮点项目。该项目由多家企业联合共建,针对北方严寒天气对能源、交通行业的影响,研发出了智能控制3D可视化气压喷射道岔自动除雪系统等创新产品。这些产品的问世,不仅解决了交通行业在严寒天气下的运营难题，也为园区的科技创新和成果转化树立了典范。此外，MOF吸湿材料、天空辐射制冷膜项目也是园区内的佼佼者。该项目由大同品森环保科技有限公司依托北京工业大学刘忠宝教授的深厚研究背景开展，项目致力于吸附式、吸收式制冷技术的研发与应用，为环保和节能领域提供了新的技术解决方案。该项目的成功实施，不仅推动了环保和节能技术的发展，也为园区的绿色发展和可持续发展做出了积极贡献。卫星应用技术中心由山西省煤炭地质一一五勘查院有限公司袁媛职工创新工作室打造，专注于地质勘查行业新技术、新方法的研发与应用。凭借先进的技术和丰富的经验，该中心在地质勘查领域取得了显著的成果，为园区的科技创新和产业发展注入了新的活力。

"晋创谷·大同"还在不断吸引着新的企业和项目加入。这得益于其独特的政策优势和服务支持。省、市各级制定了晋创谷相关专项政策，包括人才创业资金扶持、全流程服务机制、各项补贴优待以及柔性引进人才等多种形式。这些政策为入驻企业提供了全方位的支持和保障，使得企业在发展过程中能够无后顾之忧地专注于科技创新和成果转化。

值得一提的是，大同市委组织部对"晋创谷·大同"给予了高度的重视和支持。为了在园区内营造更加舒适的人才发展环境，市委组织部特地在园区内设立了人才发展服务中心。这一举措不仅将人才政策的宣传贯彻和服务落地工作前移，更为园区及周边人才团队的创新创业提供了坚实的后盾。人才发展服务中心的设立，不仅为人才提供了更加便捷的服务，也进一步增强了园区对人才的吸引力。

在资金扶持方面，园区采取了"人才团队+科技成果+基金参股+股权激励"的全方位支持模式。这一模式不仅为人才团队提供了充足的研发资金，还通过基金参股和股权激励等方式，激发了人才团队的创新热情和创业动力。同时，园区还积极与各大金融机构建立合作关系，为入驻企业提供多样化的融资支持，帮助企业解决资金难题。在全流程服务方面，园区提供了一站式便捷服务。从政策咨询到人才公寓申请,从项目申报到成果转化,园区都为企业提供了全方位的服务和支持。这些服务的提供,不仅降低了企业的创业成本,也提高了企业的运营效率和创新能力。在补贴优待方面,园区以真金白银的支持加强高层次人才的引进与培育。园区为入驻企业的高层次人才提供了丰厚的薪资待遇、住房补贴、子女教育等优惠政策,让这些人才安心在园区工作和生活。园区还积极组织各类人才培训、交流活动,为人才提供了广阔的学习和发展平台。在柔性引进人才方面,园区采取了兼职服务、"候鸟式"聘任等多种灵活方式。这些方式的采用,不仅拓宽了人才引进的渠道,也最大限度地发挥了人才的智力价值。园区通过柔性引进人才的方式,吸引了一批在国内外享有盛誉的专家学者和创新创业领军人物,为园区的科技创新和经济发展提供了强大的智力支持。

为了进一步提升园区的知名度和吸引力,"晋创谷·大同"还积极举办各类活动。"百家企业走进'晋创谷·大同'"活动吸引了来自大同市和京津冀地区部分规模以上工业企业、高新技术企业、科技型中小企业以及科技创新平台的相关负责人和京津冀地区部分科技型企业负责人约130人参加。活动不仅展示了园区的科技成果、创新环境和政策优势,还让更多企业了解了"晋创谷·大同"的发展潜力、产业定位和未来规划。通过现场交流、项目对接等环节,企业之间建立了初步的合作意向,为后续的深度合作奠定了坚实基础。这样的活动不仅增强了园区与企业的互动联系,也为园区引入了更多的优质资源和项目,推动了园区的快速发展。

(三)科技创新成果显著

"晋创谷·大同"作为山西省创新驱动发展战略的重要一环,与"晋创谷·太原"遥相呼应,共同构建了山西省科技创新的双引擎,推动全省科技创新生态持续优化升级。特别是"晋创谷·大同"聚焦先进制造、能源与新能源、半导体材料等重点领域,通过深度整合创新资源,促进产业链、创新链、资金链、人才链"四链"融合,打造了一批具有核心竞争力的创新联合体和科技企业,科技创新成果不断涌现。

"晋创谷·大同"充分发挥其地理位置和资源优势,吸引了一批行业龙头企业、高校科研院所及科技服务机构入驻。这些机构围绕先进制造、能源与新能源、半导体材料等重点领域,共同组建了多个创新联合体,形成了协同创新、联合攻关的良好机制。在先进制造领域,创新联合体依托入驻的智能制造企业,共同研发了智能装备、工业互联网等关键技术,推动了制造业的智能化升级。在能源与新能源领域,创新联合体则聚焦于能源互联网、新能源发电等领域的技术研发。通过产学研深度融合,成功研发了一批具有自主知识产权的新能源技术和产品,为能源行业的绿色低碳发展注入了新的活力。

自"晋创谷·大同"运营以来,入驻企业和团队在技术研发、产品创新和技术服务等方面取得了较为显著的成绩。在半导体材料领域,山西华辉光电科技有限公司围绕半导体行业的封装材料进行开发,成功研发出边框封装材料、器件内部液态吸湿剂、贴片式封装材料等系列产品。这些产品不仅满足了国内市场的需求,还出口到海外市场,为山西省半导体产业的发展做出了重要贡献。在能源与新能源领域,交通行业高压高速气流应用中试基地研发了智能控制3D可视化气压喷射道岔自动除雪系统及其低功耗节能版。该系统的成功研发和应用,不仅提高了道岔除雪的效率和质量,还降低了能耗和运维成本,为交通行业的智能化、绿色化发展提供了有力支撑。

此外,"晋创谷·大同"通过搭建科技成果转化平台、完善成果转化机制、加强成果推广应用等措施,促进了科技成果向现实生产力的转化。其中,毫米波雷达中试项目是"晋创谷·大同"科技成果转化的一个典型案例。该项目由西安电子科技大学和中网华信科技股份有限公司合作完成。双方利用毫米波雷达技术,实现了井下掘进机行迹快速修正以及对矿下环境的感知,提高了煤矿开采的智能化水平并降低了掘进成本。该项目的成功实施,不仅为煤矿行业提供了先进的技术支持,也为"晋创谷·大同"在智能制造领域的科技创新树立了典范。大同品森环保科技有限公司与北京工业大学合作研发的MOF吸湿材料、天空辐射制冷膜项目，已初步实现产业化应用；山西省煤炭地质——五勘查院有限公司依托大数据技术开发的矿山地质环境动态遥感监测数据管理平台，已广泛应用于矿山地质环境防治领域。这些科技成果的转化应用，不仅推动了相关产业的升级换代，还为山西省的经济社会发展注入了新的活力。

四、高水平打造"晋创谷·大同"的具体举措

大同市委、市政府在全面落实习近平总书记关于科技创新的重要论述和省委、省政府《晋创谷创新驱动平台建设三年行动计划（2024—2026年）》（晋发〔2023〕28号）精神的基础上，结合本地实际，于2024年5月6日印发《"晋创谷·大同"创新驱动平台建设三年行动计划（2024—2026年）实施方案》，又于2024年8月12日印发了《促进大同中关村科技园高质量发展的若干政策措施》。

（一）完善政策体系

为了更好推动创新链、产业链和人才链的深度聚合，大同市贯彻落实省级相关政策和《"晋创谷·大同"创新驱动平台建设三年行动计划（2024—2026年）实施方案》，结合本地实际情况，于2024年8月12日出台了《促进大同中关村科技园高质量发展的若干政策措施》，涵盖了科创团队及企业入驻、科技创新、金融服务创新和人才培养及引进等多个方面，旨在推动园区的高质量发展。

1. 全面优化入驻服务，打造高效便捷的创新生态

大同市致力于为企业提供全生命周期的入驻服务。通过建设科创平台、团队、企业入驻服务平台和一站式服务窗口，实现"一网通、一窗办、半日结、零成本"的企业登记注册流程。依托一站式服务窗口，企业可享受创业导师咨询、投融资对接、办税缴费等多元化服务。同时，打破政务信息壁

垒,推动科创金融信息的互联互通,实现科创企业信用信息和金融服务的高效共享。对于入驻的科创团队,大同市提供一对一、全流程的服务机制,涵盖政策咨询、办公场所申请、支持资金申报、人才公寓申请、人事关系代理、随迁子女入学办理、配偶就业手续、健康体检就医等一站式服务,全方位满足科创团队的需求,打造舒适便捷的创新环境。

2.加大科技创新支持力度,激发创新活力

大同市对创新落户企业给予注册资本支持,一次性提供30万元至100万元的创新启动资金,用于项目成果转化注册公司的注册资本金,且启动资金在注册资本金中的占比不超过实缴资金的50%。同时,扩大创新券的使用范围,鼓励科技型中小微企业通过申领科技创新券的方式在全国范围内购买创新服务、开展技术合作,并给予每年最高100万元的资助。

在科技成果转化方面,大同市支持科创平台、团队入驻园区,经评审后按实际需求免费提供实验或中试性厂房和办公空间,最长可达3年。对于重大创新项目,采取"一事一议"的方式给予支持。鼓励高校、科研院所和企业独立或联合建设科技创新平台,对新认定的国家级、省级、市级重点实验室、新型研发机构、技术创新中心、中试基地等给予不同额度的补助,并支持其购置关键仪器设备。

大同市还积极支持技术交易,对以委托开发、技术转让、独占许可、技术入股等方式转化先进科技成果的入驻企业,按当年实际技术交易额的20%或技术入股占比的10%给予配套资金支持,最高可达100万元。同时,创建线上与线下相结合的科技成果转化和知识产权交易服务平台,促进技术交易对接,跟踪项目落地,并给予优秀承接单位每年最高500万元的运营支持。

对新承担国家、省科技重大专项和重点研发计划等项目的单位,大同市按上年国家、省拨经费的3%奖励研发团队,每个项目最高奖励30万元,以此激励更多企业投身科技创新。同时,鼓励大中型企业用户与园区内科创型企业签订远期创新产品"预约采购协议",对于开发生产的国内首台(套)重大技术装备产品和国产化替代创新产品,按照成交额的10%给予补助,最高可达1000万元。

3.深化金融服务创新,助力科技成果转化

大同市设立科技成果转化和产业化引导专项,重点支持省内外企业、高校和科研院所等各类市场主体和创新创业团队开展落地园区的科技成果转化和产业化项目。探索以科技项目的方式支持企业实施科技成果落地转化和产业化项目,将政府投入的科技项目资金转化为相应的"股"权或"债"权,并由市属国有投资平台持有,伴随企业成长后再执行股权退出或由科创团队回购。

此外,大同市统筹用好政府引导基金,协同社会资本设立专项产业协同投资基金,为促进产业发展的项目提供投资服务。同时,加大科技保险产品供给,支持保险机构结合全市科技型企业需求开发设计科技保险产品,并给予保费补贴。

(二)加强对外合作交流

在跨区域合作方面,大同市通过与京津冀地区的紧密协作,不仅成功引进了一批高质量的科技创新项目,还为区域协同发展培育了新的经济增长极。这种跨区域的合作战略,不仅拓宽了"晋创谷·大同"的发展空间,更为大同市深度融入国家发展战略、实现高质量发展奠定了坚实基础。

在合作模式上,与中关村发展集团进行深入对接。经过多轮磋商,双方就"大同中关村资本科技创业投资基金"的合作达成了共识。这一系列的密集互访,推动双方在更高层次、更宽领域、更大空间内展开了深入的合作与交流。这种合作模式为"晋创谷·大同"的实体化运营打下了坚实的基础,促进了创新资源的共享与互利共赢。

截至2024年底,"晋创谷·大同"创新驱动平台先后赴北京、天津、河北等地开展项目考察活动36次,实地对接并拜访了天地融创、凌宇智控、腾浩达实业等企业项目55个；同时，中技科技、中网华信、海邦创智等27家企业也相继来区进行了回访。成功引入项目19个，其中包括半导体封装材料、煤矸石煅烧高效利用等中试项目10个，以及亦萌科技、政科数字、首创资本等数字经济及配套服务类项目9个。

（三）人才引进

大同市对新设立的院士工作站给予最高100万元的建站补助，分3年补助到位，并对继续签约且达到考核评估要求的院士工作站，每年给予最高30万元的工作补助，补助周期为3年。同时，支持博士后科研工作站、博士后创新实践基地的建设和发展，并给予相应的建站（基地）补助和工作补助。对于园区内科技型企业引进的科研团队（博士、硕士研究生），只要其缴纳社保并签订3年期以上劳动合同，经申报和评审后，即可获得博士10万元、硕士5万元的科研项目经费支持。此外，还采取"一人一策""一事一议"的方式，对新柔性引进的高层次人才（团队）和急需紧缺人才（团队）进行奖励。为了吸引更多全日制高层次人才，大同市对全职引进的全日制博士研究生、国内外知名高校的全日制硕士研究生和全日制本科生，分别给予购房补贴、租房补贴、生活补贴以及学费补贴，其中购房补贴最高可达20万元，租房补贴和生活补贴也分别按月发放，发放期限为3年。

除了直接的经济补贴，大同市在人才引进政策上还注重提供全方位的服务和保障。为了吸引"双一流"院校的博士、硕士研究生和本科生，大同市显著提高了补贴标准，并新增了科创平台、科创项目和人才工作室的各类补贴，为高校人才回归和本地企业发展提供了强有力的支持。大同市还创建了集校企对接、服务办理和招才引智于一体的人才发展综合服务站，为人才提供一站式服务，并推出了"凤凰英才卡"，持卡人才可以享受多项便捷服务。

大同市不仅注重引进高层次人才，还通过举办各类人才活动，如"广纳英才·智汇大同"人才周活动，吸引了来自众多知名高校的博士、硕士研究生和本科毕业生参与。活动期间，大同市充分展示了自身的经济社会发展成果和人才引进政策，与高校、科研院所等创新源头进行了深入的交流和合作，为城市的发展注入了更多的人才资源和创新支持。

（四）成果展示与活动举办

"晋创谷·大同"作为大同市科技创新的核心平台，其发展战略清晰且全面，不仅聚焦于科技成果的转化与应用，更在成果的展示与推广上持续发力。平台内设科技展厅，全面展现其核心优势、运营成果及重点企业风采，同时，积极利用网络平台与新媒体资源，拓宽科技成果的传播渠道，借助《科技日报》《中国科技网》《山西日报》等权威媒体，以及2024中国千校万企协同创新推进会、中关村论坛大同专场等高端平台，有效提升了"晋创谷·大同"的全国知名度和影响力。

为了进一步巩固和扩大这一影响力，大同市精心策划并举办了一系列科技创新活动和品牌活动。这些活动形式多样，内容丰富，不仅吸引了众多知名专家学者和企业代表参与，更通过政校企的紧密对接，促进了广泛的合作与交流。例如，2024年5月25日举办的"速度引领 创新未来"科技活动周启动仪式，以及10月30日与北京中关村智酷公司联合举办的"晋创谷·大同"走进高校科技成果对接活动，极大地加强了大同市与知名高校的合作，为平台内的企业和科研团队带来了丰富的技术支持和创新资源。

此外，大同市充分发挥其古城文化的独特优势，打造了一系列具有影响力的文旅品牌活动，如"相约大同·潮玩古城"等。这些活动巧妙地将古城文化与现代科技、时尚元素相融合，为游客提供了别具一格的文旅体验，同时也进一步提升了"晋创谷·大同"的品牌形象和知名度。通过举办这些活动，大同市不仅促进了科技创新的交流与合作，更推动了科技成果的转化与应用，为城市的高质量发展注入了新的活力。

综上所述，大同市通过构建创新驱动平台、完善创新生态体系、出台人才引进政策、加强人才服务保障，以及举办各类科技创新活动和品牌活动等具体举措,高水平打造了"晋创谷·大同"。这一平台不仅成为大同市科技创新和产业发展的重要引擎,更在推动城市高质量发展的道路上发挥了不可替代的作用。大同市的这一系列战略布局,充分展现了其在打造"晋创谷·大同"过程中的整体思路和远见卓识。

『晋创谷·大同』部分公司简介

大同品森环保科技有限公司

大同品森环保科技有限公司，成立于 2024 年，是一家环保科技型企业，是空气和水杀菌、消毒、除臭技术开发与生产的创新型公司，主要产品有冰箱、空调、洗衣机等家电类杀菌、除臭的产品，空气净化产品，畜牧业、海水养殖用水杀菌产品，医疗用水杀菌消毒产品。目前已经与海尔、美菱、云米、新希望六合等企业建立合作。

大同品森环保科技有限公司科研带头人、法人代表是北京工业大学刘忠宝教授。刘教授主持国家自然科学基金、北京市自然科学基金、教育部德州"蓝火"计划、青海省科技厅技术成果转化、北京市委组织部优秀人才基金等纵向项目，主持"大型人工气候罐环境控制制冷系统"等企事业委托开发项目20 余项。

企业目前从事两方面的研发及生产。一是 MOF（金属有机骨架）转轮材料吸附式制冷、吸收式制冷技术，该技术可广泛应用于加湿、除湿、新风、空气取水等领域，目前处于中试阶段。该项目预估 2025 年年产值达 2000 万元以上，为大同市吸引各类专业人才创业 20 人，提供就业岗位 200 人。本项目计划与北京工业大学建立人才合作培训、就业基地，推广零碳、零能耗的建筑新风节能技术、空气取水技术、湿度调节技术等。

二是天空辐射制冷光伏增效技术，目前处于中试阶段。基于天空辐射制冷的基本理论，即利用材料自身与宇宙背景温度 3K（即零下 270 摄氏度）进行辐射换热产生冷量的新型被动式制冷技术,结合光学、传热学,设计并批量制备天空辐射制冷薄膜,并与光伏组件相结合,以实现光伏发电系统工作温度的降低、太阳光反射率降低以及发电功率、效率的提升。其中天空辐射制冷材料合成方面包含薄膜绿色合成、批量制备、耐久性强化、自清洁特性以及复合材料组分最优配比的技术研究。天空辐射制冷结合光伏发电系统方面包含材料自身透射率、发射率、厚度、导热系数以及减反射程度与光伏发电系统发电功率、效率和工作温度的耦合关系研究。

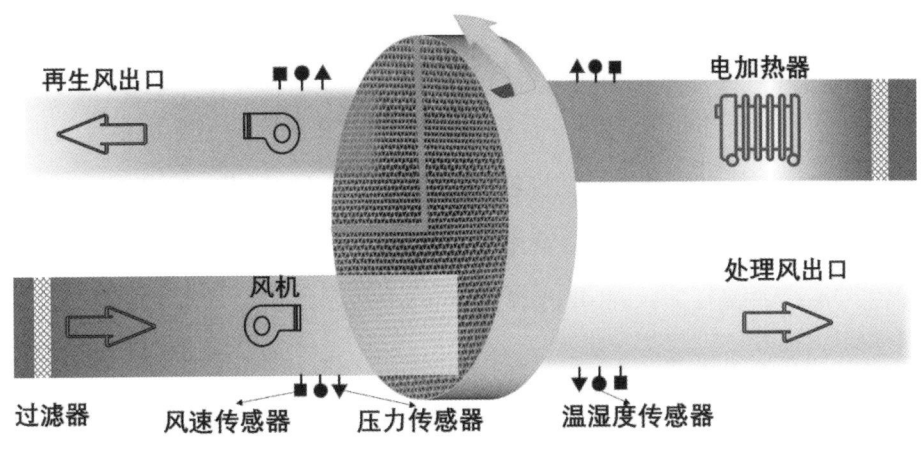

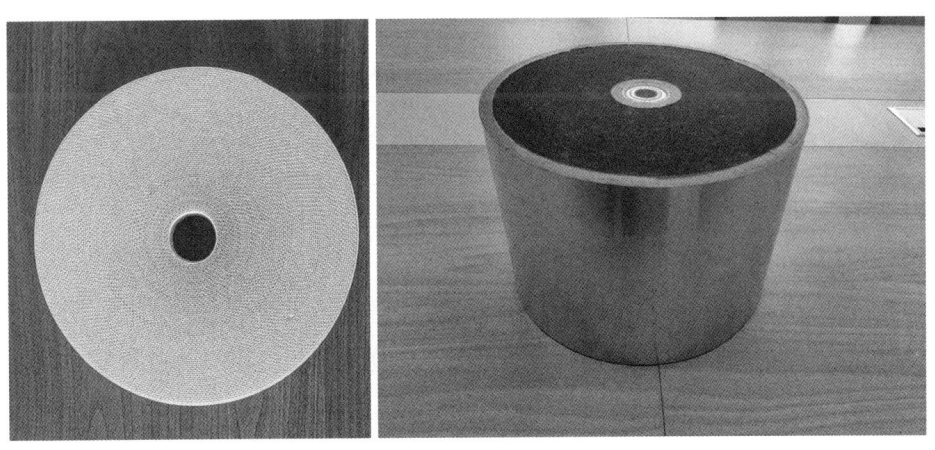

盘毂动力科技（大同）有限公司简介

盘毂动力科技（大同）有限公司于2024年10月在"晋创谷·大同"注册成立，注册资本3000万元人民币，是上海盘毂动力科技股份有限公司的全资子公司。

盘毂动力具有全球领先的轴向磁通电机和电驱动解决方案研发制造能力，目前已累计申请国内外专利超过1400项，在轴向磁通电机领域的排名持续领先；全栈自研并完全掌控轴向磁通电机技术的研发、生产制造能力，在全球范围内率先实现轴向磁通电机规模化量产应用；量产电机功率密度达8.17kW/kg，产品性能达到国际领先水平。

在同等功率和扭矩条件下，盘毂轴向磁通电机的体积和重量下降50%左右，在90%以上的工况可以达到90%以上的工作效率，从电机生产到终端应用均能大幅减少碳足迹和碳排放。

目前，盘毂动力轴向磁通电机和电驱动产品已在新能源商用车、乘用车、专用车、工程机械、两轮车、工业节能等领域批量应用，与多家世界500强和领先企业建立联系合作，同时作为电机领域的"新质生产力"技术，积极布局低空经济、机器人、新能源农机等，为各领域客户和终端用户创造颠覆式的价值升级。

自2024年10月在大同注册成立以来，盘毂动力科技（大同）有限公司依托"晋创谷·大同"的优势资源和平台，成立轴向磁通煤电装备研发中心，同时与陕汽大同、宁德时代等产业链明星企业共同组建新能源换电重卡项目联合运营中心，汇聚政企各方力量，推进重卡产业集聚，实现核心零部件的本地化总成装配、本地化运营服务，填补相关产业链的短板和空白。

盘毂动力科技（大同）有限公司将不断加大技术创新、产品创新、服务创新，在大同地区建设煤电装备研发中心、轴向磁通电机和电驱动售后服务中心、新能源底部换电重卡联合运营中心、新能源商用车电驱动总成生产制造中心"四个中心"，以及新能源重卡总成合装生产线、公交独悬总成合装生产线、工业装备总成生产线"三条产线"，加强与有关装备企业的协同创新，在大同锻造新产品、申报新专利、开拓新市场，率先在北部区域实现轴向磁通电驱系统研发制造能力，积极服务和融入当地的产业和经济发展，带动相关上下游产业进入快速、良性发展模式，引领发展战略性新兴产业，加快形成新质生产力。

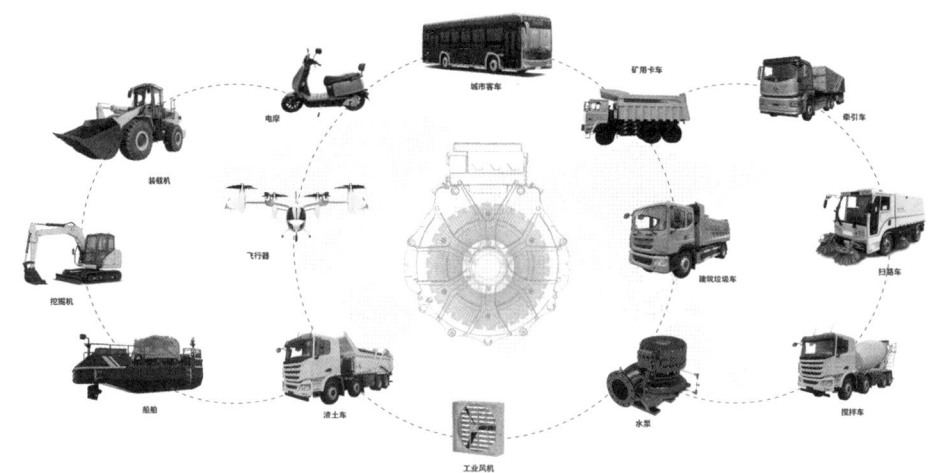

山西华辉光电科技有限公司

山西华辉光电科技有限公司于 2024 年 6 月入驻"晋创谷·大同",是一家专注于有机半导体封装复合材料的研发、生产,以及制造高校科研设备的科技型创业公司。项目团队通过具有自主知识产权的材料设计和制备技术,研发和销售高性能、高经济价值的半导体封装复合材料,让山西成为全球高精尖材料产出地。其有机半导体封装复合材料可广泛应用于被动矩阵有机发光二极管(PM-OLED)显示、钙钛矿太阳电池以及其他薄膜电子产业,具有单位重量吸水量大、吸水后不膨胀、基材上附着力强、不发生垂流和析出等优点。公司在光电材料领域深耕多年,和国内多所高校院所建立了深度的产学研合作关系,并有多款材料的产学研产业化应用实例。

公司主要的产品,一是双组分的环氧树脂 AB 胶。该胶成本低、制程工艺简单,可实现低模量快速固化,胶水稳定性高,具有良好的防潮性和较强的适应性,适用于各种有严格的湿度可靠性要求的电子器件边框封装应用(例如:钙钛矿太阳能电池、有机发光二极管、高灵敏高精度传感器等)。二是液态吸湿剂。对电子器件内部微量、痕量水汽的吸收具有极强的作用力,不含挥发性有机物(VOCs),绿色环保。第一代对标国际行业领头公司,在产线验证良率为 99.98%。第二代世界唯一,通过产线验证,良率在 95% 以上。

第二编 实践探径：山西省域创新共同体的梯度发展

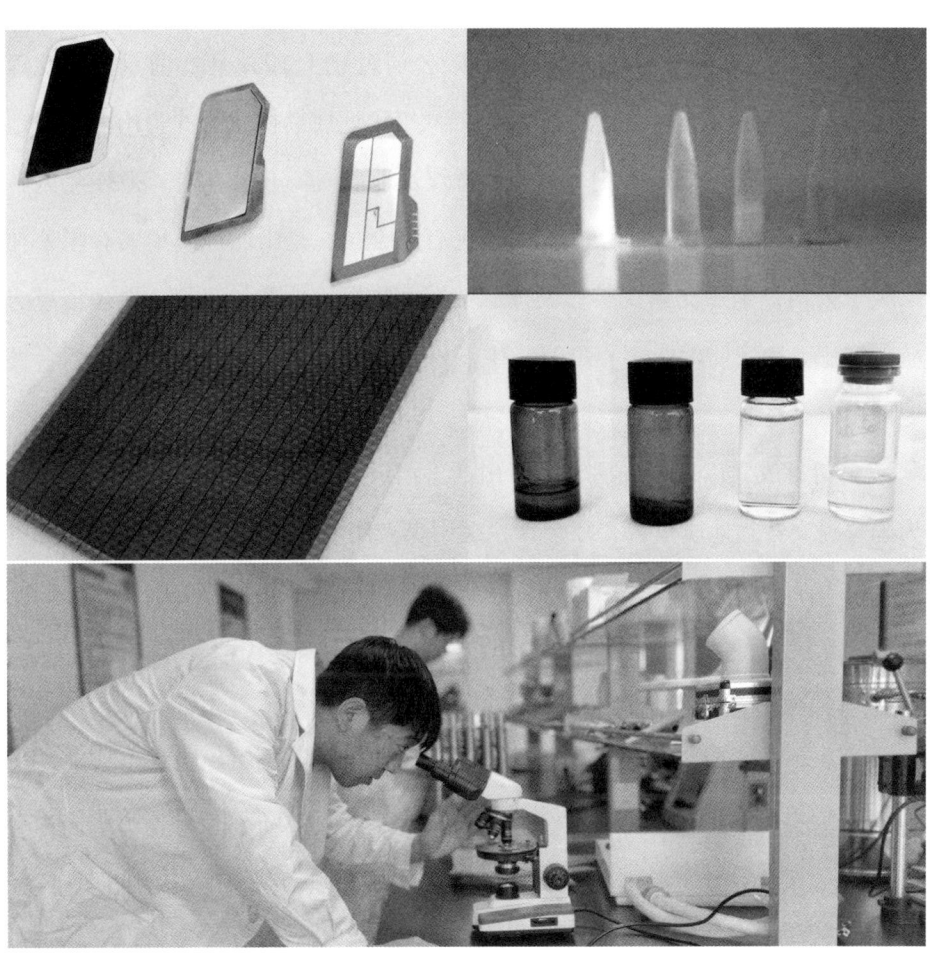

山西省煤炭地质一一五勘查院有限公司

山西省煤炭地质一一五勘查院有限公司组建于1952年，前身为华北煤田地质勘探局一一五队，1986年与二二八煤田地质勘探队合并为山西煤田地质勘探一一五队，2005年更名为山西省煤炭地质一一五勘查院，2021年因转企改制为山西省煤炭地质一一五勘查院有限公司，是山西地质集团有限公司二级子公司，是一支集找矿、设计、钻探、物探、地质、测绘、地理信息、航测遥感、地灾防治、工程勘察、生态修复等多专业于一体的现代化综合性地勘单位。

公司自成立以来，先后转战于山西、内蒙古、陕西、湖北、新疆等地，为国家提交各类地质报告580余件，探明煤炭储量1600多亿吨，累计钻探进尺420万米；为同煤集团、平朔煤炭工业公司提供了翔实的地质资料。1992年被国家授予"全国地质勘查功勋单位"，2022年荣获山西省五一劳动奖状，2023年挂牌国家矿山应急救援山西特勘115中队。

近年来，公司坚定不移走转型发展之路，在转型中求生存、求发展，致力于以技术创新助力公司转型发展，为老行业注入新动力。为成功实现转型发展，公司依托"袁媛职工创新工作室"科研团队以卫星应用技术中心入驻"晋创谷·大同"，自此开启了遥感卫星与产业发展的科技碰撞。

公司入驻晋创谷后，一是依托山西省自然资源厅和山西省国防科工局分别批复的2个卫星应用技术中心，充分发挥卫星遥感高分辨率、高时效性、全天候等特性，在自然资源管理、生态环境、应急、测绘等领域推动卫星遥感技术应用，为数字大同建设提供重要的宏观数据支撑，同时，与无人机、地面监测站等先进的数据获取技术手段相结合构建"天—空—地—网"一体化监测体系，提高大同市资源监测、生态理解等数字化能力，为大同市实现碳达峰、碳中和，为信息消费产业升级和数字经济创新发展提供更多支持。

二是研究大数据、人工智能创新数据分析方法，构建地质大数据分析平台、自然资源监测平台等应用平台，建设地质智算中心，态势感知大同市自然资源、生态、碳汇等方面的发展趋势，促进政府部门实现信息获取精确化、辅助决策精准化、施政作业精细化，更好履职尽责和提供高质量的公共服务，为大同市数据产业发展添砖加瓦。

三是依托"晋创谷·大同""千校万企"协同创新平台、中关村科创集成服务平台、中关村协同创新基金等多个平台与全国知名高校和科研院所建立紧密合作关系，共同开展科技创新和人才培养活动，为大同市的科技创新和产业升级提供人才保障和智力支持。

山西云通时代科技有限公司简介

山西云通时代科技有限公司，成立于2024年，并于同年入驻"晋创谷·大同"。公司聚力于铁路行业、能源行业的智能设备制造、物联网技术跨行业赋能以及传统行业数字化升级。与大同市政府、中国铁路太原局集团有限公司、晋能控股山西煤业股份有限公司、中移铁通有限公司山西分公司有长期合作并获得相应政策支持。

为解决铁轨道岔积雪问题，国内首创研发出高速高压气流道岔自动防雪、除沙装置，同比国内既有电加热道岔除雪技术节能80%，同时解决了道岔二次积雪与道岔动作杆、表示杆无法清除积雪的技术问题。

为监测铁轨形变、位移等实时运行状态参数，国内首创研发出铁路行业专用毫米级高精激光远程自动监测预警系统。系统通过远程数据实时采集，智能数据比对，分析实现目标铁轨形变、位移的远程智能监测与预警。

公司计划在2025年进行铁路专用长大隧道除冰装置，铁路信号短路、断路红外色温AI预警装置，铁路、能源行业野外作业全地形辅助平台三个项目开发，并申请高新技术企业、山西省新型科研机构认定。

第二编　实践探径：山西省域创新共同体的梯度发展

第六章 协同共进：山西省内其他地市晋创谷的建设情况

自2023年12月"晋创谷"创新驱动平台在国科大太原能源材料学院举行揭牌仪式后，山西各市的晋创谷先后揭牌并投入运营。2025年，《山西省政府工作报告》强调，要实现设区市晋创谷全覆盖。截至2025年3月21日，山西全省11个设区市全部完成晋创谷创新驱动平台建设布局，提前完成"设区市全覆盖"的目标。各市晋创谷立足自身独特的城市发展优势和产业集聚优势，汇聚科技创新资源，集聚科技企业，创新体制机制，成为推动区域经济转型、发展新质生产力、开辟新赛道、塑造新动能的重要载体和关键抓手。

一、"晋创谷·晋中"：两区联动打造新质生产力试验区

"晋创谷·晋中"是继"晋创谷·太原""晋创谷·大同"之后，山西省内第三家投入运营的创新驱动平台。2024年10月，"晋创谷·晋中"举行揭牌仪式并投入实质性运营。晋中市是典型的资源型地区，推动转型发展，加快构建体现晋中特色优势的现代化产业体系是当前晋中市的重要任务。建设和发展"晋创谷·晋中"是晋中市聚焦培育新质生产力，加快新旧动能转化，全力推进产业转型升级的重要举措。依托晋中市产业发展优势和现有创

新平台优势，"晋创谷·晋中"聚焦高端装备制造、医药大健康和现代农业三大产业领域。"晋创谷·晋中"按照起步区、拓展区、双创区、生活配套区"四区"进行梯次推进，规划总面积28.41平方公里。[①]"晋创谷·晋中"分为两区，即转型综改区晋中开发区和晋中国家农高区。同时依托"一城"，即位于晋中市的山西大学城。

（一）"晋创谷·晋中"的建设基础

1.经济发展态势较好

近年来，晋中市锚定"156"战略举措，打好"五张牌"[②]，在经济社会发展的各个领域取得较为突出的成绩，这为"晋创谷·晋中"的建设奠定了良好的发展基础。2024年，晋中市的经济总量跃升至全省第4位，全市地区生产总值达到2458.8亿元。介休、灵石入围山西中部地区综合竞争力百强县，稳居全省经济前十强。综改区晋中开发区签约开工率、开工投产率、投产达效率均排在全省前列，在国家级开发区考评中大幅进位。晋中市产业门类齐全，制造业较为发达。国民经济41个工业行业中晋中市占35个，31个制造业行业中晋中市占27个。2024年1—10月，晋中市制造业增加值增长3.4%，总量

[①] 王文安、王晶：《打造新质生产力试验区——晋中市高质量推进"晋创谷·晋中"创新驱动平台建设》，据山西省人民政府网：https://www.shanxi.gov.cn/ywdt/zwlb/gsdt/202410/t20241021_9676588.shtml。

[②] "1"是锚定"一个目标"，即坚持以习近平新时代中国特色社会主义思想为指引，以干在实处、走在前列的昂扬状态，着力推动高质量发展、不断深化全方位转型，奋力谱写中国式现代化晋中篇章。"5"是打好"五张牌"，即城市牌，加快推动太原晋中一体化发展引领区域协调发展，积极融入和服务构建新发展格局；汽车牌，集中资源培育新能源汽车优势产业，以新能源汽车全产业链带动先进制造业振兴升级；文旅牌，用活"晋商故里"金字招牌，深挖历史文化富集资源，全面提高文物保护利用和文化遗产保护传承水平，打造以平遥为轴心的晋商文化圈百里百科全书；大学牌，加快市校协同创新，深化"双融双创"，加快高校科技创新和成果转化，以科技创新推动产业创新，发展新质生产力；农高牌，高标准建设晋中国家农高区，以有机旱作为主题，实施特优农业战略，把农业建成现代化大产业。"6"是抓好"六大要事"，即党建引领、产业体系、改革开放、生态环保、民生保障和安全稳定。

占规上工业比重比上年提高了1.6个百分点。新能源汽车、特钢型材、碳基新材料等8个新兴产业成群聚势。晋中是明清时期晋商的发源地，民营经济起步早、发展快。截至2024年10月，"四上"民营企业数量达到2316家，占全市企业总数的87.7%，经济总量占全市经济总量的近60%。2024年，全省民企百强名单中，晋中市拥有18家，数量为全省之首。在农业发展方面，晋中市市级以上农业龙头企业达到250个，年销售收入突破450亿元。①

2.科教资源和人才资源丰富

晋中市拥有21所驻地高校，师生达34.6万名，其中大学城有9所高校，近18万名师生，其科教人才资源集聚度在全省最高。依托高校在教育、科技、人才方面的优势，晋中市持续推进城校融合、产学融合、联盟创新、创业孵化"双融双创"。21所驻市高校校园及校内综合性场馆全部向社会开放，走在了全国前列。同时，校地合作共建大学城文化活动中心、美术馆。双方联合举办大学生科技节、艺术节、运动会、"青春之城"音乐节、校友招商推介会等活动，真正做到了"城中有校，校中有城"。在产教融合方面，晋中市支持引导"链主""链核"企业与市域9所高职院校合作，建成2个省级市域产教联合体。市域内有4个学院入选全省首批特色产业学院，数量全省最多。此外，晋中市聘请475名资深教授组成晋中专家咨询库。截至2024年1—10月，共举办"博士大讲堂"800多场，积极创建全国青年发展型城市，着力推进"青聚晋中""青创晋中""青享晋中"。"青聚晋中"组织全市企事业单位为高校近万名学生提供实习实训岗位，在市城区规划建设"青年驿站"。"青创晋中"方面，截至2024年10月，全市已建成大学生创新生态基地，省级及以上众创空间、科技企业孵化器达21家，在孵大学生

---

① 《"推动高质量发展 深化全方位转型"系列主题第二十场新闻发布会举行（晋中市）》，据山西省人民政府网：https://www.shanxi.gov.cn/ywdt/xwfbh/szfxwbxwfbh/202411/t20241121_9695077_slb.shtml。

创业团队和初创企业有38个。着力推进"青享晋中",出台青年人才引育政策,全市A级旅游景区向驻市高校师生免首道门票,连续两年在开学季向15.2万名高校新生送上开学"大礼包"。[①]

3.区位优势明显

晋中地处山西的中部,自古以来就是南北商贸往来与经济交流的重要枢纽。现阶段,晋中是山西中部城市群[②]和太原都市圈的重要组成部分。晋中市按照省委、省政府决策部署,将推动太原晋中一体化发展作为服务促进山西中部城市群建设的重要切口。从交通联动上看,龙城大街贯通、魏榆路快速化改造竣工通车,形成了太原、晋中15分钟交通圈。龙盛街、机场东路连通农谷大道工程即将通车,太原、晋中两市"三纵十横"路网构架正在形成。青银二广高速公路太原联络线工程建成后,太原至晋中寿阳平头镇车程仅需15分钟。太原至太谷921路公交开通,两市跨城公交线路已达10条,群众出行更加便捷。从公共服务联动上看,太原、晋中两市共同明确12所医疗机构超声、CT(计算机断层扫描)等检查项目实施试点互认。两市在全省率先实现了百项高频政务服务事项跨市通办;与中部其他市深入实施就业服务体系等"五个共建共享",为广大群众就业拓展了更加广阔的渠道。[③]

(二)"晋创谷·晋中"的建设情况

"晋创谷·晋中"由综改区晋中开发区和国家农高区两区组成。晋中开发区将大学城产业园作为起步区,主要采用区属国有企业主建的方式,同时

[①]《"推动高质量发展 深化全方位转型"系列主题第二十场新闻发布会举行(晋中市)》,据山西省人民政府网:https://www.shanxi.gov.cn/ywdt/xwfbh/szfxwbxwfbh/202411/t20241121_9695077_slb.shtml。

[②]山西中部城市群包括太原、晋中、忻州、吕梁、阳泉五市。

[③]《"推动高质量发展 深化全方位转型"系列主题第二十场新闻发布会举行(晋中市)》,据山西省人民政府网:https://www.shanxi.gov.cn/ywdt/xwfbh/szfxwbxwfbh/202411/t20241121_9695077_slb.shtml。

引入苏州铁马营科创发展有限公司[①]，利用其创新资源优势，以"生态构建、管理赋能、资源导入、资本招商"等创新性的方式，支撑"晋创谷·晋中"可持续发展。转型综改区晋中开发区主导产业是装备制造、现代物流、新能源汽车产业，同时也重点培育六大新兴产业，即现代物流和信息、高端智能制造、新能源汽车和新能源、新材料、医药健康、文化数字创意。开发区还聚集了中镱新材料智能制造研究院（山西）有限公司、山西戴德机器人制造有限公司、山西安迪科药业有限公司等一大批优质企业。截至2025年1月，晋创谷晋中开发区入驻企业41家，其中医药健康类企业16家、高端装备类企业25家。例如，维斯纽睿（山西）科技有限公司、中创龙晟医药生物科技（山西）有限公司、山西普康生物医药有限公司、山西鑫广源机械设备有限公司、意励电液科技（晋中）有限公司、山西金视巨人科技有限公司。

晋中国家农高区有机旱作农业重点实验室所在的十大园区作为起步区，由农高区建设运营集团负责运营，主要承担科技创新、生产加工、产品交易以及示范推广等功能，布局四大板块，即科技创新城、特色农产品交易园、北方林果科技园和南山现代中医药产业园。截至2024年10月，农高区共承接21个国字号试点，建成3个省部共建实验室，引进47个省级重点工程研究中心，入驻54家高新技术企业，神舟十六号航天育种的9个品种完成试种。[②]截至2025年1月，"晋创谷·农高区"入驻团队（企业）33家。例如，航天搭载种质材料创新及新品种选育（神舟十六号）团队、蔬菜病虫害绿色防控技术示范推广团队、猪种质资源发掘与创新利用山西省科技创新重点团队、晋中

[①] 苏州铁马营科创发展有限公司是中国硬科技园区的专业服务商，作为"江苏省产业技术研究院"牵头成立的创孵平台，致力于区域产业规划和创新研究，提供从产业定位、产业招商、产业培育到产业投资等全过程服务。

[②]《"推动高质量发展 深化全方位转型"系列主题第二十场新闻发布会举行（晋中市）》，据山西省人民政府网：https://www.shanxi.gov.cn/ywdt/xwfbh/szfxwbxwfbh/202411/t20241121_9695077_slb.shtml。

农高区海玉园食品有限公司、山西中药材集团农谷科技有限公司、山西瑞禾生物科技有限公司晋创谷分公司。

(三) 高水平打造"晋创谷·晋中"的具体措施

晋中市围绕"一年成型、三年成势"目标，主要围绕创新主体引育、支持创新主体开展科技创新、强化创新服务人才团队集聚、优化创新创业生态等方面提出详细、可操作性的措施，投入"真金白银"推动科技成果转化为实实在在的生产力。

在创新主体引育方面，优化入驻流程及服务，依托一站式服务窗口，为入驻科研团队、企业提供全方位、多维度服务。同时以"拨投结合""先投后股"等不同方式予以支持。在支持创新主体开展科技创新具体活动方面，一是对入驻企业牵头承担、参与开展并通过验收的省级及以上科技重大专项、重点研发等重大科技计划项目给予奖励。二是对高校、科研院所面向谷内的企业开展技术开发、技术转让、技术许可予以补贴。三是鼓励入驻企业和高校、科研院所联合开展技术研发转让等活动，对通过一系列活动并取得一定经济效益的企业予以奖励。四是依据相关标准，对承担公共服务的概念验证和中试平台给予奖补。在强化创新服务人才团队集聚方面，一是按照既定标准，对院士工作站、博士后科研工作（流动）站的建设给予补贴。二是对谷内科技型企业引进的科研团队给予相应的经费支持。三是加大对技术转移人才培养力度。在优化创新创业生态方面，一是由晋中市相关部门按照规定，对谷内新认定的国家级、省级科技企业孵化器、众创空间给予奖补。二是积极引进金融机构、技术转移转化机构、律师事务所、会计师事务所、知识产权事务所、展览展示服务机构等进驻谷区。三是创新金融服务机制。四是对从事技术转移转化服务的谷内机构，由晋中市相关部门根据其年度参与成果转移、技术服务和技术咨询等合同交易额，按照相应奖励标准给予谷内从事技术转移转化服务的机构奖励。五是打造科技创新全生命周期"产业链+法律服务"模式。六是探索建立创新容错机制。

二、"晋创谷·临汾":一核引领+双轮驱动+N区拓展

2024年12月23日,在临汾经济开发区举行"晋创谷·临汾"揭牌仪式。党的十八大以来,习近平总书记先后四次亲临山西考察调研,2022年习近平总书记考察的山西首站即为临汾。临汾全市牢记领袖嘱托,按照省委、省政府的安排部署,聚焦"努力成为学习贯彻习近平新时代中国特色社会主义思想的实践样板、努力成为推动中部地区崛起的地级市新引擎、努力成为高质量发展全面提质提速的领跑者"奋斗目标,持续推进中国式现代化的临汾实践。在发展方向和路径上,临汾市谋划确定了"4+N"的发展思路,即聚焦低空经济、人工智能、能源革命和绿色环保四大领域,同时要扶持培育N个小型双创企业。"晋创谷·临汾"聚焦新一代信息技术、高端装备制造、新能源及新材料三个重点产业,采取"一核引领+双轮驱动+N区拓展"建设布局模式,打造具有区域特色的创新发展平台。"一核引领",即依托山西电子科技学院建设研发中心基地,汇聚优质科技创新资源;"双轮驱动",即依托临汾经济开发区建设创新促进基地和成果转化基地,推动科技成果转移转化及产业化;"N区拓展",即在各县(市、区)开发区(产业集聚区)建设拓展区。

(一)"晋创谷·临汾"的建设基础

1.经济发展势头向好

2023年,临汾市GDP增速达到了7.6%,全省第一。规模以上工业增加值比2022年增长9.0%。①2024年,临汾市地区生产总值达2438.7亿元,全省排名第五,且固定资产投资、社会消费品零售总额、限额以上消费品零售额、城镇和农村居民人均可支配收入等五项指标增速排全省第一,地区生产总值、规上工业增加值增速排全省第二,一般公共预算收入增速排全省第四。在优

---

① 《海报|2023年山西11市经济成绩单公布》,据山西省人民政府网站,https://www.shanxi.gov.cn/zmhd/xmtzwjz/xmtjx/202402/t20240228_9509652.shtml。

化产业结构，聚焦发展方面，临汾市主打"三张牌"。"三张牌"，即优一产，打特色牌；强二产，打绿色牌；活三产，打融合牌。其中，强二产是指聚焦产业核心竞争力，加快推动传统产业智能化、新兴产业规模化、未来产业高端化。截至2024年11月，临汾市煤焦钢三大传统产业先进产能占比分别达到90.5%、100%、85%。同时，临汾市大力发展装备制造等新兴产业，以"洪洞—尧都—侯马"为轴心的产业集群加速形成。依托源网荷储一体化新型电力系统，规划布局绿电制氢、绿氢炼钢、绿电装备制造，串"绿"成链、以"绿"强链，着力打造临汾绿色制造基地。此外，临汾市前瞻布局数字经济、微短剧、低空经济等新赛道。从产业布局来看，临汾市谋划并实施沿汾、沿黄、沿太岳"三大板块"生产力布局和产业规划。①

2.招商引资提质增效

2022—2024年，临汾市连续三年被授予"中国投资热点城市"称号。2023—2024年，临汾市连续两年获评"浙商最佳投资目的地"。先后有华为、抖音、大陆希望、吉利远程、上海华域等一批优质企业落户临汾。在创新招商引资工作机制方面，临汾市建立项目建设全链条管理推进机制，搭建信息化管理平台，从项目谋划推进、洽谈签约、前期手续办理、开工推进、投产达效、升规达限六个环节，全程跟踪服务，强化要素保障，着力提升招商引资工作质效。在优化营商环境方面，临汾市全市域推行"标准地+承诺制""要素跟着项目走""领办+代办+专办+一网通办"机制，确保一般工业项目全承诺无审批、拿地即开工。坚持所有审批事项办理向全国最短时限看齐，通过优化流程、精简材料，多项审批事项办理时间大幅缩短。创新设立"办不成事"反映窗口和临汾营商环境投诉举报监督专线，全力提升办事效

---

① 沿汾板块重点发展信创、高端装备制造、光伏组件、节能环保、新材料、新能源、氢能、新医药等产业；沿黄板块重点发展风电、光伏、水电、天然气开发、储能用能以及文旅融合、农旅结合等产业；沿太岳板块重点发展绿色焦化、新材料、新能源等产业，"三大板块"形成错位协同发展的新格局。

率和服务质量。常态化开展政企对接活动，帮助企业解决问题。①

3.对外开放水平较高

2023年7月，临汾市入选为国家物流枢纽建设名单。临汾位于晋陕豫三省交界的"黄河金三角区域"，分为"南方略、北龙马"两个片区。②枢纽周边集聚煤炭生产企业、煤化工企业以及大型冶炼铸造企业，大宗商品国内国际联运需求集中，铁路专用线连接国家铁路干线，交通运输条件便利。我国对临汾国家物流枢纽有三个核心定位，一是中部陆海衔接重要国际陆港，二是黄河金三角大宗商品供应链基地，三是山西枢纽经济发展新引擎。临汾市获批国家物流枢纽后，能够推动物流降本增效，助力产业转型升级，提高对外开放水平。③临汾市以建设陆港型国家物流枢纽为牵引，依托瓦日、侯月铁路和青兰高速等战略物资运输通道，牵头建设晋鲁大宗商品骨干流通走廊，开通临汾至日照"重进重出"双向运输班列，打通了临汾的出海大通道。临汾市还将依托方略保税物流中心，积极探索铜精矿"转场检验"试点业务，加快申建临汾（侯马）综合保税区，全力打造内陆地区开放新高地。此外，临汾市文旅事业与产业蕴含着巨大发展潜能。2024年，随着游戏《黑神话：悟空》爆火，其多处取景地位于临汾，使得临汾文旅在全国范围内的影响力呈井喷式增长。众多游客因游戏慕名而来，深入探寻临汾的历史古迹与自然风光。

（二）"晋创谷·临汾"的建设情况

"晋创谷·临汾"依托山西电子科技学院和临汾经济开发区，主要建设

---

① 《"推动高质量发展 深化全方位转型"系列主题第十七场新闻发布会举行（临汾市）》，据山西省人民政府网站：https://www.shanxi.gov.cn/ywdt/xwfbh/szfxwbxwfbh/202411/t20241118_9693025.shtml。

② "南方略"，指位于侯马市的方略陆港集团。"北龙马"，指位于洪洞县龙马乡的龙马智能综合物流园区。

③ 《临汾市获批国家物流枢纽》，据山西省发展和改革委员会移动端门户网站：https://fgw.shanxi.gov.cn/sxfgwsjb/fggz/wngz/202308/t20230801_9043464.shtml。

三个基地和N个拓展区。一是研发中心基地。该基地主要在山西电子科技学院布局建设，依托学院电子信息工程、人工智能、数据科学与大数据技术、微电子科学与工程、储能科学与工程等应用型学科与专业，面向企业需求，开展相关基础研究和应用型技术研发，并与省内外高校、科研院所以及企业，联合共建科技创新平台。二是创新促进基地。该基地主要在临汾经济开发区选择面积不少于3万平方米的办公区域，建设交流展厅、路演中心、综合服务平台等公共服务区域以及众创空间和科技企业孵化器、新型研发机构等。三是成果转化基地。该基地主要在临汾经济开发区甘亭新型工业园区建设，总体规划面积为10.4平方公里，已建标准化厂房总面积约50万平方米，旨在打造科技成果中试熟化和生产基地。四是计划拓展区。在市级平台建设运营成熟的基础上，在尧都区、侯马市等科技创新基础较好、科技成果转化特色突出、对周边区域辐射引领作用强的县（市、区）建设拓展区，形成优势互补、多点支撑、多处发力的创新布局。截至2025年3月，区内已入驻两批科技型企业，入驻企业可享受办公空间或标准化厂房补贴以及相关政策优惠（见表6-1、表6-2）。第三批入驻企业（团队）遴选和"晋创谷·临汾"科创服务机构入库工作已开启。

表6-1 "晋创谷·临汾"第一批入驻企业[①]基本情况

企业名称	注册时间	注册资本	所属领域
中食净化科技（北京）股份有限公司	2008年	4462万元	食品安全净化领域的技术研发创新、产品研制等
山西开成检测股份有限公司	2014年	500万元	检测等专业技术服务
洪洞布农科技有限公司	2018年	10000万元	蔬菜、果树种植等科技推广和应用服务
山西中煜环保科技有限公司	2023年	500万元	环境监测专用仪器仪表制造等
山西郎俊环保科技有限公司	2020年	100万元	环保咨询、土地调查评估等技术服务
山西海易机电快捷服务有限公司	2013年	300万元	电子、机械设备维护服务
山西数艺科技有限公司	2022年	100万元	软件开发、信息技术服务
山西微智软科技有限公司	2019年	3000万元	软件开发、信息技术服务
山西融创康养科技有限公司	2021年	100万元	远程健康管理服务

表6-2 "晋创谷·临汾"第二批入驻企业[②]基本情况

企业名称	注册时间	注册资本	所属领域
中车华启科技（广西）有限公司（深圳市联合院士创新中心）	2024年	300万元	轨道交通运营管理系统开发等技术服务
山西华彩文化发展有限公司	2020年	300万元	出版印刷等服务
临汾市侯马经济开发区万帆数科有限公司	2019年	55万元	计算机系统服务
中凌水环境设备（临汾）有限公司	2022年	3000万元	水污染治理、水环境污染防治服务等
火鸟之翼（山西）科技有限公司	2024年	100万元	智能无人飞行器、民用航空材料销售以及航空运营支持服务等

[①]《"晋创谷·临汾"第一批拟入驻企业（团队）名单公示》，据临汾市科技局网站：http://kjj.linfen.gov.cn/wjfg/tzgg/202411/t20241125_425140.html。

[②]《"晋创谷·临汾"第二批拟入驻企业（团队）名单公示》，据临汾市科技局网站：http://kjj.linfen.gov.cn/wjfg/tzgg/202502/t20250210_457983.html。

（三）高水平打造"晋创谷·临汾"的具体措施

临汾市以集聚科技创新资源、实现产学研贯通、促进"四链"融合为目标，先后印发了支持平台企业入驻、支持科技成果转化、支持创新驱动平台研发机构建设、支持人才引育、支持科技金融服务以及支持科技创新六条相关配套政策措施。①制定了《"晋创谷·临汾"创新驱动平台建设实施方案（2024—2026年）》，主要围绕产业发展、服务保障、机制创新、政策支持、人才引育，推动"晋创谷·临汾"创新驱动平台高水平建设和运营，将更多科技创新成果转化为新质生产力，为推动临汾高质量发展全面提质提速、加快实现"三个努力成为"开辟新赛道、塑造新动能。这些政策措施突出创新性，落实到位且精准把握需求，以实际资金投入促进科技成果转化。

例如，在构建科技成果转化技术经纪服务体系方面，要支持技术转移人才队伍建设，对促成技术交易的技术经纪（经理）人按交易额的一定比例给予最高10万元奖励。

在支持高校院所科技成果转化方面，高校、院所面向"晋创谷·临汾"创新驱动平台的企业开展技术开发、技术转让（其中，专利转让需完成专利权人变更；专利许可需完成国家知识产权局备案）、技术许可工作。当技术合同经认定登记后，按单个合同技术交易额的2%给予补贴，每家高校、院所每年累计补贴最高50万元。

在打造科技成果转化服务集聚区方面，建强创新成果展示、创新要素聚集、创新转化服务、新兴产业育成等核心功能，支持展览展示、评估咨询、转化交易、企业孵化、金融服务等服务机构集中入驻。对评价优秀的服务机

---

① 《临汾市人民政府办公室关于印发"晋创谷·临汾"创新驱动平台企业入驻支持政策措施等6个配套政策的通知》，据临汾市人民政府网站：http://www.linfen.gov.cn/zzzb/zfwj_1/202501/t20250102_439124.html。

构,连续三年给予不低于50%的场地租金支持。

在支持建设科技研发平台方面,对新建的国家重点实验室、省部共建国家重点实验室、国家技术创新中心、国家临床医学研究中心,给予300万元经费支持;对新认定的省级、市级重点实验室、技术创新中心、中试基地分别给予50万元、10万元的经费支持;对新认定的国家级、省级、市级企业技术中心分别给予50万元、20万元、10万元的补助。

在加强高层次人才引进和培育方面,高科技领军企业每培养或新增全职引进一名两院院士,给予企业100万元奖励;每培养或新增全职引进一名国家级科技领军人才,给予企业50万元奖励。对新设立的院士工作站、博士工作站分别给予最高90万元、20万元的建站补助。对于"晋创谷·临汾"创新驱动平台内科技型企业引进的科研团队成员(博士、硕士研究生),若其缴纳社保且签订三年期以上劳动合同,根据科研项目、研发能力等情况,经申报和评审,分别给予博士10万元、硕士研究生5万元科研项目经费支持。

在引进风险投资服务机构方面,对投资科技企业达到1000万元(扣除政府引导基金后)且投资期限满一年以上的天使类基金,按不超过其实际投资额2%的比例,给予最高不超过200万元的一次性奖励。

在健全科技信贷风险补偿机制方面,对科技成果转化类贷款本金损失,省财政、市财政、贷款银行按35%、35%、30%的比例给予补偿;对早期、初创期科技型企业研发类信用贷款本金损失,省、市两级财政风险补偿比例最高可达90%。

三、"晋创谷·运城":以"双中心"打造战新产业集聚区

2024年12月23日,"晋创谷·运城"举行了揭牌仪式并正式投入运营。2023年5月16日,习近平总书记视察运城,运城全市上下牢记领袖嘱托,深入贯彻省委、省政府决策部署,奋力谱写中国式现代化运城篇章。在发展目

标和思路上，运城市锚定"一城两区三门户"①，扎实推动高质量发展，实施全方位转型。"晋创谷·运城"是运城市深入贯彻习近平总书记关于科技创新的重要论述和对山西工作的重要讲话重要指示精神，认真落实省委、省政府工作部署，加速培育新质生产力，着力构建具有运城特色的现代化产业体系，不断开辟发展新领域新赛道的重要抓手。"晋创谷·运城"聚焦新材料、智能制造、生物医药大健康三大新兴产业领域，规划总面积49平方公里，起步区重点打造盐湖高新区创新驱动中心和科创城（运城市经济技术开发区）创新驱动中心，依托"双中心"辐射带动全市高质量发展；运营公司为启迪（太原）科技园投资发展有限公司、山西中关村智酷科技服务有限公司，分别负责运营盐湖高新区和科创城创新驱动中心。

（一）"晋创谷·运城"的建设基础

1. 新兴产业逐步成势

运城市持续打造"合汽生材"新兴产业地标，目前已逐步成形成势。2024年前三季度，"合汽生材"增加值完成76.1亿元，占全市战新产业增加值的74.2%，带动战新产业占规上工业总量的23.4%。截至2025年2月，战新产业占规上工业增加值比重达24.6%。在"合"的方面，截至2025年2月，运城全市"两化"融合贯标企业达209家；②国家级和省级智能制造试点示范企业分别达8家、48家，均排名全省第一。③在"汽"的方面，吸引了亚新科、华恩实业、蓝科途、东睦磁电等一批汽车领域的高新技术企业集聚发展。2024年前三季度，运城全市汽车制造业增加值8.9亿元，同比增长

---

①"一城"是指全面建设富裕文明幸福的好运之城；"两区"是指积极创建黄河流域生态保护和高质量发展先行区、新时代党建引领的基层治理示范区；"三门"户是指倾力打造产业转移优先承接门户、文商融合旅游热点门户、内陆地区对外开放门户。

②《2025年政府工作报告》，据运城市人民政府网站，https://www.yuncheng.gov.cn/doc/2025/03/04/509909.shtml。

③例如，复晟铝业通过建设智能工厂，获批氧化铝行业全国第一家A级企业，人均劳动生产率提高18.6%。

24.2%。新能源汽车累计完成增加值2.8亿元,同比增长78.9%。在"生"的方面,2024年1—10月份,运城全市医药制造业完成投资8.1亿元,同比增长13.8%。2024年前三季度,生物医药大健康产业累计完成增加值12.7亿元。盐湖高新技术产业开发区、万荣现代农业产业示范区分别建设了中成药消费品特色园区,且均被认定为省级消费品特色园区。在"材"的方面,运城市已形成碳基、铜基、精品钢、铝镁精深加工等多条全产业链条,全市新材料规上企业达102家,其中省级链主企业5家,产品主要应用于轨道交通、航空航天、军工等高端领域。①2024年前三季度,新材料产业累计完成增加值60.3亿元。②

2. 创新生态持续向好

近年来,运城市持续实施高新技术企业倍增计划,深化"运才兴运"专项行动③,打造一流创新生态。截至2024年11月,全市高新技术企业达294家,占规上企业总数的30%,数量和规模均居山西全省前列。运城市一是不断强化企业科技创新主体地位。2024年,围绕产业链、专业镇布局创新链,面向重点企业征集了78项关键共性技术需求和90个重点创新项目。积极开展优质中小企业梯度培育工作,认定62家企业为山西省2024年第一批创新型中小企业。二是推动创新创业高质量发展。积极推荐、鼓励市场主体申报各级各类"双创"基地,截至2024年12月,运城市拥有国家级"双创"基地3家,省级"双创"基地31家,"双创"基地数量位列全省第二。三是积极建立中小企业"专精特新"梯度培育体系。截至2024年12月,运城市"专精特新"

---

① 《"推动高质量发展 深化全方位转型"系列主题第二十一场新闻发布会举行(运城市)》,据山西省人民政府网站:https://www.shanxi.gov.cn/ywdt/xwfbh/szfxwbxwfbh/202411/t20241122_9696732_slb.shtml。

② 《推动战新产业驶入"快车道"》,据运城市人民政府网站:https://www.yuncheng.gov.cn/doc/2024/12/31/498254.shtml。

③ "运才兴运"专项行动是运城为充分发挥在外各类人才优势而搭建的重要招商引资、招才引智、对外开放平台。

中小企业达到323家，专精特新"小巨人"企业11家。①

3.民营企业发展突出

2024年前三季度，运城市市场主体达52.3万户，其中民营市场主体51.4万户，占比98.46%；实现税收86亿元，占比68.48%；完成民间投资409亿元，同比增长1.3%，占固定资产投资的65%。全市294家高新技术企业中，民营企业占比高达95.2%。上市的4家企业中，3家为民营企业。截至2024年11月，运城市各金融机构累计为民营经济新发放贷款1554.15亿元，占新发放企业类贷款总额的90.85%。2024年前三季度，民营经济贷款余额增加185亿元，企业类贷款增加193亿元。在"2024中国制造业民营企业500强"名单中，山西阳光焦化集团股份有限公司、山西高义钢铁有限公司、山西宏达钢铁集团有限公司3家民营企业入围；在"2024山西省民营企业100强"名单中，运城17家企业入选，位列全省第二；在"2024年度山西民营瞪羚企业"名单中，运城8家企业入选，位列全省第三。②③

（二）"晋创谷·运城"的建设情况

"晋创谷·运城"在盐湖高新区总规划29.9平方公里，分为14平方公里科创策源片区和15.9平方公里成果转化片区，起步区提供3.5万平方米办公场所和17.2万平方米标准化厂房。运城开发区规划19.1平方公里，并完善和匹配了相应的办公场所和标准化厂房。截至2025年2月，"晋创谷·运城"累计入驻科创团队20家、科技型企业57家，全时入驻人员878人，年度营收3.5

---

① 《推动战新产业驶入"快车道"》，据运城市人民政府网站：https://www.yuncheng.gov.cn/doc/2024/12/31/498254.shtml。
② 《助力民营经济勇攀新高度》，据运城市人民政府网站：https://www.yuncheng.gov.cn/doc/2025/02/07/505077.shtml。
③ 《"推动高质量发展 深化全方位转型"系列主题第二十一场新闻发布会举行（运城市）》，据山西省人民政府网站：https://www.shanxi.gov.cn/ywdt/xwfbh/szfxwbxwfbh/202411/t20241122_9696732_slb.shtml。

亿元。①运城市加强同高校院所的合作交流，先后与西安交大、太原理工、中北大学、运城学院围绕"晋创谷·运城"平台建设签订《合作协议》，建立长效合作机制，推动高校科技成果落地转化运城。西安交通大学的衰老防治创新团队、太原理工大学的先进铝材制造与装备科研团队以及山西农业大学棉花研究所等已入驻"晋创谷·运城"。

表6-3 "晋创谷·运城"部分入驻企业基本情况

企业名称	注册时间	注册资本	所属领域
山西众之翼建筑科技有限公司	2017年	250万元	新材料开发、应用服务等
运城市恩光科技有限公司	2011年	1000万元	计算机网络技术开发、互联网数据服务
山西泰通道路智慧管养有限公司	2023年	260万元	公路管理与养护、建设工程质量检测等
山西轩远新材料有限公司	2024年	526.3万元	化学原料和化学制品制造
山西瑞芝生物科技有限公司	2001年	8000万元	灵芝菌种的选育及灵芝系列产品的研发、生产以及销售等
山西卡傲先进科技有限公司	2021年	100万元	工业机器人制造、推广和应用服务等
山西佳国利传感科技有限责任公司	2024年	200万元	电子专用材料制造、推广和应用服务等
阿姆斯壮（山西）节能装备有限公司	2022年	2100万元	通用设备制造等
山西中网时代科技有限公司	2023年	500万元	网络与信息安全软件开发等
山西智通时代信息技术有限公司	2014年	500万元	软件和信息技术服务
山西坐标软件有限公司	2023年	100万元	软件和信息技术服务

① 《聚焦创新驱动筑就"晋创谷·运城"平台》，据山西省投资促进局网站：http://www.shanxiinvest.com/tzfw/cgfb/art/2025/art_a310cf09f2574d68b5bbb2f2509f8c0d.html。

(三)高水平打造"晋创谷·运城"的具体措施

运城市围绕高水平打造"晋创谷·运城"的目标,制定出台相关政策,做好创新驱动平台在引育企业、提供服务、招引人才等方面的顶层设计与部署指导,助力高水平打造该平台;整合各类资源,提供优质对企服务,做好宣传工作,确保政策红利惠及企业;引入公共服务团队,精准提供金融支撑等各项服务,促进"四链"融合,切实推动科技成果落地转化,促进"晋创谷·运城"创新驱动平台取得成效。

1.打造政策体系

运城市制定《"晋创谷·运城"创新驱动平台建设方案》,明确"12356"建设发展思路:"1"是着力打造1个成熟完善的产业集群创新生态;"2"是重点建设科创策源片区和成果转化片区;"3"是聚焦新材料、智能制造、生物医药大健康三大重点产业领域;"5"是落实科创团队及企业入驻、科技创新、成果转化及产业落地、科技金融、人才团队五类扶持政策;"6"是构建完善的公共服务、科创引育、评价鉴定、成果转化、科技金融、合作交流六大服务体系。研究出台《"晋创谷·运城"科技企业(团队)入驻遴选及优惠政策实施细则(试行)》,推动省内外科创团队、产业链重点企业、优质企业,常态化招引入驻。①

2.优化对企服务

2025年1月,运城市科技局召开"晋创谷·运城"工作座谈会。"晋创谷·运城"运营单位、入驻高校团队、企业、第三方服务机构代表围绕当前面临的困难和需求进行发言讨论。运城市科技局、运城开发区、盐湖高新区相关负责同志通报了"晋创谷·运城"当前的建设进展情况,就入驻企业(团队)关注的问题进行答复和解决。运城市科技局将建立常态化沟通协调

---

① 《聚焦创新驱动筑就"晋创谷·运城"平台》,据山西省投资促进局网站:http://www.shanxiinvest.com/tzfw/cgfb/art/2025/art_a310cf09f2574d68b5bbb2f2509f8c0d.html。

机制，定期开展座谈，广泛收集企业（团队）需求，举办校企产学研对接、科技项目路演、产业发展论坛等活动，营造良好的创业氛围，切实推动"晋创谷·运城"运营取得实效。①2025年2月，"晋创谷·运城"开展政策宣讲活动，聚焦创新驱动政策解读，致力于为企业搭建沟通对接平台，优化区域科技创新生态。②

3.强化金融支撑

2025年2月，运城市科技局、运城经济技术开发区联合举办"晋创谷·运城"科技金融对接活动。在股权投资宣介环节，山西股权交易中心、山证基金、北京运晟基金分别围绕资本市场服务晋创谷企业发展、私募股权基金助力企业高质量发展、基金投资推动企业发展与产业升级等方面，对股权投资进行了全面且细致的讲解，为企业拓宽融资思路提供了有益参考。在科技信贷与科技保险宣介环节，山西银行运城分行、中国银行运城分行、中国农业银行运城分行、中国人民财产保险股份有限公司运城市分公司分别从小微企业金融产品、科技金融产品、普惠重点产品、科技保险等方面展开介绍，展示了丰富多样的金融服务和保险产品，为科技企业提供了多元化的选择。③

四、"晋创谷·晋城"：加快构建现代化产业体系的承载地

2024年12月24日，"晋创谷·晋城"在晋城市经济技术开发区举行揭牌仪式。近年来，晋城市深入学习贯彻习近平总书记对山西工作的重要讲话重要指示精神，坚定扛牢省委、省政府赋予晋城的使命任务，聚焦"六大战略

---

① 《运城市科技局召开"晋创谷·运城"工作座谈会》，据运城市人民政府网站：https://www.yuncheng.gov.cn/doc/2025/01/17/501726.shtml。
② 《"晋创谷·运城"政策宣讲活动成功举行》，据运城市人民政府网站：https://www.yuncheng.gov.cn/doc/2025/02/21/507594.shtml。
③ 《"晋创谷·运城"科技金融对接活动成功举办》，据运城市人民政府网站：https://www.yuncheng.gov.cn/doc/2025/03/06/510405.shtml。

定位"①、围绕构建"1+5"现代产业体系②，在经济社会高质量发展和现代化建设方面不断取得新的突破。"晋创谷·晋城"是晋城市以科技创新引领产业创新、因地制宜培育和发展新质生产力的生动实践。③"晋创谷·晋城"主要聚焦光机电、数字经济、文旅康养三大产业，位于晋城市经济技术开发区，总规划面积为13.85平方公里，包括主区（4平方公里）和金匠园区北区（9.85平方公里），其中设有3.6万平方米办公区和50万平方米标准化厂房。"晋创谷·晋城"创新驱动平台运营成熟后，按照产业规划布局和发展规模要求，在丹河新城等对周边区域辐射引领作用强的开发区、园区（示范区）内建设拓展区。

（一）"晋创谷·晋城"的建设基础

1.经济发展质量较高

2024年，晋城市8项主要经济指标中，有7项增速位居全省第一方阵。全市GDP完成2409.8亿元，同比增长6.8%，排名全省第一，连续5年领跑全省；人均GDP达到11.11万元，稳居全省第一。制造业投资增长15.8%，规上工业增加值同比增长8.8%，排名全省第一。4个工业类开发区规上工业增加值增长10%，排名全省第一。2022—2024年，晋城经济技术开发区规上工业增加值总量、拉动贡献率连续3年均位居全省首位。省市重点工程超额完成年度投资计划，固定资产投资增长7.3%，排名全省第二。民间投资增长18.4%，排名全省第一。服务业增加值增长5.2%，排名全省第一。社会消费品零售总额增长3.8%，排名全省第二。泽州、高平、阳城、沁水4个县（市）经济实力强劲，

---

① "六大战略定位"是指绿色转型示范市、能源革命领跑市、对外开放先行市、数字经济标杆市、光机电产业集聚市、文旅康养样板市。

② "1"是指煤炭、钢铁等传统优势产业；"5"是指重点发展的5个战略性新兴产业，具体包括：光机电、煤层气、文旅康养、现代服务业、数字经济。

③ 《"晋创谷·晋城"正式揭牌》，据晋城市人民政府网站：https://www.jcgov.gov.cn/zwgk/ldzc/szfld/fsz/hdy_46507/zyhd/202412/t20241226_2079367.shtml。

稳居全省十强，并且成功挺进中部百强。①

2.战略性新兴产业发展成效显著

在发展光机电方面，晋城市成立了光机电产业研究院，并相继引进了康佳、中科创源等知名企业，形成了以富士康为龙头的"1+130"产业集群。光机电行业产值从2019年的140亿元增加到2024年的700亿元②，正加快向千亿级产业集群迈进。2024年，晋城经开区光机电产业产值同比增长40%，占全区工业总产值的比重超过72.6%。③在发展数字经济方面，晋城市高标准建成了全国"千兆城市"，入选"中国领军智慧城市""中国数字化治理百强城市"等榜单，数字经济活力持续迸发。2024年，晋城市发布了《晋城市数字经济行动计划（2024—2026年）》，以"打造数字经济的标杆城市"为目标，制定实施数字经济"2151"④发展策略。预计到2026年，全市数字经济规模超过750亿元，占GDP的比重超过30%。⑤在发展文旅康养方面，围绕打造文旅康养样板城市，2021—2024年，连续五年举办了中国（山西）康养产业发展大会，上榜"中国康养产业可持续发展能力20强市"，太行锡崖沟成功创建全省首家国家级旅游度假区。⑥2024年，晋城全市52个A级旅游景区累计

---

① 《政府工作报告——2025年2月24日在晋城市第八届人民代表大会第五次会议上》，据晋城市人民政府网站：https://www.jcgov.gov.cn/zwgk/gzbg/202503/t20250303_2107637.shtml。

② 《薛明耀代表：创新力转为竞争力》，据中国经济网网站：https://baijiahao.baidu.com/s?id=1826250110713723745&wfr=spider&for=pc。

③ 《晋城经开区：光机电企业纷纷"揽才"，释放高质量发展强劲信号！》，据新浪财经网站：https://cj.sina.com.cn/articles/view/2650591473/9dfcd0f101902b5xq。

④ "2151"发展策略，即全面夯实数字设施、数据资源两大基础要素，聚力发展数字产业一大核心能力，积极推动数字技术与工业、服务业、民生、社会治理、乡村建设五大领域深度融合，创新优化数字经济发展一个重要生态，全面提升数字经济发展能级，争当全省数据要素改革先行者、数字产业领跑者、数字化转型排头兵。

⑤ 《晋城实施"2151"数字经济策略争创标杆》，据山西省人民政府网站：https://www.shanxi.gov.cn/ywdt/zwlb/gsdt/202412/t20241216_9721760.shtml。

⑥ 《"推动高质量发展 深化全方位转型"系列主题第二十七场新闻发布会举行（晋城市）》，据山西人民政府网站：https://www.shanxi.gov.cn/ywdt/xwfbh/szfxwbxwfbh/202412/t20241205_9716348_slb.shtml。

接待游客1461.21万人次，实现门票收入2.24亿元，旅游经营性收入5.28亿元，同比分别增长108.63%、18.56%、62.88%。①

3.科技创新生态良好

2024年，晋城全市研究与试验发展（R&D）经费投入由17.6亿元增至30.5亿元，R&D经费投入强度由0.76%提升至1.31%，排全省第二。全市累计完成技术合同交易624项，合同交易总额25.11亿元。其中登记技术合同（输出）83项，合同成交额2.73亿元。登记技术合同（输出）成交额超出省定指标值10倍，完成率全省第一。6项成果获得2023年度省科技进步奖；5家企业在第十三届中国创新创业大赛（山西赛区）比赛获奖，青禾晶元（晋城）半导体材料有限公司在全国赛中获成长组"优秀企业"称号，是全省新材料参赛企业中唯一获奖的企业。全市共有264家企业入库国家科技型中小企业。2024年，科技服务业营收完成10.2亿元，增速10.3%，增速排全省第一。新建2家省重点实验室；新认定3家省新型研发机构，晋城市排全省第二；新增4家省级众创空间，晋城市排全省第一；新增10家市级新型研发机构和6家市级技术创新中心。全市各级各类科技创新平台达到69家。②

（二）"晋创谷·晋城"的建设情况

截至2024年12月，"晋创谷·晋城"入驻科创团队和初创企业42家，入驻企业人员644人，谷内初创型企业营业收入达4亿元。③根据《"晋创谷·晋城"创新驱动平台建设实施方案（2024—2026年）》要求，到2026年，建成10个市校合作主体，10个省级及以上创新平台，推广100项以上科技成果，培育30家高新技术企业和60家科技型中小企业，区内科创企业年营收突破5亿

---

① 《文旅深度融合 康养声名远扬——我市积极探索文旅康养产业发展新路径》，据晋城市人民政府网站：http://wap.jcgov.gov.cn/dtxx/jcdt/202502/t20250221_2103739.shtml。

② 《砥砺奋进交出精彩答卷——2024年晋城市科技创新工作亮点回眸》，"晋城科技"公众号，2025年1月23日。

③ 《砥砺奋进交出精彩答卷——2024年晋城市科技创新工作亮点回眸》，"晋城科技"公众号，2025年1月23日。

元，设立不低于3亿元的科技创新基金，组织产业对接会、科技论坛、投融资对接等科创活动不少于20场，将"晋创谷·晋城"打造成为山西省创新企业孵化器、成果转化加速器和"四链"融合助推器。目前，"晋创谷·晋城"已取得阶段性成果，示范作用初步显现。

（三）高水平打造"晋创谷·晋城"的具体措施[①]

2025年2月，为推动"晋创谷·晋城"高效发展，晋城市人民政府推出五大举措，主要包括支持科创团队及企业入驻、支持创新平台建设、支持创新能力提升和科技成果转化、支持人才培养和引进以及强化科技金融支持。

例如，在支持创新落户企业注册资本方面，给予创新主体启动资金扶持。对经遴选入区的创新主体，一次性给予最高50万元的创新启动资金，用于项目成果转化注册公司的注册资本金，且启动资金在注册资本金中的占比不得高于实缴资金的50%。

在支持创建科技创新平台方面，对新获批的国家级科技创新平台，如国家重点实验室、省部共建国家重点实验室、"一带一路"联合实验室、国家技术创新中心、国家临床医学研究中心、院士（专家）工作站等，以及省实验室，给予一次性100万元建设经费支持；新获批的省级科技创新平台，如省重点实验室、省临床医学研究中心、省技术创新中心、省中试基地、博士后科研工作（流动）站等，给予一次性50万元建设经费支持；新获批的市级技术创新中心，给予一次性10万元建设经费支持。此外，支持在沿海重点发达区域设立科创飞地，开展产业引育、科技成果转化等专业合作。

在大力培育新型研发机构方面，对新获批的省新型研发机构，给予一次性30万元建设经费支持；对通过省绩效评价且获得省补助资金的省新型研发机构，给予省补助金额20%的补助，最高不超过100万元；对新获批的市级新

[①]《晋城重磅推出"晋创谷"支持政策，助力科技创新腾飞》，据山西科技报融媒体网站，https://news.sohu.com/a/863219660_121430044。

型研发机构，给予一次性10万元建设经费支持。

在鼓励全方位创新创业方面，对新引进和培育的创新创业团队，通过国家级、省级认定后，按照奖励额度的50%给予配套奖励。经申报审核通过，博士、硕士或具有高级专业技术职称的人才（团队）来晋城市开展创新创业项目，申报审核通过可获得30万—50万元项目资助，同时可享受300万元以内的贴息贷款优惠。对自主创业的大学毕业生所创办的企业，经申报审核通过，按照创业进展情况，一次性给予1万元创业补贴、5万元创业资助或50万元重点支持。同时，可享受30万元贴息贷款、100万元信用贷款和300万元以内的担保贷款。

在着力人才培养和引进方面，发放生活补贴：对用人主体新全职引进博士研究生、硕士研究生、大学毕业生等相应层次人才，签订3年以上劳动合同，并正常缴纳6个月以上社会保险，到企业工作的，5年内分别给予每人每月1000—5000元的人才专项生活补贴。给予购（租）房补贴：对用人主体新全职引进博士研究生、硕士研究生、大学毕业生等相应层次人才，签订3年以上劳动合同，并正常缴纳6个月以上社会保险，到企业工作的，5年内分别给予每人5万—35万元（或最高2000元/月的租房补贴）的人才专项购（租）房补贴，补贴发放至人才个人。

在创新产品优先采购方面，对于开发生产的国内首台（套）重大技术装备产品和国产化替代创新产品，鼓励大中型企业用户以需求为导向，采用市场化的方式与园区内科创型企业签订远期创新产品"预约采购协议"，实现定制化生产，锁定未来市场，按照首台（套）重大技术装备产品和国产化替代创新产品成交额的10%，不超省补助标准、总额最高1000万元对采购企业给予后补助。

在大力发展风险投资服务机构方面，鼓励发展各类基金投资企业，以科创平台为主体，以投行方式做科创产业培育，聘请专业团队，推动设立或引进首期规模5000万元的科技创新专项基金，重点投资谷内种子期、初创期科技型企业，并按照社会资本实际投资额的一定比例由政府给予投资奖励。同时，探索建立科技创新专项基金容错机制。

五、"晋创谷·长治"：创新"双向飞地"模式

2025年1月8日，"晋创谷·长治"揭牌仪式在长治高新区举行。长治是全国首批老工业城市和资源型城市产业转型升级示范区。近年来，长治市深入落实习近平总书记对山西工作的重要讲话重要指示精神，按照党中央、国务院和省委、省政府决策部署，坚定不移推动高质量发展、深化全方位转型，现代化建设各项事业开创新局面。"晋创谷·长治"是长治市以提升自主创新能力为核心，形成具有重要示范意义的"创新经济体"。"晋创谷·长治"重点聚焦电子信息、高端装备制造、生物医药与大健康三大产业。"晋创谷·长治"借力北京与长治对口合作，探索"双向飞地"创新模式，结合长治资源禀赋与产业基础，双向设立飞地园区，开展跨区域合作、多领域协同创新。[①]"晋创谷·长治"分为起步区、规划区和未来拓展区，是由山西建投三建集团运营，太原科技大学共建的创新驱动平台。

（一）"晋创谷·长治"的建设基础

1.科技创新支撑力较强

近年来，长治市围绕国家创新型城市建设，持续加大科技投入。2024年，长治市级财政科技专项资金达到1亿元，较上年实现翻番。截至2024年12月，单个科技项目最高补助达1000万元，实施了30项科技重大专项和重点研发项目。与国内150多所高校达成1000多项合作成果，大力发展实验室经济，高标准打造"中国人才夏宫"。实施省级以上科技计划项目73项、市级重大专项和重点研发计划32项。长治市将2024年确定为"项目建设年"，聚焦战略性新兴产业领域、产业链核心企业实施了一批新质生产力项目。2024年前三季度，高技术制造业投资、工业投资、制造业投资分别增长58.6%、

[①]《晋创谷全覆盖：点燃创新引擎 澎湃"新质"动能》，《山西日报》2025年3月24日，第6版。

14.3%、18%。①长治市持续建设科技型企业梯次培育体系，2024年，共入库科技型中小企业359家，分三批组织申报高新技术企业141家，高新技术企业总数将突破300家。②

2.技能人才队伍建设有力

长治市坚持服务地方经济发展，努力建设高技能人才队伍，为长治市产业结构调整和转型升级培养了一大批高素质劳动者。通过深化职教改革，构建了高职与中职相衔接，普教、职教、成教相沟通的职业教育发展体系。通过优化整合资源，建设了职教园区，全市职业学校达标率提高到87%。山西机电职业技术学院入选了国家"双高计划"。近年来，长治市各级各类职业学校向社会输送技术技能人才超过10万人，其中2.1万名学生实现了本地就业。截至2024年12月，长治市已拥有14个国家级技能大师工作室和4个国家级高技能人才培训基地。③截至2024年11月，长治市已连续举办六届长治技能大赛，先后选拔出201名"太行技术状元"、1811名"太行技术能手"，带动3万余名城乡劳动者、企业职工参与技能提升。④组队参加"全省职业技能大赛"蝉联四届团体第一名，先后有44个赛项获得全省第一，102名选手获得全省一等奖。⑤2024年，长治市技能人才总量达到53.5万人，技能人才占从业人员比例达34.19%。⑥

---

① 《"推动高质量发展 深化全方位转型"系列主题第二十六场新闻发布会举行（长治市）》，据山西省人民政府网站：https://www.shanxi.gov.cn/ywdt/xwfbh/szfxwbxwfbh/202412/t20241204_9715579_slb.shtml。

② 《我市推动高能级创新平台建设》，据长治市科学技术局网站：https://kxjsj.changzhi.gov.cn/gzdt/202501/t20250113_3006227.html。

③ 《长治技能人才"行走在春天里"》，据人民论坛网网站：http://www.rmlt.com.cn/2025/0226/724086.shtml。

④ 《长治市发挥竞赛示范作用推进"技能长治"建设》，据新财经报网站：https://sports.sohu.com/a/825395402_267471。

⑤ 《以技赋"能" 向"新"而兴——我市加快推进太行技能人才队伍建设》，据长治市人民政府网站：https://www.changzhi.gov.cn/ztzl/CZSJ/CZSJ/202404/t20240401_2883106.shtml。

⑥ 《2024长治就业工作"成绩单"：看这座城如何"职"引未来》，据长治市资源和社会保障局：https://rsj.changzhi.gov.cn/zwxx/xwhgg/202501/t20250128_3012807.html。

3.对口合作成效显著

2023年，北京市人民政府、山西省人民政府印发《北京市与长治市对口合作实施方案（2022—2026年）》，积极推进两地对口合作，并取得较好的成效。一是打造"北京企业+长治资源"模式。截至2024年12月，吸引北京市各类企业投入资金556亿元，共同谋划实施140个合作项目，其中落地开工87个，完成投资近百亿元。二是打造"北京研发+长治转化"模式。截至2024年12月，引进北京64项科技成果在长治转化，技术合同交易额1.03亿元。三是打造"北京市场+长治产品"模式。长治12个县（市、区）农特产品全部纳入北京市消费帮扶目录，2022年以来向北京销售农副产品24.6亿元，带动3万户农民户均增收4000元。四是打造"北京总部+长治基地"模式。截至2024年12月，双方已有4个开发区签订共建协议。长治与北京8所高校、3家企业共建对口合作基地14个，累计投资30亿元。中关村信息谷在山西布局的第一个科创园区——长治·中关村信息谷创新中心正在加快建设。①

（二）"晋创谷·长治"的建设情况

"晋创谷·长治"起步区选址位于长治高新区，涵盖电子信息产业园、高端装备制造产业园、智能终端产业园等专业园区，总建筑面积50万平方米，其中，办公面积5万平方米，标准化厂房45万平方米。规划区包括高新区翟店工业园起步区、老顶山物流园区高铁片区；未来拓展区包括滨湖新区高校及数字经济园区，总规划面积约10平方公里。②截至2025年1月，"晋创谷·长治"已引进、培育科技型企业50余家，从业人员1200余人。③已完成技

---

① 《"推动高质量发展 深化全方位转型"系列主题第二十六场新闻发布会举行（长治市）》，据山西省人民政府网站：https://www.shanxi.gov.cn/ywdt/xwfbh/szfxwbxwfbh/202412/t20241204_9715579_slb.shtml。

② 《长治市人民政府关于印发"晋创谷·长治"创新驱动平台建设工作方案和促进"晋创谷·长治"高质量发展若干政策措施的通知》，据长治市人民政府网站：https://www.changzhi.gov.cn/xxgkml/czsrmzf/zfwj_3465/202501/t20250107_3003700.shtml。

③ 《"晋创谷·长治"正式揭牌》，据黄河新闻网网站：https://cz.sxgov.cn/content/2025-01/10/content_13368871.htm。

术合同交易785项，成交额40.04亿元。其中输出技术合同149项，已完成成交额6.1亿元。① 到2026年底，"晋创谷·长治"起步区全面建成，规划区初具规模，引进或培育科技型企业100家以上，入谷企业营业收入达到10亿元；引进或培育市级以上研发机构不少于10家、各类科技服务机构不少于10家，申请各类知识产权200项以上，形成长治的科技会客厅、产业加速器和人才集聚地。②

（三）高水平打造"晋创谷·长治"的具体措施③

2024年11月，长治市人民政府印发《"晋创谷·长治"创新驱动平台建设工作方案》和《促进"晋创谷·长治"高质量发展的若干政策措施》，高位推动"晋创谷·长治"的建设和运营。

《"晋创谷·长治"创新驱动平台建设工作方案》包括4项重点任务12项具体内容。一是强化企业创新主体地位。包括实施高新技术企业培育计划、技术创新体系建设工程以及关键核心技术攻坚工程。二是加快科技成果转移转化。包括推进多元孵化载体建设、积极打造创新型产业集群、持续完善技术转化链条。三是推进协同创新体系建设。包括加大区域协同创新力度、开展"晋创谷·长治"人才引育计划、设立"晋创谷·长治"产业基金。四是加强"晋创谷·长治"创新生态建设。包括强化"晋创谷·长治"品牌建设、积极发展科技服务业、提高园区管理服务水平。

《促进"晋创谷·长治"高质量发展的若干政策措施》主要包括支持创新主体引育、支持科技创新、支持产业落地、支持科技金融创新、支持科技

---

① 《我市推动高能级创新平台建设》，据长治市科学技术局网站：https://kxjsj.changzhi.gov.cn/gzdt/202501/t20250113_3006227.html。

② 《晋创谷全覆盖：点燃创新引擎 澎湃"新质"动能》，《山西日报》2025年3月24日，第6版。

③ 《长治市人民政府关于印发"晋创谷·长治"创新驱动平台建设工作方案和促进"晋创谷·长治"高质量发展若干政策措施的通知》，据长治市人民政府网站：https://www.changzhi.gov.cn/xxgkml/czsrmzf/zfwj_3465/202501/t20250107_3003700.shtml。

人才和创新团队共5项、18条具体措施。

例如,在支持科技型企业落户方面,对新入驻符合园区产业定位并具有发展潜力的科技型中小企业、高新技术企业一次性给予30万—100万元的创新启动资金,用于项目成果转化注册公司的注册资本金,启动资金在注册资本金占比不得高于实缴资金的20%。

在支持重大科技项目方面,支持企业申报各级科技计划项目。对新承担国家、省重大科技专项和重点研发计划等项目的单位,项目合同实施进展绩效正常和状态良好的,分别按实际国家、省支持到账经费的15%、10%给予奖励,每个企业最高奖励200万元。

在支持产业落地方面,给予装修补贴和租金补贴。对入驻园区有装修改造需求的企业,在装修完成后给予一次性补贴,补贴标准每平方米不超过1000元,补贴金额不超过装修总额的50%,补贴面积以实际装修面积计算,装修总费用以第三方评估机构评估结果为准。企业入驻园区自有标准厂房(办公用房)或自行租用厂房(办公用房)的,均可享受房租补贴,补贴时间一般不超过5年,经考核达到年度运营目标后给予补贴。厂房补贴面积一般不超过30000平方米、办公用房补贴面积一般不超过2000平方米。补贴标准:厂房前三年10元/月/平方米、后两年5元/月/平方米;办公用房前三年30元/月/平方米、后两年15元/月/平方米。

在支持金融机构入驻方面,推进建立"科技+金融+产业"一体化发展机制,鼓励商业银行在晋创谷设立科技支行、科创企业金融服务中心等专营机构,为科创团队和企业提供创新信贷服务。对新设(含迁入、升格)在晋创谷的金融机构支行、分公司的,为入驻晋创谷注册不满2年、营业收入不超2亿元的企业发放贷款,贷款规模每增加1000万元给予10万元奖励,每家每年累计最高可获得补助金额100万元。

六、"晋创谷·阳泉"：推动晋东区域转型发展的科创新高地

2025年1月14日，"晋创谷·阳泉"揭牌仪式在中电阳泉数字经济产业园举行。近年来，阳泉市深入学习贯彻习近平总书记对山西工作的重要讲话重要指示精神，坚决落实省委、省政府决策部署，围绕市委"14510"①总体思路和部署，以"四个坚持"为抓手，推动高质量发展和现代化建设取得新成效。建设"晋创谷·阳泉"是培育和发展新质生产力，构筑转型发展新的比较优势的重要举措。"晋创谷·阳泉"重点聚焦新一代信息技术、新材料、节能环保产业。新一代信息技术主要聚焦智算中心、智能网联汽车以及软件和信息技术服务业；新材料主要聚焦电池材料、磁性材料和耐磨材料；节能环保主要聚焦土壤污染治理与修复材料、资源循环利用等相关领域。"晋创谷·阳泉"总体规划面积约24平方公里，以"一区三园、三大产业、五大工程、三区推进"为建设思路，依托阳泉高新区、平定经开区张庄新型工业园区、盂县经开区秀水双创智造园和西烟循环经济产业园，高标准高水平规划建设策源区、起步区和拓展区，打造链接京津冀创新资源先行区、先进成果转化示范区以及高新技术产业集聚区。运营单位为北京中关村智酷双创人才服务股份有限公司，共建单位为山西工程技术学院。

（一）"晋创谷·阳泉"的建设基础

1.数智城市建设成效初显

一是坚持"以数强基"。2024年，阳泉市获评全国"千兆城市"称号。

---

① 实现"全方位推进高质量发展"中心任务，要坚持以产业强市为本、坚持以开放活市为要、坚持以生态立市为基、坚持以文化兴市为魂；要落实到资源型城市绿色转型的先行示范、融入京津冀协同发展的重要节点、城乡一体共同富裕的市域样板、拱卫首都的生态走廊、红色引领的文化高地"五大定位"上；要全力以赴实施好工业赋能育新战略、数字经济优先发展战略、服务业扩容提质战略、创新引领战略、营商环境首位战略、开放格局重塑战略、全域协调战略、生态筑基战略、红色领航战略、民生提质战略十大战略。

打造百度和云峰双算力中心，2025年智算规模将达到5000P（1P约等于每秒1000万亿次计算速度）。二是坚持"以数聚产"。阳泉市与中国电子、中关村等头部企业合作，打造中电数字经济产业园和智创城NO.7等产业载体，引进了百度、尊特、博彦科技、新石器等一批行业龙头企业落户，集聚了信创、智能终端、智能制造、数据处理相关企业150余家。三是坚持"以数增效"。大力实施产业数字化示范工程，重点推动能源产业和制造业数字化改造、农业数字化转型。四是坚持"以数治城"。阳泉市已经建成城市运行指挥中心，整合应急、交通、城市管理服务等功能，城市治理的智慧化水平进一步提高，荣获"2023—2024年度中国新型智慧城市（SMILE指数）百强"称号。[1]

2.产业"含绿"和生态"向绿"水平明显提高

阳泉市聚力打造清洁能源供应基地和大宗固废综合利用示范基地。截至2024年12月，全市新能源和清洁能源装机规模达到295万千瓦，青于蓝、弘盛通一期独立储能电站并网发电，盂县上社140万千瓦抽水蓄能电站项目加快推进。加快粉煤灰、煤矸石、脱硫石膏等大宗固废规模化利用，推动绿色循环产业集聚发展。[2]截至2025年2月，阳泉市布局"双碳"应用场景17个，市场规模达23.7亿元；落地数智"双碳"相关项目7个，投资总规模超60亿元。2024年，非化石能源消费比重同比提高1.04个百分点。2021—2024年，阳泉市空气质量优良天数比例稳定在70%以上，国考断面全部达到优良水质，受污染耕地和重点建设用地安全利用率继续保持100%。完成营造林11.4万亩（1亩

---

[1]《"推动高质量发展 深化全方位转型"系列主题第二十五场新闻发布会举行（阳泉市）》，据山西省人民政府网站：https://www.shanxi.gov.cn/ywdt/xwfbh/szfxwbxwfbh/202412/t20241203_9714935_slb.shtml。

[2]《"推动高质量发展 深化全方位转型"系列主题第二十五场新闻发布会举行（阳泉市）》，据山西省人民政府网站：https://www.shanxi.gov.cn/ywdt/xwfbh/szfxwbxwfbh/202412/t20241203_9714935_slb.shtml。

≈666.67平方米），治理水土流失面积17.6万亩。阳泉市循环经济产业园区基础设施建设有序推进，餐厨垃圾和有机废物综合处理项目主体完工。充电桩增长58.3%，市民绿色出行比例达到71%。[1]

3.对外开放条件优越

阳泉处于太原、石家庄1小时交通圈以及北京、天津3小时交通圈范围内，作为山西对接京津冀协同发展的前沿阵地，在区域协同发展中具有显著的交通区域优势。阳泉市一是建设融入京津冀协同发展的重要节点，每年向京津冀输送电量近百亿千瓦时；主动承接京津冀地区产业转移，引进落地了华储光电、弘盛通独立储能等一批项目。二是主动融入"一带一路"倡议下的"大商圈"格局，加强"通道+枢纽+网络"现代物流体系建设，打造"津海晋门"出海新通道，中欧班列首开运行，2024年前三季度进出口总额增长34.7%。三是深度融入中部城市群建设，阳涉铁路开办客运服务工程已具备通车条件，形成了晋东纵向"客运大通道"；太旧高速改扩建项目开工建设，将为区域联动发展注入新的动力。

（二）"晋创谷·阳泉"的建设情况

"晋创谷·阳泉"策源区以阳泉本地高校山西工程技术学院为基地，引进省内外知名高校和科研院所创新团队。起步区包括高新区中电（阳泉）数字经济产业园、阳泉市高新技术创业园、阳泉云谷科技创新园、阳泉市人力资源服务产业园；拓展区前期以阳泉高新区智能制造产业园、东区科技园、阳泉中天智慧环保产业园、庙堰新材料产业园、泉东产业园、现代智慧物流园以及平定经开区张庄新型工业园区和盂县经开区秀水双创智造园、西烟循环经济产业园为承载平台，逐步辐射带动晋东区域其他工业园区。[2]

---

[1]《2025年阳泉市政府工作报告（全文）》，"阳泉广播电视台"公众号，2025年03月01日。

[2]《政策解读面对面（九）》，据阳泉市人民政府网站：http://www.yq.gov.cn/zmhd/zxft/202502/t20250213_2020153.shtml。

截至2025年1月,"晋创谷·阳泉"与多所省内外高校建立深度合作机制,招引科创团队,现已集聚31家初创企业、14个科创团队、全时入驻人员698人。[①]例如,山西农业大学东大土壤与肥料研究院团队、山东科技大学新材料学院钠离子新能源电池研究团队、北京易华录中电科山西数据运营服务基地团队、山西工程技术学院重大装备传动技术创新团队、山西华钠芯能科技有限责任公司、山西绿德农业科技股份有限公司等。2023年,"晋创谷·阳泉"区域内科创型企业全年营业收入4.8亿元。[②]2025年,将新增科创团队和初创企业10家以上,推广科技成果落地10项以上。到2026年,"晋创谷·阳泉"计划建设创新联合体、共性技术研发平台及其他新型研发机构20个以上;推广转化科技成果100项以上,引进培育科技型企业达到100家;建成双创服务平台20个以上,区域内创新主体、创新平台、创新人才、技术市场交易额等主要指标持续增长,示范带动作用初步显现。

(三)高水平打造"晋创谷·阳泉"的具体措施

2024年,阳泉市印发《"晋创谷·阳泉"创新驱动平台建设三年行动(2024—2026年)实施方案》和《"晋创谷·阳泉"创新驱动平台专项支持政策》,高标准推动"晋创谷·阳泉"的建设和运营。

《"晋创谷·阳泉"创新驱动平台建设三年行动(2024—2026年)实施方案》中提到要深入实施特色产业集聚、创新服务提升、成果转化促进、科技金融协同、创新生态优化晋创谷创新驱动"五大工程"。实施特色产业集聚工程,提出聚焦特色产业发展、科学编制产业规划、强化科技企业引育三项任务。实施创新服务提升工程,提出组建高水平专业化运营机构、建立全方位公共服务运营体系、全链条科技成果孵化体系、全天候创新服务支撑体系四项任务。实施成果转化促进工程,提出鼓励科技成果在晋创谷转化、支

[①]《晋创谷·阳泉揭牌》,据澎湃媒体网站,http://m.theaper.cn/baijiahao_29942928。
[②]《正式揭牌!带你了解晋创谷·阳泉》,"阳泉"公众号,2025年1月16日。

持科技成果转化机构开展服务、壮大技术转移专业人才队伍三项任务。实施科技金融协同工程,提出构建科技创新基金体系、拓宽科技企业融资渠道、创新政银保担合作模式三项任务。实施创新生态优化工程,提出推动创新政策落地实施、鼓励在晋创谷创新创业、建立创新绩效评价机制、提供一站式人才服务、深化区域合作交流五项任务。①

《"晋创谷·阳泉"创新驱动平台专项支持政策》中推出"科创十三条"特色政策包,强化对科技成果转化各环节支持,突出对创新要素的优化配置及激励。②

例如,在支持中试平台建设方面,健全"政企校研"合作机制,对企业牵头建设,通过市场化方式为产业链上下游企业提供中试服务的中试平台,中试设备购置费达到1000万元以上的,按照年度新购置设备总原值的30%,给予不超过100万元的补助,最多不超过三年。对为企业提供原创科技成果开发和优化、投产前实验或试生产服务的中试平台,按其年度中试服务收入的30%,给予连续三年累计不超过100万元的运行补贴。

在设立"先投后股"科技成果转化和产业化专项方面,经遴选入驻"晋创谷·阳泉"的科技型企业,可申请承担"先投后股"科技成果转化和产业化专项。项目"先投"阶段财政资金以科技项目方式投入,单个项目支持资金不超过项目总投入的50%且不超过500万元;"后股"阶段由受托管理机构按先期约定的股权转化条件、股权比例等,将财政资金以拨转股、股转债等方式投入和变更,并按照"适当收益"原则在约定期限内逐步退出。

---

① 《阳泉市人民政府关于印发"晋创谷·阳泉"创新驱动平台建设三年行动(2024—2026年)实施方案的通知》,据阳泉市人民政府网站:http://xxgk.yq.gov.cn/yqsrmzf1/fdzdgknr_45346/zfgb1/zfgb2024/yqsrmzfgb2024nd6q/szfwj_2406/202412/t20241231_2002286.shtml。

② 《阳泉市人民政府关于印发"晋创谷·阳泉"创新驱动平台专项政策措施的通知》,据阳泉市人民政府网站:http://xxgk.yq.gov.cn/yqsrmzf1/fdzdgknr_45346/zfgb1/zfgb2024/yqsrmzfgb2024nd6q/szfwj_2406/202412/t20241231_2002281.shtml。

在支持"高精尖"科技创新方面，对获得国家科学技术奖励的企业，按国家奖励额1∶1配套奖励资金；对作为第一完成单位获得省科学技术奖的企业，按省级奖励额1∶1配套奖励资金。对新承担国家、省级科技重大专项和重点研发计划项目的单位，项目实施进展绩效正常和状态良好的，按项目上年度实际国拨、省拨经费的3%奖励研发团队，每个项目最高奖励50万元。

在强化知识产权保护和服务方面，引进知识产权服务机构（完成国家知识产权局备案）在"晋创谷·阳泉"开展服务。若服务机构代理入驻企业专利案件并胜诉，按照每案不高于5000元的标准给予一次性奖励。对主持、参与标准制修订的企业给予最高30万元的一次性奖励。经评审，对重点产业专利导航项目给予最高30万元的资金支持。

七、"晋创谷·吕梁"：以"一中心、三基地、一公司"助力绿色转型

2025年1月23日，"晋创谷·吕梁"揭牌仪式在吕梁市双创中心举行。2017年6月，习近平总书记首次考察调研山西，第一站就来到吕梁。近年来，吕梁市牢记嘱托、勇担使命，坚定不移推动高质量发展。"晋创谷·吕梁"是吕梁市落实创新驱动发展战略的重要载体，秉持"创新引领、聚链成群、产城一体、融合发展"的总思路，重点聚焦氢能、高端金属材料、固废综合利用三大产业。项目分为起步区和拓展区，核定总面积超100平方公里。起步区设立在吕梁市双创中心和吕梁经开区，重点建设校企合作创新中心、重点产业中试基地和科技企业培育基地。拓展区设立在孝义、兴县、文水等六个省级开发区，主要目标是打造产业转型示范基地。此外，吕梁市正计划成立科创平台公司，并设立科技创新专项基金，进一步强化"晋创谷·吕梁"的核心架构。"晋创谷·吕梁"运营单位是北京清盈科技发展有限公司，共建单位是清华大学山西清洁能源研究院。

（一）"晋创谷·吕梁"的建设基础

1.经济发展基础较好

2024年，吕梁市地区生产总值达到2643.2亿元，居全省第二。固定资产投资增速位居全省第三。争取超长期特别国债、中央预算内投资等各类资金41.78亿元，其中以工代赈资金量全省第一。通过打好"消费政策+促销活动"的组合拳，新能源汽车、家电类零售额分别增长55%、40%。支持科技创新和制造业发展减税降费退税超29亿元，兑现惠企奖补资金3.4亿元，居全省第一。63户省级产业链链上企业总营收突破1000亿元、增长51.5%，总量居全省第二、增速居全省第三。"杏花村汾酒"专业镇营收占到全省省级专业镇的近三成，白酒占全市工业经济的比重超过13%。氢能全产业链体系初步形成，发展指数连续两年居全省第一。农业龙头企业总营收突破500亿元，食用菌规模、产量均居全省第一。①

2.传统新兴产业融合发展优势明显

吕梁市着力发展"两大三新"新兴产业，即大数据、大旅游、新能源、新材料、新装备。推进新型工业化，加快构建现代产业体系的思路下打造"四都""五基地"。"四都"其中有1000亿级的"氢都""铝都"等。"五基地"其中有特钢产业基地、大宗固废综合利用示范基地等。作为典型资源型城市，吕梁市发展氢能产业，资源足、门类全、成本低、运用广。截至2024年12月，吕梁市已形成13万吨制氢产能，居全省第一。纯商业化重卡运营场景全国唯一。同时，吕梁市布局非常规天然气产业、固废利用产业，印发《吕梁市支持大宗固体废弃物综合利用产业发展的若干措施》，与山西大学等高校形成合作，推动传统产业节能降碳改造，加快建设新型能源体系。吕梁市作为国内铝镁新材料产业发展优势区域，全市产能达1500余万

---

① 《政府工作报告——2025年2月19日在吕梁市第四届人民代表大会第五次会议上》，据吕梁市人民政府网站：http://www.lvliang.gov.cn/szdt/llxw/202503/t20250303_1935475.html。

吨,占全省总产能的2/3,占全国总产能近1/5;并已初步形成"铝土矿—氧化铝—电解铝—铝镁精深加工"产业链发展格局。①

3.民营企业发展实力较强

截至2024年12月,吕梁市共有8.2万户民营企业,提供了全市50%的GDP和固定资产投资、60%的税收、70%的科技成果转化、80%的就业、98%的企业数量。从体量看,吕梁市民营企业领跑全省。孝义鹏飞集团位列山西民营企业100强榜首,在中国民营企业500强中排名跃升到92位,是山西省首家营收超千亿元的民企。截至2024年12月,吕梁全市共有15户企业入围山西民营企业100强。从趋势看,吕梁民间投资增速保持全省前列。2023年,全市民间投资324.32亿元,增长2.5%,增速全省第二。2024年前三季度,吕梁民间投资完成242.5亿元,增长7.7%,增速全省第三。②

(二)"晋创谷·吕梁"的建设情况

截至2025年3月,"晋创谷·吕梁"已有55家科技企业(团队)入驻。例如,清华大学低碳综合能源系统创新团队、北京科技大学低价值铝粉综合利用团队、吕梁科大讯飞医疗信息技术有限公司、吕梁数据运营有限公司、吕梁经开区信息化投资建设有限公司、吕梁澜起能源发展有限公司等。到2026年,"晋创谷·吕梁"力争建成5个市校合作主体、10个省级及以上创新平台、100个博士创新工作室,推广200项以上科技成果,引进并培育20家高新技术企业和50家科技型中小企业,培育具有全国竞争力的创新产业集群。③

---

① 《我市铝镁新材料产业稳步壮大》,据吕梁市人民政府网站:http://www.lvliang.gov.cn/szdt/bmhxqdt/202307/t20230724_1779123.html。

② 《"推动高质量发展 深化全方位转型"系列主题第二十三场新闻发布会举行(吕梁市)》,据山西省人民政府网站:https://www.shanxi.gov.cn/ywdt/xwfbh/szfxwbxwfbh/202411/t20241128_9711723_slb.shtml。

③ 《晋创谷全覆盖:点燃创新引擎 澎湃"新质"动能》,《山西日报》2025年3月24日,第6版。

（三）高水平打造"晋创谷·吕梁"的具体措施

2024年8月，吕梁市印发《"晋创谷·吕梁"创新驱动平台建设三年行动计划（2024—2026年）实施方案》和《"晋创谷·吕梁"创新驱动平台支持措施》。"晋创谷·吕梁"采用"1+3+6+20"建设模式。其中，"1"代表建设"晋创谷·吕梁"创新驱动平台；"3"指重点支持氢能、高端金属材料、固废综合利用三大产业；"6"涵盖创新平台示范、产业集群培育等六大体系；"20"指出台20条支持措施。

《"晋创谷·吕梁"创新驱动平台建设三年行动计划（2024—2026年）实施方案》中包括6项重点任务，即六大体系。打造一流创新平台示范体系，包括高标准建设"晋创谷·吕梁"起步区、高起点规划拓展区和高规格打造"晋创谷·吕梁"拓展区运营体系。打造一流产业集群培育体系，包括建设创新型优势产业集聚区、持续提升产业链创新能力、激发创新主体成果转化活力、有组织推进科技成果转化、加强中试熟化能力建设、构建区域协同创新格局。打造一流校地合作赋能体系，包括做深做实"校地合作"、开放产业示范应用场景、持续引进高层次科创人才团队。打造一流科技金融服务体系，包括建立健全科技金融生态、成立市科创平台公司、设立科技创新专项基金。打造一流科研服务支撑体系，包括打造一流科研基础平台、推动创新政策落地实施、建设吕梁科创大脑、推进市级科技计划体系改革。打造一流科技产业招商体系，包括组建科技招商专业团队、大力推进科技招商、强化部门协同合作机制。

《"晋创谷·吕梁"创新驱动平台支持措施》是在省"1+5"政策体系基础上，出台创新主体引育、人才引育、平台建设、场景开放、研发能力提升、技术攻关及成果转化、科技金融7个方面20条配套支持措施。

例如，在强化创新主体引育方面，对国内外行业领军企业（集团）在"晋创谷·吕梁"设立各类研发机构的，当常驻科研人员达到30人以上并投入运营的，可按照20%、20%、60%的比例分3年给予最高1000万元经费补贴。

在强化创新人才引育方面，对于在"晋创谷·吕梁"内的科技型企业所引进的科研团队成员（博士、硕士研究生），要求其在企业缴纳社保，并且签订3年期以上劳动合同。满足上述条件的，根据科研项目、研发能力等，经申报和评审流程，给予市科技计划项目或高层次人才专项1∶1配套科研经费支持，支持金额最高不超过25万元。

在支持新型研发机构建设方面，对在"晋创谷·吕梁"获批建设的省级和市级新型研发机构一次性分别给予100万元、50万元建设经费支持。对绩效优秀的省、市新型研发机构，按上年度技术成交额给予不超过10%的奖励（每年最高不超过100万元），并对其使用非财政资金购入在实验仪器设备共享平台上登记的科研仪器、设备和软件购置费的30%给予补助（每年最高不超过1000万元）。

在鼓励入驻机构与吕梁市内企业、高校合作研发或委托研发方面，交易额首次突破1000万元的，一次性奖励20万元；对获得国家自然科学、技术发明、科学技术进步一、二等奖项目的第一完成单位，按国家奖励额1∶1配套奖励；对获得省科学技术奖（科技创新杰出贡献奖、自然科学奖、技术发明奖、科学技术进步奖、科学技术合作奖、企业技术创新奖）特、一、二等奖的第一完成单位，按省级奖励额1∶1配套奖励。

在支持开放应用场景应用方面，鼓励实施前瞻性、验证性、试验性应用场景项目，引入行业场景资源、联合开展场景创建、孵化新企业新业务。围绕科技创新、产业升级、基层治理、社会民生等领域，鼓励行政机关、医疗卫生机构、国有企事业单位和有条件的民营企业开放场景资源，对应用场景项目择优给予立项支持。

在引进风险投资服务机构方面，对投资科技企业达到1000万元（扣除政府引导基金后）且投资期限满1年以上的天使类基金，可按不超过其实际投资额2%的比例，给予最高不超过200万元的一次性奖励。

八、"晋创谷·忻州"：以"一核二区三园"打造科技创新引领区

2025年3月11日，"晋创谷·忻州"揭牌仪式在忻州经济开发区举行。"晋创谷·忻州"创新驱动平台的建设和运营是忻州市进一步推动创新链、资金链、产业链、人才链深度融合，催生更多契合产业发展需求，推动全市高质量发展的重要举措。

"晋创谷·忻州"聚焦光伏产业、新材料产业等领域，立足资源禀赋和区位优势，布局"一核二区三园"，具体为以忻州经济开发区为核心，设置起步区和拓展区，涵盖开发区核心园区、蓝天科技创新园区及豆罗建材工业园区等"三园"。"晋创谷·忻州"全面落实省级"1+5"政策体系，制定市级相关配套政策，重点支持企业及科创团队入驻、科技成果转化、研发机构建设等，努力打造发展新质生产力标杆区、创新驱动引领区。同时，忻州市将依托"晋创谷"平台优势，整合现有创新资源，大力开展市校合作、人才交流和成果对接，加快引育一批科技企业、科研团队，落地一批优质产业项目。截至2025年3月，区内拥有科创团队和初创企业38家，入驻企业（团队）人员407人。①

九、"晋创谷·朔州"：资源型城市转型高质量发展示范试验区

2025年3月21日，"晋创谷·朔州"在平鲁经济技术开发区举行揭牌仪式。"晋创谷·朔州"创新驱动平台的建设和运营是朔州市落实省委、省政府创新驱动发展战略的重要举措，对于培育和发展新质生产力、推动高质量发展，具有重要的战略性意义。②

---

① 《"晋创谷·忻州"正式揭牌》，据山西新闻网网站：http://news.sxrb.com/GB/314063/10296612.html。

② 《"晋创谷·朔州"正式揭牌》，据新浪财经网网站：https://finance.sina.com.cn/roll/2025-03-21/doc-ineqmsei6661692.shtml。

"晋创谷·朔州"聚焦新能源、新材料、先进制造三大领域，融合数字经济发展新一代信息技术。按照起步区示范带动、拓展区联动发展、辐射区借鉴推广的发展路径建设。起步区主体位于平鲁经济技术开发区，规划面积11.9平方公里，以朔州双碳产业研究院为核心，辐射平鲁经济技术开发区及周边区域，科研办公面积3.5万平方米，标准化厂房12万平方米。"晋创谷·朔州"依托山西工学院、上海交通大学、中国石油化工股份有限公司石油化工科学研究院、朔州双碳产业研究院和朔州市产业技术研究院共同建设，并由朔州市产业技术研究院牵头组建"晋创谷·朔州"发展运营公司。截至2025年3月，区内入驻初创企业及科创团队有34家，全时入驻企业（团队）人员791人。区内科创型企业年营收入值达19.213亿元。①

朔州市出台《"晋创谷·朔州"创新驱动平台建设三年行动计划实施方案》（以下简称《实施方案》）。《实施方案》部署了"晋创谷·朔州"4大项17小项重点工作任务，一是建立完善的服务体系，包括组建专业化运营机构、开展创新创业服务、健全科技人员服务机制、打造科技金融集聚区等。二是建设协同创新体系，包括深化科技创新合作交流、实施关键核心技术攻关计划、放大重大创新平台溢出效应等。三是推进科技成果转移转化，包括推进多元孵化载体建设、提升中试熟化能力、完善科技成果转化服务体系、保障成果转化动力、支持科技成果转化机构开展服务等。四是构建现代化产业集群，包括加快产业集群孵化培育、强化科技招商、实施高新技术企业培育计划、加快创新链产业链融合、壮大优势特色产业等。②

---

① 《"晋创谷·朔州"正式揭牌》，据新浪财经网网站：https://finance.sina.com.cn/roll/2025-03-21/doc-ineqmsei6661692.shtml。

② 《朔州市高水平建设"晋创谷·朔州"创新驱动平台》，据朔州市人民政府网站：http://www.shuozhou.gov.cn/xwzx/jrsz/szsyw/bmgz/202503/t20250320_722547.shtml。

第三编 他山鉴策：国内创新示范区的范式启示

第三编　他山鉴策：国内创新示范区的范式启示

科技创新中心是指科技创新资源密集、科技创新活动集中、科技创新实力雄厚、科技成果辐射范围广的城市或地区，在带动区域发展方面发挥着重要作用。2016年5月30日，习近平总书记在全国科技创新大会、两院院士大会、中国科协第九次全国代表大会上的讲话中提到："发挥各地在创新发展中的积极性和主动性，对形成国家科技创新合力十分重要。要围绕'一带一路'建设、长江经济带发展、京津冀协同发展等重大规划，尊重科技创新的区域集聚规律，因地制宜探索差异化的创新发展路径，加快打造具有全球影响力的科技创新中心，建设若干具有强大带动力的创新型城市和区域创新中心。"党的二十大报告进一步提出要统筹推进国际科技创新中心和区域科技创新中心建设，对我们从地理空间上整合各类科技创新资源、带动区域经济发展指明了方向。

目前，我国正在加快布局建设各级科技创新中心，北京、上海、粤港澳大湾区三大国际科技创新中心及成渝、武汉两个全国科技创新中心的建设正在稳步推进，"3+2"科技创新中心的总体布局已经基本形成。[1]这些科技创新中心以特色产业为基础，依托各自的科教资源优势和区位优势，在创新资源集聚、高新技术产业培育、推进科技成果转化和科技体制改革试点等方面先行先试，取得了一系列显著成效。

在"3+2"科技创新中心总体布局之外，许多地方也在积极探索布局建设引领科技创新的平台或园区。其中，陕西秦创原创新驱动平台深化科技成果转化"三项改革"，创新科教资源与经济发展融合方式，激活全省创新资源，引领陕西实现高质量发展；安徽科大硅谷依托中国科大等高校院所，汇

---

[1] 中国科技发展战略研究小组、中国科学院大学中国创新创业管理研究中心编著《中国区域创新能力评价报告2023》，科学技术文献出版社，2024，前言第2页。

聚全球创新力量，深化科技体制改革，推进产学研深度融合，优化创新生态，努力建设有影响力的"创新之谷"；天津天开高教科创园依托天津市的名校资源，布局建设区域创新高地，推动形成城市发展与大学建设相互促进的格局。

晋创谷创新驱动平台作为引领山西创新发展的重要平台，目前正处于起步建设阶段。高水平打造晋创谷创新驱动平台，使晋创谷创新驱动平台成为全省科技资源整合之谷、产学研贯通之谷、"四链"融合之谷、体制机制创新之谷、政府市场等创新要素合力之谷，在更长时期和更广范围内发挥区域科技创新的引领作用，带动山西融入国家科技创新中心体系的建设，可以借鉴上述科技创新中心、重点科技创新平台和园区的经验做法。

第七章 制度创新：国际科技创新中心的治理经验

2016年7月，国务院印发《"十三五"国家科技创新规划》，提出支持北京、上海建设具有全球影响力的科技创新中心。2019年2月，中共中央、国务院印发《粤港澳大湾区发展规划纲要》，提出要将粤港澳大湾区建设成为具有全球影响力的国际科技创新中心。2020年10月，党的十九届五中全会明确提出支持北京、上海、粤港澳大湾区形成国际科技创新中心。

北京、上海、粤港澳大湾区三大国际科技创新中心瞄准世界科技前沿，以全球视野集聚和配置优质创新资源，打造全球创新创业高地，加强基础研究、应用基础研究和前沿技术研究，打造国家战略科技力量，成为我国推动科学与技术融合、形成产业链协同创新优势的"领头羊"，在我国区域创新发展布局中发挥着重要的龙头带动作用，是我国建设世界科技强国的有力支撑。

这三个区域依托各自的地理位置、产业基础等先天条件，在国际科技创新中心建设中有着不同的定位。北京拥有全国最多的高校、科研院所和央企，具有非常丰富和优质的创新资源，它的主要任务是打造全国科技创新的策源地，这也是北京国际科技创新中心的重要使命。上海主要依托集成电路、人工智能和生物医药三大产业方面的优势，打造这三大产业创新高地，致力于在国际上拥有影响力和话语权。粤港澳大湾区则发挥广东作为改革开放前沿和港澳国际化程度高的优势，致力于打造全球最大的中试验证和成果应用推广基地。

一、北京国际科技创新中心

北京作为我国的政治中心、文化中心、国际交流中心、科技创新中心，拥有丰富的科教资源，一直以来都是引领中国科技创新的重要引擎。2014年2月25至26日，习近平总书记在北京考察时首次明确了北京全国科技创新中心的功能定位。2016年9月，国务院印发《北京加强全国科技创新中心建设总体方案》，提出要按照"三步走"方针，不断加强北京全国科技创新中心建设，使北京成为全球科技创新引领者、高端经济增长极、创新人才首选地、文化创新先行区和生态建设示范城。2017年2月24日和2019年1月18日，习近平总书记两次考察北京并发表重要讲话，强调以建设具有全球影响力的科技创新中心为引领，抓好"三城一区"建设，深化科技体制改革，打造北京经济发展新高地。经过"十三五"时期的发展，北京已经成为全球原始创新策源地、创新驱动发展先行区和开放创新核心区。2020年10月，党的十九届五中全会明确提出支持北京形成国际科技创新中心，使北京科技创新中心的建设进入新的阶段。

从2021年开始，北京市出台了一系列政策措施来指导北京国际科技创新中心的建设，其中主要有《"十四五"北京国际科技创新中心建设战略行动计划》《深入贯彻落实习近平总书记重要批示精神 加快推动北京国际科技创新中心建设的工作方案》和《北京国际科技创新中心建设条例》等。

根据这些政策，北京国际科技创新中心的建设以"三城一区"为主平台，即中关村科学城、怀柔科学城、未来科学城和创新型产业集群示范区。中关村科学城作为北京国际科技创新中心的核心区，系统布局基础前沿技术，致力于打造科技创新出发地、原始创新策源地、自主创新主阵地；怀柔科学城体系化布局一批重大科技设施平台，形成战略性创新突破；未来科学城增强创新要素活力，构建多元主体协同创新格局，三大科学城成为北京科学研发的主阵地，错位发展、功能互补。创新型产业集群示范区则承接三大科学城科技成果转化，着力打造高精尖产业主阵地和成果转化示范区。

目前，北京国际科技创新中心的建设成效显著，在2024年全球百强科技创新集群榜单中排名第三；在2024年全球科技创新中心100强榜单中排名第四；2022年、2023年、2024年连续三年在国际科技创新中心指数综合排名中保持前三位。北京建设国际科技创新中心的主要经验可以从以下几个方面来概括。

（一）三大科学城和国家实验室打造北京科学研发高地

1.中关村科学城

中关村科学城位于北京市西北部，包括海淀区全域及生命科学园等昌平部分地区。作为中关村国家自主创新示范区的核心区域，中关村科学城是北京国际科技创新中心的核心区。中关村科学城最早可追溯到20世纪80年代的"中关村电子一条街"；到1999年5月，国务院批复《关于实施科教兴国战略加快建设中关村科技园区的请示》，中关村进入新的发展阶段，中关村海淀园成立；2009年3月，国务院批复同意中关村科技园区建设国家自主创新示范区；2009年4月，北京市政府批复加快建设中关村国家自主创新示范区核心区；2012年8月，国家九部委会同北京市以中关村核心区为基础建设国家科技金融功能区；2016年9月，国务院印发《北京加强全国科技创新中心建设总体方案》，提出统筹规划建设中关村科学城；2017年2月，北京市提出以"三城一区"为主平台，加快推进具有全球影响力的全国科技创新中心建设，中关村科学城成为北京科创中心建设主平台之一。[①]中关村科学城的定位是"聚焦"，即集聚全球的高端创新要素，提升基础研究和战略性高技术研发能

---

① 《中关村科学城发展历程》，据国际科技创新中心网站：https://www.ncsti.gov.cn/kjdt/scyq/zgckxc/index.html。

力,形成一批具有全球影响力的原创成果、国际标准、技术创新中心和创新型领军企业集群。①

依托北大、清华、中国科学院等知名高校和科研院所,发挥中央企业和顶尖人才集聚优势,中关村科学城围绕人工智能、区块链、量子信息等重点方向,布局建设了一批新型研发机构。以北京协同创新研究院、北京量子信息科学研究院和北京智源人工智能研究院为代表的新型研发机构通过市场化的资源配置方式自主开展研发活动,实现产学研一体化、创新要素集成化和发展模式国际化,不断引领学科领域内的自主创新,使中关村科学城成为原始创新策源地。

北京协同创新研究院于2014年成立,由我国13家顶尖学术单位和100多家高新技术企业联合创建,致力于充分释放北京丰富的科教资源,形成具有全球影响力的原创性科技创新成果,并将其转化为产业优势。经过多年的发展,协同院在组织架构、三元耦合机制、人才培养机制、科技成果转化、多层次协同创新体系五个方面充分体现了科技创新的协同作用,体现了新型研发机构在促进产学研合作方面的重要作用。在组织架构方面,协同院实行理事会领导下的院长负责制,下设技术委员会、指导委员会和工作委员会,理事会由高校院所领导和行业龙头企业家组成;技术委员会由业界专家和学科带头人组成,提供技术指导;指导委员会由政府部门负责人、业界知名人士和学界专家学者等组成,为协同院发展提供咨询服务。在建立了完善的组织架构基础上,协同院还构建了独特的"基金—协同创新中心—研究所"三元耦合机制,体现了协同院围绕产业链构建创新链、围绕创新链培育产业链的思路,由大学和企业围绕重点产业领域组建协同创新中心,中心成员共同出资设立各中心专属的协同创新基金。在项目运营中,先由协同创新中心论证

---

① 《三城一区介绍》,据国际科技创新中心网站:https://www.ncsti.gov.cn/kjdt/scyq/202104/t20210407_29505.html。

和推荐课题，再由基金评估和领投，研究所最后根据任务需要组建团队进行中试放大和产业化，形成中心遴选"荐项目"—基金决策"投项目"—研究所"开发项目"的三元耦合模式，在组织结构上实现了产学研的紧密结合与市场化配置资源，实现了知识、技术、产品和产业的深度融合。在人才培养机制方面，协同院2016年提出"创新菁英计划"，与全球一流大学进行合作，建立"双课堂、双导师、双身份、双考核"的创新创业人才专业化培养模式。在科技成果转化方面，协同院以培育技术先锋企业为导向，以"项目+团队"或"项目+企业"的模式，开展多项计划和工程，加速科技成果转移和转化。"无障碍技术转移计划"让加入基金的企业或参股企业可以零首付使用技术；"我创新你创业计划"将已经完成中试的项目面向社会公开招募高水平运营团队，共同出资组建创业企业，培育产业新生力量；通过"中小企业协同创新工程"，协同院将新项目以技术入股或许可的方式注入企业，提高中小企业的技术水平，提高其市场竞争力；在"龙头企业整合创新工程"中，协同院与大企业合作攻关全产业链关键核心技术并进行产业化，培育产业集群。协同院通过设立北京总院、国际分院、国际协同实验室、国内分院和分支机构等方式，形成了"北京统筹、全球研发、全国转化"的多层次协同创新体系。

北京量子信息科学研究院于2017年成立，依托北京在量子信息科学研究方面的领先优势，聚焦量子物态科学、量子通信、量子计算等领域，开展基础前沿研究并推动量子技术实用化、规模化、产业化。在原始创新方面，以"国家亟需、世界一流、国际引领"为宗旨，在量子物态科学、量子材料与器件、量子计算和通信、量子精密测量等重点方向分别设立相应的研究部、平台和中心，开展科技攻关，产出一批重大原始创新成果，实现前沿技术突破性进展和自主创新能力跨越式提升；在体制机制创新方面，积极探索科研人员产权激励、知识产权保护和科技成果在本地转化等激励政策，充分激发科研人员的动力和活力；在培育人才方面，引进全球顶尖人才，建设以国际一流科学家为核心的研究梯队和由世界级水平工程师组成的技术保障团队。

2018年成立的北京智源人工智能研究院聚焦人工智能领域，建立自由探索和目标导向相结合的科研体制，支持科学家勇闯"无人区"，聚焦人工智能领域的原始创新和核心技术，挑战最基础的问题和最关键的难题，持续推进大模型创新，探索AI创新最前沿。在这样的新型科研体制下，智源研究院研究出了中国首个大数据模型，具有非常广阔的应用前景。在医疗健康领域，医务人员可以通过大数据模型训练智能机器设备开展医学检测，医疗机构可以通过大数据模型进行疾病预测和制定个性化治疗方案；在教育领域，可以通过大数据模型为学生提供个性化的学习方案，满足不同的学习需求；在民生领域，可以用大数据模型来优化城市交通规划，改善交通拥堵问题；在经济领域，企业可以使用大数据模型对消费者的消费习惯等进行深入分析，从而做出更有针对性的决策。智源研究院致力于引领人工智能开源开放，共建AI安全可持续发展生态，培育AI创新生态，推动人工智能理论、方法、工具、系统和应用取得变革性、颠覆性突破。

2.怀柔科学城

怀柔科学城位于北京市东北部，以怀柔区为主，拓展到密云区部分地区。2009年6月，中国科学院与北京市人民政府签署《共建中国科学院北京怀柔科教产业园合作协议》，将怀柔科教产业园区上升到院市合作的层面，为怀柔建设科学城打下了基础；2011年，中国科学院与北京市签署院市共建北京综合研究中心协议，为在怀柔建设依托大科学装置的综合性研究中心迈出了第一步；2016年9月，国务院印发《北京加强全国科技创新中心建设总体方案》，提出要"统筹规划建设中关村科学城、怀柔科学城和未来科技城"；2016年11月，北京市人民政府办公厅印发《怀柔科学城建设发展规划（2016—2020年）》，正式提出怀柔科学城的建设思路。怀柔科学城以打造世界级原始创新承载区为战略定位，聚焦战略性、前瞻性基础研究，聚焦关键共性技术、前沿引领技术、颠覆性技术创新，强化基础研究、应用研究与产业化的衔接，实现引领性原创成果重大突破，成为国际科技创新中心的核心支撑。怀柔科学城的发展目标是到2025年，怀柔科学城城市框架基本形成，北京怀柔综合性国家科学中心影响力显著提升，成为国际科技创新中心建设的重要支撑；到2035年，基本建成国际知名的科学城和国家科学中心，成为北京建设国际科技创新中心和我国跻身创新型国家前列的重要支撑；到2050年，全面建成世界一流的科学城和国家科学中心，成为我国建成世界科技强国的核心支撑。[1]

作为综合性国家科学中心所在地，怀柔科学城在北京国际科技创新中心的建设中将重点放在布局建设重大科技基础设施和前沿科技交叉研究平台上。目前，怀柔科学城围绕物质、生命、空间、地球系统、信息和智能五大科学方向，已经布局建设了37个科技设施平台，包括6个大装置、17个科教基础设施、14个交叉研究平台，是全国重大科技基础设施密度最强的地区之一。[2]这些重大科技基础设施为我国探索未知世界、发现自然规律、实现技术变革提供了研究手段，是我国突破科学前沿、解决经济社会发展和国家安全重大科技问题的物质技术基础。例如，高能同步辐射光源作为中国科学院和北京市共建怀柔科学城的核心装置，建成后将成为世界上发射度最低、亮度最高的第四代同步辐射光源之一，最"亮"的光将帮助人类更细致地观察微观物质的细节，为国家解决在资源、能源、环境、人口和健康等诸多领域面临的挑战奠定科学基础。

在布局建设的同时，怀柔科学城坚持边运行边产出，提高这些设施平台的使用效率。首批对外开放的7个科技设施平台累计服务用户330余家，其中

---

[1]《怀柔科学城规划布局》，据国际科技创新中心网站：https://www.ncsti.gov.cn/kjdt/scyq/hrkxc/index.html#page2。

[2]《怀柔科学城已布局37个科技设施平台项目，取得了这些进展》，据新京报网站：https://baijiahao.baidu.com/s?id=1811595233838047694&wfr=spider&for=pc。

企业用户70余家，国际用户20余家，累计对外开放机时超过90万小时，支持研究课题1000余项，攻克关键核心技术125项，产出重大科技成果200余项。①设施平台高效运行开放，构建起协同开放的创新生态。另外，怀柔科学城还建立了重大科技基础设施与国家实验室、新型研发机构、高新技术企业等的对接服务资源共享机制，建立科技信息公共服务平台，发布科研成果、技术指标、运行计划、共享机时等信息，最大限度实现科学数据共享，提高科技资源的利用效率和共享水平。

3.未来科学城

未来科学城的前身是建于2009年的未来科技城，未来科技城最初的定位是中央企业的创新基地和一流人才集聚地；2017年3月，北京市委、市政府明确将其更名为未来科学城。未来科学城位于昌平区南部平原地区，其主体承载区是"东西两区"，其中东区主要布局建设先进能源产业，打造能源产业发展战略支撑点，建设具有国际影响力的"能源谷"；西区重点布局医药健康产业，打造全市医药健康产业发展"核爆点"，建设具有全球领先水平的"生命谷"。另外，未来科学城还建设了沙河高教园，汇聚了包括北京航空航天大学、北京师范大学、北京邮电大学等在内的多所高校，集聚了一批优质的教育资源。能源谷、生命谷和沙河高教园一起组成的"两谷一园"，构成了未来科学城的创新布局。

能源谷集聚了能源领域的众多企业，如石油行业的中国石油化工集团有限公司、中国石油天然气集团有限公司、中国海洋石油集团有限公司，电力行业的国家电力投资集团有限公司、中国华电集团有限公司、国家能源投资集团有限责任公司、中国华能集团有限公司、中国大唐集团有限公司、国家电网有限公司、中国南方电网有限责任公司等；华北电力大学、中国石油大

---

① 《怀柔科学城已布局37个科技设施平台项目，取得了这些进展》，据新京报网站：https://baijiahao.baidu.com/s?id=1811595233838047694&wfr=spider&for=pc。

学、清华大学核能与新能源技术研究院等能源类高校也先后入驻能源谷，这些企业和高校的入驻使未来科学城成为全国能源类创新要素最集中的区域，同时能源谷鼓励入驻企业和高校依托各自的优势组建创新联合体、协同创新平台、校企联合开放实验室、大中小融通发展平台，如由中国华能集团有限公司、东方电气集团有限公司、全球能源互联网研究院、华北电力大学等23家龙头企业、科研院所和高校组成的海上风电产业技术创新联合体，在我国海上风电资源评估、风电机组、柔性输电、场群控制、智能运维、能源岛开发等技术方面进行联合攻关。能源谷积极践行"双碳"目标，集中汇聚了化石能源清洁高效利用、风电光伏、能源互联网、氢能、储能、固碳六个方面的能源科技与产业方向，持续在能源领域创新和产业发展方面发力。能源谷还连续6年举办全球能源转型大会，吸引众多国内外能源领域的专家学者，共同探讨能源领域的未来发展。能源谷现在已经成为全国能源领域新质生产力的先发实践地，助推未来科学城成为能源领域的创新基地和人才集聚地。

生命谷以中关村生命园为中心，由内到外打造了包括生命谷研发核心圈层、生命谷产业示范圈层、医疗器械片区和生命谷成果转化圈层在内的生命谷创新走廊。目前，生命谷落地了一批国际知名的科研机构，如北京生命科学研究所、北京脑科学与类脑研究中心、国家蛋白质科学中心、生物芯片北京国家工程中心等；吸引了新药研制、医疗器械、精准医疗服务等众多细分领域的优势企业入驻，如在新药研发领域占据市场主导地位的百济神州、诺诚健华、诺和诺德等重点企业，在创新医疗器械领域比较知名的博奥生物、万泰生物、迈瑞医疗等企业，在基因和细胞治疗前沿领域具有爆发潜力的合生基因、博雅辑因、华夏英泰等初创型企业；还布局了北京大学国际医院、北京大学第六医院、昌博国际研究型医院、北京霍普甲状腺医院、北京大学康复医院等，总床位超过3000个的医疗资源，基本上形成了从基础研究到研发中试、生产流通和终端医疗的全产业链发展格局。

沙河高教园作为北京的两个大学园区之一，积极推进高校院系学科整建制迁入，汇聚北京优质的高校资源，目前沙河高教园区及周边昌平区域范围内已经集聚了北京航空航天大学、北京师范大学、北京邮电大学等15家高校，拥有一级学科34个，其中5个是一流学科，拥有6个国家级重点实验室和22个省部级重点实验室，成为未来科学城的基础研究重镇和人才培养高地。①在引进高校的基础上，沙河高教园成立了高校联盟，瞄准科技前沿和关键领域，推动高校发挥各自的学科优势，在课程设置、科研创新、人才培养、硬件设施等方面开展合作，促进学科交叉融合和人才交叉培养，推动校际共建共享。沙河高教园还依托入驻高校布局建设了若干高校科技产业集聚区，如国际能源电力创新中心、未来大学科技园起步区空天产业园、国家清洁能源与安全应急科技产业园、路庄创业中心、奇点中心等。其中已经建成的国际能源电力创新中心以数字化能源电力为主导产业，集聚人工智能、大数据、物联网等领域的前沿技术企业，在能源电力领域开展合作，园区建立的绿色低碳新型电力系统中小企业创新发展示范平台打通了资本、资源、智库、政策等众多创新要素，形成了能源电力领域的技术创新策源地和高质量科技产业创新区。沙河高教园积极推动校企合作，促进科技成果转化落地，建设具有国际影响力的、充满活力的科教及产业融合新城。

4.国家实验室

国家实验室是科学与工程研究类的国家科技创新基地，是体现国家意志、实现国家使命、代表国家水平的战略科技力量，是面向国际科技竞争的创新基础平台，是保障国家安全的核心支撑，是集突破型、引领型、平台型一体化的大型综合性研究基地。我国积极布局建设国家实验室，在北京三大科学城布局建设了中关村实验室、怀柔实验室和昌平实验室三个国家实验

---

① 《未来科学城沙河高教园》，据国际科技创新中心网站：https://www.ncsti.gov.cn/kjdt/scyq/wlkxc/index.html#page3。

室，这三个国家实验室成为北京国际科技创新中心的重要组成部分。

中关村实验室由中国科学院和科技部创建，位于中关村科学城北区，聚焦国家网络信息领域的重大目标使命，开展战略性、前瞻性、基础性重大科学问题和关键核心技术研究，重点承担国家重大科研任务，完成一些其他科研机构难以完成的目标，开展一些长周期的科研任务。中关村实验室在科研方面取得了一些显著成果，如完成了源地址验证体系结构SAVA技术等一些互联网核心技术的研发与应用；获得了国内外多项发明专利；积极参与国际标准制定工作，提升我国在互联网核心技术领域的国际话语权。中关村实验室还积极培育高端创新人才，承接卓越工程师培养计划，聚焦于解决国家和企业急需解决的问题，推动网络信息领域的科技创新与产学研融通。中关村实验室通过参与国际会议和开展国际合作项目等方式加强与国际社会的交流，拓宽国际视野，提升国际影响力。

怀柔实验室于2022年在北京市正式成立，是我国在能源领域建设的一个国家实验室，为面向清洁、低碳、安全、高效能源体系的构建和"双碳"目标的实现，开展战略性、前瞻性、基础性的科学技术研究。为确保科研工作顺利开展，怀柔实验室立足我国能源分布情况，聚焦能源科技发展方向，设立了山西基地、新疆基地、基础研究中心、智慧能源研究中心、新型电力系统研究中心、可再生能源研究中心和清洁能源研究中心等研究机构，开展能源细分领域内的研究。怀柔实验室积极开展能源领域的学术活动，如"雁栖能源论坛""杨雁谈芯"系列沙龙等，为科研人员提供学习分享、交流提升的机会；还积极开展国内国际合作，如与国家能源集团就燃煤发电示范项目开展合作，赴牛津大学、剑桥大学、伦敦大学等英国高校开展系列青年学者交流恳谈会，提升实验室的能源科技创新能力。怀柔实验室目前已获得多项荣誉：在2024年6月24日举办的全国科技大会、国家科学技术奖励大会、两院院士大会上，由怀柔实验室科研人员主持完成的3项科研成果获国家级奖项，其中"海上风电安全高效开发成套技术和装备及产业化"获2023年度国家科学技术进步奖一等奖，"柔性直流换流器关键技术及应用"项目和"高压大容量直流开断半导体器件、关键技术与系列化直流断路器"项目获2023年度国家技术发明奖二等奖。

昌平实验室成立于2020年10月，核心办公区位于北京市中关村生命科学园，是国家创建的以生命科学为核心的新型科研机构。昌平实验室作为国家战略科技力量的组成部分，以技术驱动为优势，联合高校和企业力量，不断突破底层关键核心技术，解决重大共性源头问题，致力于打造世界一流生命科学创新高地，取得了多项标志性成果，如由北京大学、科兴中维、中国食品药品检定研究院合作，首创了高通量深度突变扫描技术，建立了高通量抗体筛选与表征平台，从而发现奥密克戎对中和抗体的免疫逃逸机制，领衔科学家曹云龙为此入选《自然》杂志2022年度科学影响"十大人物"；由华为、北京大学和深圳湾实验室合作构建的世界范围内规模最大、参考数据集最新、覆盖度最广的开源蛋白质多序列对比数据集，对解决蛋白质研究中所面临的高变异序列和孤儿序列等问题具有巨大的潜在价值。

（二）创新型产业集群示范区打造北京科技成果转化高地

北京经济技术开发区和顺义区作为承接三大科学城科技成果转化的重要阵地，努力打造以企业为主体、市场为导向、产学研相结合的科技成果转化体系，打造创新型产业集群示范区和科技成果转化示范区。

1.北京经济技术开发区

北京经济技术开发区即"北京亦庄"，是北京市唯一一个国家级经济技术开发区。亦庄新城依托区域内各地的先天条件，结合不同产业对土地、人才、能源等生产要素的需求及发展趋势，构建了生命健康产业区、电子信息产业区、高端汽车产业区、智能制造产业区四大产业功能区，每个主导产业明确一个聚集区，形成了特色产业集群示范区。

以四大主导产业为主，经开区不断吸引科技企业入驻，目前已经拥有独角兽企业14家、隐形冠军企业6家、专精特新中小企业769家、专精特新"小巨人"企业108家、单项冠军企业9家、高新技术企业2131家，汇聚了来自62个国家和地区的1200余家外资企业，102家世界500强企业在北京经开区投资了157个项目。[①]

在科技成果转化方面，经开区按照创新链共性研发需求整合各类科技资源，提供实验仪器共享、实验室共享、技术服务供应等服务，同时还设立了一批创新中心、中试基地、公共技术服务中心和企业研发中心，加速科技成果落地转化。

2.顺义区

顺义区加强产业集聚和连片发展，打造"三区五组团"的总体功能空间布局，进一步强化承载能力和辐射带动能力。核心区由中关村顺义园临空国际产业园、赵全营工业区、板桥综合服务区、张喜庄综合服务区等组成，致力于打造创新产业集群集聚发展的新型生态园区；提升区由中关村顺义园林河工业区、中航产业园、地理信息产业园，以及南法信镇、仁和镇、南彩镇等产业基地及相关综合服务区组成，致力于打造升级版示范区；拓展区由北小营、杨镇产业基地及相关综合服务区组成，以白马路和潮白河生态带为联络线，通过产业集聚带动河东地区城市化进程，实现顺义河东河西均衡协同发展；五组团指赵全营组团、北小营组团、高丽营组团、仁和—南法信—南彩组团和杨镇组团，分别布局发展不同的产业，涉及新能源智能汽车整车产业、智能网联汽车、第三代半导体产业、新能源汽车及关键零部件产业、新能源智能汽车、航空航天、新一代信息技术、医疗健康、智能装备和科技服务等产业。

通过"三区五组团"的布局，顺义区打造了新能源智能汽车、第三代半导体、航空航天三大创新型产业集群和新一代信息技术、医药健康、智能

---

① 《北京经济技术开发区》，据国际科技创新中心网站：https://www.ncsti.gov.cn/kjdt/scyq/bjjjjskfq/index.html。

装备三大战略性新兴产业，同时大力发展智能制造产业。在成果转化方面，顺义区通过引进实验室和创新型企业、开展重大项目建设等，打通科技成果"孕育、孵化、转化、产业化"的全链条，目前已经拥有国家重点实验室1家、国家技术创新中心1家、国家高新技术企业1776家、科技研发机构42家、北京市科技企业孵化器3家、北京市企业技术中心48家、高精尖企业设计中心8家、获得全国质量标杆称号的企业4家。[①]

（三）对内对外科技交流提升北京科技创新中心影响力

1. 整合创新资源，带动京津冀协同创新

科技创新具有区域集聚规律，科技创新越深入，越能体现出区域协同的重要性。2014年11月，习近平总书记就指出京津冀协同发展要靠创新驱动，要形成京津冀协同创新共同体，建立健全区域创新体系，整合创新资源，以弥补发展差距、贯通产业链条、重组区域资源。自2015年开始，设立京津冀协同创新推动专项、京津冀基础研究合作专项和对接国家2030年京津冀环境综合治理重大工程专项。2020年，北京协同创新研究院获科技部批准组建京津冀国家技术创新中心，这是我国第一个综合类国家技术创新中心，也是习近平总书记在京津冀地区亲自推动重点打造的国家战略科技力量。

京津冀国家技术创新中心以"技术创新—成果转化—产业创新"的思路打造了京津冀协同创新的平台载体，技术创新平台设立了5个专业研究所、1个地方研究院所、1个颠覆性技术创新中心和2个共建研究所；成果转化平台包括2个成果转化中心和5个创业中心；产业创新平台包括1个产业创新中心和9个企业研究中心。以这些平台为载体，京津冀布局了一大批前沿实验室、技术实验室和工程实验室，汇聚了一大批科研人员，取得了一大批科研成果。

京津冀三地坚持以科技协同创新推动区域一体化发展，积极整合各地

---

① 《北京创新产业集群示范区（顺义）》，据国际科技创新中心网站：https://www.ncsti.gov.cn/kjdt/scyq/bjcxcyjqsfqsy/index.html。

的创新资源，建立了统一的技术交易市场，实现科技要素的互联互通。在2024年中关村论坛年会现场举办的京津冀技术交易成果对接会，通过现场发布的方式将大兴国际机场临空经济区、雄安新区主题楼宇、京津中关村科技城、沧州高新区等的合作需求——发布，拓宽了京津冀三地技术供需双方的交流渠道，助力京津冀技术交易的对接；在成果路演环节，来自京津冀三地的创新主体围绕技术创新多维度展示前沿技术成果和创新应用，涉及生命科学、医药健康、智能制造等多个领域。成果对接会为京津冀三地的创新主体提供了交流的平台，为京津冀协同创新和技术成果交易注入了活力。

2.构建开放创新生态，主动融入全球创新网络

北京在建设国际科技创新中心的过程中，坚持面向世界科技前沿，以全球视野推动科技创新，坚持"请进来"和"走出去"相结合，加快集聚国际高端创新资源，构建面向全球的技术转移网络，打造全球开放创新高地。

在"请进来"方面，北京持续加大力度吸引国际科技组织等优质创新资源落户北京，如在朝阳区设立了全国首个国际科技组织集聚区，首批入驻的国际科技组织有国际动物学会、国际数字地球学会、国际氢能燃料电池协会、国际智能制造联盟等。北京还努力吸引知名跨国公司在京设立联合科技中心或开放创新平台，如在生物医药领域，目前已有礼来、辉瑞、拜耳等8家知名外资医药企业在京新设研发或创新项目，并获得北京市针对企业的"服务包"政策支持。除此之外，北京还面向全球引进世界顶尖科技人才和团队，引进国际优秀创新创业服务机构，并在亦庄和昌平等地建立了多个海外人才离岸创新创业基地，举办海外人才创新创业大赛，为海外人才在北京开展创新创业活动提供便利。

在"走出去"方面，北京在研发合作、技术标准、知识产权、跨国并购等方面为企业提供便利服务，支持企业建立国际化的创新网络。在此背景下，中关村发展集团以2015年在美国硅谷设立第一家海外子公司中关村（北美)控股公司和第一家海外创新中心中关村硅谷创新中心为起点,先后在全球创新资源高地设立了多个海外创新中心、企业服务处等不同形式的海外分支机构,建设起链接全球创新网络的中关村节点。北京还支持企业通过对外投资、技术转让等方式进行对外技术转移,支持拥有自主知识产权的企业拓展国际市场,参与国际竞争,扩大品牌国际影响力。

另外,北京还打造了面向全球科技创新交流合作的国家级平台——中关村论坛。中关村论坛以"创新与发展"为永久主题,集科技交流和创新成果展示、发布、交易于一体,是北京开展国际化科技创新交流合作的重要平台和建设国际科技创新中心的重要窗口。自2007年开始,中关村论坛每年围绕不同的主题,邀请全球顶尖科学家、领军企业家、新锐创业者等共同参与,在论坛会议、技术交易、成果发布、前沿大赛等多个板块,有侧重地开展科技创新活动。在论坛会议板块,来自全球的知名专家学者、企业家和投资人、国际组织及顶级学术机构代表,以线上线下相结合的方式进行交流,碰撞思想观点,共商合作创新。在技术交易板块,举办中关村国际技术交易大会,打造集高端前沿科技成果发布推介、供需对接、交流洽谈和宣传展示等为一体的国际技术交易综合服务平台,将北京打造为面向全球的科技成果转化和技术交易高地。在成果发布板块,凝聚全球科技界、产业界的创新合作共识,发布具有引领性的创新成果,以及重要的科技政策、研究报告、科研指数等。在前沿大赛板块,举办中关村国际前沿科技大赛,密切跟踪前沿科技发展趋势,按照"全球邀约、自由探索、公开路演"的方式,遴选拥有国际领先前沿技术的企业和团队,打造高水平前沿科技展示交流平台,构建更加有利于前沿科技发展的创新生态。大赛自2017年启动以来,吸引了海内外10000多个前沿科技项目报名参加,600多个优秀初创企业和创业团队脱颖而出,累计带动社会融资1500亿元,为219家优质前沿技术企业提供8亿多元政府资助,并精准提供投融资、空间落地、场景需求对接、创业辅导等系列配套服务。目前,已有15家企业在境内外资本市场上市,61家企业成长为全球独角兽企业，79家企业成长为潜在独角兽企业。[1]

2024年12月31日，北京市科学技术委员会、中关村科技园区管理委员会等8个部门联合印发了《北京市科技创新国际化提升行动计划（2024—2027年）》，提出将通过国际科技合作网络拓展行动、国际科技合作载体提质行动、国际科技合作平台建设行动、创新主体国际合作提升行动、开放创新生态卓越行动、国际科技交流合作促进行动六大行动来提高北京科技创新的国际化水平，助力北京国际科技创新中心的建设。这一举措系统谋划了北京科技创新国际化的工作路径，通过统筹有效市场和有为政府的关系，发挥北京高校院所、国际科技组织、科创园区、创新平台和载体等的作用，深化国际科技交流与合作，将有力推动北京国际科技创新中心的建设。

二、上海国际科技创新中心

上海是我国经济发展最活跃、开放程度最高、创新能力最强的城市之一，是我国最大的国际经济中心，也是全国最早提出建设国际科技创新中心的城市。2014年5月，习近平总书记在上海调研考察期间，就对上海提出"加快向具有全球影响力的科技创新中心进军"的要求。2016年4月，国务院发布《上海系统推进全面创新改革试验 加快建设具有全球影响力的科技创新中心方案》，提出上海最终要全面建成具有全球影响力的科技创新中心，成为与我国经济科技实力和综合国力相匹配的全球创新城市。[2]2020年10月，党的十九届五中全会明确提出，支持北京、上海、粤港澳大湾区形成国际科技创新中心，上海建设国际科技创新中心的步伐进一步加快。

经过十年的发展，上海的创新资源集聚力、科技成果影响力、新兴产业引领力、创新环境吸引力、区域辐射带动力全面增强，国际科技创新中心的

---

[1]《中关村论坛介绍》，据中关村论坛网站：http://www.zgcforum.com.cn/。
[2]科技部编著《深入学习习近平关于科技创新的重要论述》，人民出版社，2023，第344页。

建设成果显著,在2024年全球科技创新中心100强榜单中排名第十;在2024年国际科技创新中心指数综合排名中位列第七,较2023年上升三位。

上海建设国际科技创新中心的主要思路是打造科学研究、产业创新发展、开放合作创新、体制机制改革"四个高地"。

(一)"三个张江"打造科学研究高地

"三个张江"是上海国际科技创新中心建设的主阵地和主战场,指的是张江国家自主创新示范区、张江综合性国家科学中心和张江科学城。

张江国家自主创新示范区是在张江高新技术产业开发区基础上建立起来的,于2011年获国务院批复同意设立,致力于开展自主创新体制机制改革、人才特区建设、股权激励和成果转化、科技与金融结合等多项试点工作,在推进自主创新和高技术产业发展方面先行先试,引领上海的科技创新走上一个新的阶段。目前,张江国家自主创新示范区以推动自主创新为核心,大力培育新兴产业,不断创新体制机制,营造创新生态,已经形成了"1区22园"的发展格局,成为上海建设国际科技创新中心的核心载体和重要引擎。

张江综合性国家科学中心成立于2016年,是我国第一个获批建设的综合性国家科学中心,致力于以上海张江地区为核心承载区,建设一批代表世界先进水平的重大科技基础设施,汇聚一批世界一流的科学家,突破一批重大科学难题和前沿领域研究瓶颈,提升我国在交叉前沿领域的源头创新能力和科技综合实力,增强我国在国际科技竞争中的话语权。张江综合性国家科学中心是上海打造国际科技创新中心的内核支撑,是上海提高基础研究水平、强化创新策源功能、攻克关键核心技术的重要平台。

张江科学城于2017年获上海市人民政府批复同意设立,其前身是始建于1992年的张江高科技园区。张江科学城位于上海市中心城东南部,建设规划总面积约95平方公里,空间布局呈"一心、两核、多圈、多廊"态势。"一心"指张江城市副中心,致力于打造科技创新特色,布局高等级公共服务设施，打造国际化、高品质、活力开放的科创型城市副中心；"两核"指张江科学城南北"一主一副"两个科技创新核，北部科技创新核聚焦国家实验室、未来科学中心等建设，南部科技创新核则聚焦国际医学园区发展，共同提升张江科学城的原始创新策源能力；"多圈"指的是结合地铁站和产业节点等布局建设的产业组团和生活组团，建设一批高端产业基地和产业社区；"多廊"指的是依托川杨河、北横河、咸塘港、浦东运河等城市生态廊道，纳入北蔡楔形绿地、黄楼生态湿地，形成"三横三纵、蓝绿交织"的生态空间格局。在上海国际科技创新中心的建设中，张江科学城的定位是成为科学规律的第一发现者、技术发明的第一创造者、创新产业的第一开拓者和创新理念的第一实践者，以"政产学研金服用"系统集成创新为导向，以提升创新策源能力为主线，以科技和人文融合发展为特色，以突破关键核心技术和培育高端产业为主攻方向，打造成为集科技创新策源地、高端产业增长极、创新生态共同体、国际都市示范区于一体的国际一流科学城。

"三个张江"可以简单概括为"一心一城多园"："一心"指张江综合性国家科学中心，是上海建设国际科技创新中心的关键举措和核心任务，是上海强化科技创新策源功能最重要的抓手；"一城"指张江科学城，是张江综合性国家科学中心的核心承载区，也是张江国家自主创新示范区的核心园；"多园"则指张江国家自主创新示范区的22个分园，包括嘉定园、临港园、闵行园、漕河泾园、松江园、徐汇园等，分布在全市各区，都是上海市科技创新资源的主要集聚地和上海国际科技创新中心的重要承载区。

上海在建设国际科技创新中心的过程中，充分发挥"三个张江"的叠加优势，在张江地区布局建设一大批重大科技基础设施和重大创新平台，支持以高校和科研院所为主导的基础研究工作，强化创新策源功能，同时发挥高校人才优势，大力支持以高校为载体的创新创业活动，将上海打造成为科学研究高地。

1. 建设一批重大科技基础设施和重大创新平台

上海瞄准世界科技前沿，以张江综合性国家科学中心为依托，建设一批重大科技基础设施和重大创新平台，引进一批国际知名科学家，实现关键领域核心技术的突破。如布局建设了上海光源、硬X射线自由电子激光装置等重大科技基础设施，从而在张江形成了全球规模最大、种类最全和综合能力最强的光子领域重大科技基础设施集群，产出了一批国际领先的原创成果；在著名物理学家李政道的呼吁下，依托上海交通大学布局建设的李政道研究所，聚焦物理学、天文学等领域的前沿科学研究，致力于推动物理学、天文学及其交叉学科研究领域的重大发展，努力成为世界级顶级研究所，成立之初就引进2004年诺贝尔物理学奖得主弗兰克·维尔切克担任所长，目前已经汇聚了天文与天体物理研究、凝聚态物理研究、粒子与核物理研究等领域的一批国内外著名科学家，在量子物理等领域取得了多项具有突破性的研究成果；再如由图灵奖得主、中国科学院院士姚期智先生牵头组建的上海期智研究院致力于突破人工智能领域的基础研究，引领世界人工智能交叉发展，目前已经汇聚了众多由国内外顶尖学者组成的科研团队，围绕人工智能、现代密码学、量子计算与量子人工智能、高性能计算等领域，设立了30多项研究课题。

2. 支持以高校和科研院所为主导的基础研究工作

从2021年开始，上海率先在全国设立"基础研究特区"，先后在复旦大学、上海交通大学、中国科学院上海分院、同济大学、华东师范大学和华东理工大学6家高校和科研院所试点，给予试点单位每年1000万元至2000万元的科研经费，并规定以5年为一个周期进行支持，保证投入的长期性和稳定性，同时赋予"特区"内试点单位充分的自主权，在选题、科研组织和经费使用等方面自主探索，允许出错、包容失败，致力于在交叉前沿领域培养一批勇于探索的青年科学家。

目前，第一批的复旦大学、上海交通大学和中国科学院上海分院3个

"基础研究特区"聚焦世界科技前沿和国家发展重大需求,基于各自的优势学科,遴选资助了一批项目,并取得了众多科研成果。其中复旦大学目前已资助37个项目,比较重大的成果有刘春森团队发表于国际顶刊《自然·电子学》的关于高性能纤维电池及电池织物的研究成果;上海交通大学遴选出26名科学家进入"基础研究特区",如董佳家教授团队发现了药物候选化合物快速发现方法,发表于《美国科学院院报》;中国科学院分子细胞科学卓越创新中心研究员周斌将历时十年的研究成果《细胞世界也有"孟母三迁"》发表在《科学》杂志。

第二批的三所高校也各自依托优势学科聚焦不同的领域开展了工作。同济大学在"智能+"和基础学科、特色学科融合方面发力,支持有潜力的青年教师专心科研,突破重大科学问题;华东师范大学面向校国家实验室和"双一流"学科试点"特区计划",鼓励科研人员跳出"跟随型研究",开展"引领型研究";华东理工大学主要聚焦"碳中和"这一国家方向,开展有组织的基础研究,探索全链条创新,项目涉及高值低碳化工过程、新型电池与化学储能等领域。

3.高水平助力创新创业

上海发挥张江国家自主创新示范区的体制机制优势,大力支持以高校为主的创新创业活动,培育新兴产业,营造创新生态,在这方面比较有代表性的是上海交通大学和上海科技大学。

上海交通大学是一所有着浓厚创新创业基因的学校,从1999年起就持续推进创新创业教育,探索研究型大学创新创业教育模式;2002年被列为全国首批创新创业教育试点高校之一;2005年成为上海市大学生科技创业基金首批受理点;2008年创新与创业大讲堂成为教育部创业教育类人才培养模式创新实验区;2009年成为上海首批创业教育试点高校;2010年在全国重点高校中率先成立创业学院;2016年入选全国首批双创示范基地、全国首批深化创新创业教育改革示范高校;2017年入选上海市就业创业示范基地。上海交通大学为促进创新创业而专门成立的创业学院，集聚学校、政府、企业、风投机构、创业基金等各种创业资源，面向全校开展创新创业教育，坚持理论与实践相结合，探索"教学—实践—孵化"全链条的创新创业人才培养模式，帮助学生形成创新思维和创业意识，提升创业能力。目前，上海交通大学创业学院已累计培养了各类有意愿创业的学生两万多人，推动创立了包括依图科技、商汤科技、柏楚电子等在内的一批高成长型企业，使得一大批高水平科技成果从学校实验室走向国民经济主战场。

上海科技大学成立于2013年，由中国科学院与上海市人民政府共同举办。作为张江综合性国家科学中心的重要组成部分，上海科技大学发挥体制机制优势，成立了专门的技术转移办公室来推进科技成果转化试点工作，实现了科技成果转化的全过程、全周期、全生态闭环经营，助力科技成果高效落地。上海科技大学坚持创业实践教育和成果转化并举的技术转移运营模式，开设了创业教育课程如创业早期课堂等，对有志于创业的老师和学生开展创业启蒙教育，帮助其开拓思维，提高其对创业的认知水平；开展一系列有关创业的讲座沙龙、项目路演、融资活动等，邀请企业家、银行高管、专利律师等分享创业经历；定期举办双创大赛和双创大会，营造浓厚的创业氛围，其中双创大会成立了专门的科技成果转化融资的公益性市场化平台，以创业实践活动带动高水平科技创新，通过二者结合，让更多科研成果落地转化。上海科技大学还成立了上科大孵化器，将技术、市场、资本等资源有效连接起来，提高科技成果转化的效率。

为了将基础研究的成果尽快转化，上海于2023年印发《上海市高质量孵化器培育实施方案》，提出要培育建设一批专业化、品牌化和国际化的高质量孵化器，同时鼓励创投基金投早、投小、投硬科技，吸引更多全球范围内的科技创新企业落户上海。

（二）聚焦重点领域打造产业创新发展高地

上海在建设国际科技创新中心的过程中，以国家战略为引领，聚焦集成电路、生物医药和人工智能三大重点领域,加大科技攻关力度,突破一批关键核心技术,提供高水平科技创新供给,推动产业链和创新链的融合,致力于打造具有国际竞争力的三大产业创新高地。

1.集成电路产业

集成电路是上海的三大先导产业之一。作为我国集成电路领域产业链最完整、技术水平最高和综合竞争力最强的地区之一,上海集聚了行业内超过1200家的重点企业,包括中芯国际、华虹半导体、韦尔股份等一批行业顶尖企业,汇聚了全国40%的产业人才和50%的行业创新资源,已经成为我国集成电路领域的"领头羊"。

上海多措并举加大对集成电路产业的培育和发展。在资金支持方面,上海成立集成电路产业发展专项资金、集成电路产业投资基金和集成电路产业母基金,通过市场化运营和专业化管理,对集成电路的全产业链进行投资,助力集成电路产业的发展。在研发支持方面,鼓励企业进行自主创新,主动承担国家级和市级的科技重大专项,支持企业设立实验室、研发中心、技术创新中心等,并面向全球发布技术研发需求,如行业顶尖企业中芯国际于2023年在硅谷建立了研发中心,扩大了其在国际市场的布局,更好地融入全球半导体产业链,同时也为中国芯片企业开展对外技术交流提供了一个开放创新的平台。在行业领军企业培育方面,上海建立了专门的企业培育库,培育集成电路行业的龙头企业,从而引领行业发展。在搭建产业载体方面,上海依托张江科学城和临港新片区构建集成电路产业链集群,目前已经形成了"一体两翼"的集成电路产业空间布局和"张江研发+上海制造"的协同发展格局。在搭建公共服务平台方面,上海设立了上海市集成电路技术与产业促进中心,为行业内的企业提供集成电路设计专业技术服务、上海射频识别专业技术服务、检测实验室服务和信息技术领域项目管理服务,助力企业技术创新,推动产学研合作,目前已经为许多企业和高校院所的项目提供了服务。在人才培养方面,上海在上海电力大学、上海应用技术大学和上海师范大学天华学院等高校开设集成电路学科,加强人才培养;还启动了上海集成电路紧缺人才培训项目,面向全国高校高年级非科班学生和社会从业者招生,由上海市高校和科研院所集成电路领域的顶尖学者授课,以产教融合方式打造政府、企业和高校深度协同的行业人才培养模式;成立上海市集成电路技能人才培养联盟,推进集成电路行业的教育、科技和人才一体化发展,促进产业链、创新链和人才链的深度融合,培养高素质高技能人才。

2.生物医药产业

生物医药产业也是上海市的三大先导产业之一,目前已经集聚了罗氏集团、辉瑞公司和诺华集团等一大批跨国企业,培育了君实生物、微创医疗等一批本土创新企业。在生物医药产业领域,上海推进"研发+临床+制造+应用"的全产业链体系化发展,打造"产学研医金"(即产业、学术、研究、医疗、金融)协同发展新生态,致力于打造世界级的生物医药产业创新高地。

在研发环节,上海加大对创新药械研发的支持,鼓励企业研发新型医疗设备,如高端医疗装备企业联影集团自主研发了世界首款2米PET-CT分子影像设备,比传统设备的灵敏度提高了近40倍,为癌症精准诊疗、新药开发等多个医疗领域的进一步探索提供了可能;上海还支持外资企业在沪设立研发中心,目前国际排名前20的药械企业中,90%的企业都在上海设立了中国区总部或研发生产总部。在临床环节,上海支持研究型医院建设,如布局建设了上海临床研究中心,由上海科技大学管理,充分发挥上海科大在基础研究和技术转化方面的优势,致力于打通医学科技及生物医药"基础研究—转化研究—临床医学研究—形成产品"的创新之路。在审评审批环节,上海努力争取国家支持,缩短药品补充申请审评时限和药物临床试验申请审评审批时限;对重点研发的药品和医疗器械等提供注册审评跨前指导服务。在产品应用推广环节,上海支持医院采购创新产品,通过实行医保预算单列等方式加大对创新产品的医保支付支持力度。上海还成立了上海市医保大数据创新实验室，推进医保商保数据资源的合作共享，用保险业赋能生物医药产业的发展。

3.人工智能产业

从2017年发布《关于本市推动新一代人工智能发展的实施意见》，到2018年举办首届世界人工智能大会，再到2024年第七届世界人工智能大会的举办，上海已经实现了从底层芯片到核心算法、从软件模型到智能终端、从基础研究到创新应用的全产业链布局，成为全国"人工智能第一城"。

由于人工智能的核心是算法，上海市印发了《上海新一代人工智能算法创新行动计划（2021—2023年）》，针对算法开展了具体的行动。2023年，上海成立了上海国际算法创新基地，聚焦人工智能领域的基础研究和底层算法实现突破，并推动算法技术在集成电路、生物医药、智能制造等领域的应用。另外，上海还重点构建算法创新平台体系，其中重点建设的上海人工智能实验室聚焦于开展战略性、前瞻性和原创性的技术研究，突破人工智能领域的重要基础理论和关键核心技术，努力建成世界一流的国际人工智能大型综合研究平台，助力我国人工智能产业的发展。在人才发展方面，上海通过实施加大人才引进力度、加快人才培养体系建设等一系列举措，打造以首席算法师为核心的算法人才队伍，实现算法人才的集聚。在算力基础设施建设方面，上海建设了上海市人工智能公共算力服务平台，为中小微企业和科研机构提供算力服务，推动"算网融合"发展；还成立了上海数据交易所，面向全球开展大数据综合交易，推进公共数据开放共享，成为全球数据要素配置的重要枢纽。

在强化算法和数据双轮驱动的基础上，上海还引进国内外知名的人工智能龙头企业如科大讯飞、酷外科技、第四范式等，积极培育创新型企业，发挥企业集聚效应，增强企业创新的主体地位，巩固产业链基础优势，发展基础硬件、关键软件、智能产品等人工智能核心产业，带动产链上下游协同发展,持续增强行业核心动能。上海还加强人工智能的场景应用,将人工智能技术融入经济领域的各行各业,如农业领域,上海第一个盒马村上海崇明翠冠梨数字农业基地,通过各类无人机和果园机器人的使用,农民实现了远程作业;在制造业领域,人工智能赋能自动驾驶行业的企业纵目科技研发出自动泊车辅助系统,为用户停车提供便捷体验;服务业领域,傅利叶智能研发的人形机器人已经可以在银行大堂完成简单对话沟通和取号等工作。

以三大产业为先导,上海市构建了"3+8+X"的产业体系。① 以"3+8+X"产业体系为支撑,上海市坚持将企业作为科技创新的主体,持续面向企业优化创新资源的配置,如支持企业设立实验室、研发中心和技术创新中心,鼓励企业组织重大原创性技术攻关;支持优势企业与科研机构合作,构建协同创新网络,优化创新生态;对不同发展阶段的企业,采用针对性的资助方式,帮助企业成长为科技小巨人;引导企业加大研发力度,开展基础研究和前沿技术攻关。另外,上海还将更多科技创新资源和公共服务向企业倾斜,为企业做好服务。

(三)多措并举打造开放合作创新高地

1.积极融入长三角科技创新共同体建设

上海作为长三角地区的核心城市,对整个区域的发展具有显著的辐射和带动作用。在建设国际科技创新中心的进程中,上海发挥在长三角地区的龙头牵引作用,积极融入长三角科技创新共同体建设,优化区域创新生态,提

---

① "3+8+X"产业体系:"3"指集成电路、生物医药和人工智能三大产业;"8"指新材料、新型信息基础设施、基础软件、智能网联汽车与新能源汽车、智能制造与机器人、航空航天、能源装备、海洋科技与工程装备八大重点产业;"X"指强化脑机接口、类脑光子芯片、自主智能无人系统、第六代移动通信(6G)、区块链技术、扩展现实、超限制造、纤微机器人、智能仿生、毫米波雷达系统、深水探测、通信与深远海开发技术、氢能技术、生物3D打印、细胞电子混合系统、新型抗耐药菌抗生素等多个战略前沿领域。

升区域协同创新能力。

以上海长三角技术创新研究院为主体，上海联合浙苏皖三地的相关机构共同组建了长三角国家技术创新中心，这是我国在长三角地区布局建设的一个综合类国家技术创新中心，致力于实现从科学到技术的转化，为长三角区域产业协同发展提供源头技术供给和转化服务。长三角国家技术创新中心聚焦前沿领域早期风险度高、市场判断失灵但可能对未来产业和行业进步产生颠覆性影响的技术项目，采用"拨投结合"的方式进行支持，提高财政资金的使用效率。长三角国家技术创新中心与行业龙头企业合作设立企业联合创新中心，以企业是否愿意出资参与解决问题作为判断标准，筛选值得攻关的课题，利用全球的创新网络对接创新资源，组织开展技术联合攻关，实现以产业需求为导向的技术支持机制，把科技资源用在"刀刃"上。

此外，上海技术交易所还与苏州工业园区管委会共同设立了长三角科技要素交易中心，致力于在长三角地区打造互联互通的科技要素大市场，助推科技成果转化。目前，要素中心已经在生物医药板块提供了包括资产对接、需求对接等对接服务和以估值服务为主的投融服务；在科创服务板块提供了技术经理人培训服务和科技成果转化能力等服务；在资产交易专板，要素中心已有累计3740项科技成果进场，累计成交金额达27.68亿元，其中生物医药行业累计成交项目数量和金额分别达122项和22.45亿元。

当前，长三角地区正加快推进科技创新共同体联合攻关计划，组建了首批12家长三角创新联合体，长三角科技资源共享服务平台已集聚大型科学仪器超4.6万台（套），科技创新和产业创新跨区域协同持续加强。长三角科技创新券已支持企业购买创新服务超7000次，支持金额超1.7亿元。

2.加强国际科技交流与合作

上海作为国际经济枢纽，有许多面向全球的技术合作组织，为上海与国际社会开展科技交流与合作奠定了基础。如2011年由商务部、科技部、国家知识产权局和上海市政府共同组建的上海市国际技术进出口促进中心，通过承办"中国（上海）国际技术进出口交易会"，积极利用国际科技创新资源，深化国际科技交流合作，推动跨境技术转移转化，激发创新活力，推进自主创新，加快产业结构调整；2015年成立的国家技术转移东部中心在技术交易、科技金融、产业孵化等全链条方面提供服务，打通企业、高校和政府间的科技成果转化通道，创新科技成果转化生态，致力于打造区域性的技术转移功能性平台；2023年成立的上海技术交易所国际交易中心，致力于发挥香港和临港的联动效应，整合海内外技术资源和技术转移渠道，推动海内外科技成果转化，推动国内外企业间的合作，助力临港新片区成为全球科技创新示范区。

上海还举办面向全球的科技创新论坛，如浦江创新论坛和世界顶尖科学家论坛，塑造品牌效应，提升国际影响力。浦江创新论坛以创新为主题，从2008年开始，目前已连续举办17年，坚持聚焦国际视野，立足国家需求，致力于传播先进理念，推动创新发展交流，促进官产学研合作，推进国际科技合作。世界顶尖科学家论坛从2018年开始，目前已举办七届，邀请诺贝尔奖、沃尔夫奖、拉斯克奖、图灵奖、麦克阿瑟天才奖等全球顶尖科学奖项得主与中国两院院士科学家、全球顶尖青年科学家参会，聚焦基础科学和源头创新，就人类当前和未来面临的挑战展开讨论，致力于打造具有全球影响力的国际科学交流平台。

此外，上海还深入实施"一带一路"科技创新合作，加强与"一带一路"沿线国家的科技交流与合作，扩大对外科技合作的范围，进一步提升在全球科技创新领域的影响力。

（四）六个方面措施打造体制机制改革高地

1.建立符合创新规律的政府管理制度

上海在建设国际科技创新中心的过程中，坚持尊重市场规律，充分发挥市场在资源配置中的决定性作用，强化企业科技创新的主体地位，以互联网思维创新政府管理和服务模式，激发全社会的创新活力。

为了最大限度地减少政府对企业创新创业活动的干预，上海简化涉企事务的办事流程，消除行政审批中部门互为前置的认可程序和条件，对应当由市场决定的事项，尽量少管和不管，为企业减负。上海还完善事中和事后监管，深化商事制度改革和"多规合一"改革，以创新为导向改革政府管理制度，对国有企事业单位人员参与国际创新交流与合作活动，取消其因公出境方面的相关限制。

上海还在政府扶持创新活动、科研项目经费管理、财政科技投入统筹联动、科技创新评价等多个方面建立了新的机制，改善对企业的支持方式。在政府扶持创新活动方面，上海转变了过去以政府单向支持为主的专项资金支持方式，加大对中小企业创新产品和创新服务的政府采购力度，促进创新产品的研发和应用，扶持中小企业发展壮大；对创新产品的供给和消费两端同时给予支持，加大支持力度、拓宽支持范围，帮助创新产品走出市场应用第一步。在科研项目经费管理机制方面，以有助于创新资源配置为导向，通过简化预算编制、改进结余资金管理等方式改革科研项目的经费管理方式；对基础前沿领域类的科研工作进行持续稳定的财政支持，让科学家能够安心研究。在财政科技投入统筹联动机制方面，上海依托专业的机构管理科研项目，建立公开和统一的科技管理平台，统筹衔接基础研究、应用开发、成果转化和产业发展等一系列工作。在科技创新评价机制方面，上海参考国内外主要的科技创新评价指标，建立和发布上海科技创新指数，从科技创新资源、科技创新环境、科技创新投入、科技创新产出、科技创新溢出与驱动五个方面综合评价上海的科技创新发展情况。

2.构建市场导向的科技成果转移转化机制

上海积极改革科技成果转移转化制度，以市场为导向，强化企业、高校和科研机构在技术市场中的主体地位，建立科技成果转化、技术产权交易、知识产权运用和保护协同的制度。

一是下放高校和科研院所科技成果的管理、使用和处置权，由高校和科研院所等自主开展科技成果转移转化工作，取消主管部门和财政部门的审批或备案程序，成果转化收益也全部归原单位所有。二是改革高校和科研院所的管理体制，完善高校与企业之间在技术交流等横向合作项目方面的经费管理制度，鼓励开展产学研合作；在编制管理、人员聘用和职称评定等方面进行创新，改革科研院所的管理体制；根据科研院所的职能定位、特点和收支等情况，对从事基础研究、前沿技术研究和社会公益研究等不同类型的科研院所实行不同的财政支持方式；建立上海科研院所联盟，扩大科研院所在科研课题方面的选择权，统筹配置相关创新资源，开展科研院所之间的协同创新。三是实行严格的知识产权保护制度，建立知识产权侵权查处快速反应机制和多元化纠纷解决机制，以上海市公共信用信息服务平台为依托建立知识产权信用体系，加大对知识产权领域失信行为的联合惩戒力度。

3.实施激发市场创新动力的收益分配制度

上海坚持尊重知识、尊重创新，通过完善创新收益分配制度和创新业绩考核等制度，营造良好的创新生态，有效激发市场主体的创新动力。

一是完善职务发明法定收益分配制度，通过事前协商来确定科技成果收益的分配方式、数额和比例，提高国有企业职务发明人或团队的收益比例。二是完善股权激励制度，鼓励科研院所、科技服务机构和高新技术企业采取股权出售、股权奖励、股权期权、项目收益分红和岗位分红等多种方式开展股权和分红激励。三是以创新为导向完善国有企业考核制度。在国有企业领导人员的任期考核中，加大与科技创新有关指标所占的比重；对竞争类企业，开展任期创新转型专项评价，评价结果与任期激励挂钩。四是创新对国有创投企业的管理制度。允许国有创投企业建立跟投机制，并以市场化方式确定考核目标和薪酬水平；在国有创投企业的国有资产评估中，使用估值报告并进行事后报备。五是改革国有企业晋升制度。拓宽国有企业技术人员的晋升渠道，改变原有的主要依靠职务提升的单一晋升模式，建立管理和技术

"双通道"晋升模式；鼓励国企设立首席研究员、首席科学家等高级技术岗位，并提供与同级别管理岗同样的待遇。

4.健全以企业为主体的创新投入制度

上海积极建立和完善金融推动创新发展的机制，提高金融机构对科创企业的服务水平。

一是强化多层次资本市场的支持作用。支持科创企业通过发行公司债券进行融资，支持政府性融资担保机构为中小科创企业提供担保或贴息支持；充分发挥科创板平台的作用，培育一批科技创新型企业，推动创投基金市场化高效运行。二是鼓励发展创业投资基金和天使投资基金。相应的创投主体根据创业企业的不同发展阶段，给予针对性的支持和引导，激发创投主体的积极性。三是健全科技型中小企业融资服务体系。对科技型企业提供不以营利为目的的信用担保基金，助力科技型中小企业；扩大商业银行针对小微企业提供的信贷产品范围和种类，为科技型中小企业提供信贷风险补偿，降低其信贷成本；鼓励保险公司针对科技企业的特点提供有针对性的保险产品，为科技企业生产的各个环节提供保障。

5.建立积极灵活的创新人才发展制度

上海在建设国际科技创新中心的过程中，高度重视人才工作，充分发挥市场在人才资源配置中的决定性作用，建立健全引进和培养科技创新人才的体制机制，营造人尽其才、才尽其用的政策环境。

一是高度重视海外高层次人才的引进工作。开展多项针对海外人才的试点工作，如永久居留、出入境便利服务、在沪留学的外国学生毕业后直接留沪工作等；在引进海外高层次人才时取消年龄限制，并加大急需紧缺专业的海外高层次人才引进力度；从社会保障方面为海外高层次人才提供便利服务，比如扩大国际医疗保险定点结算医院的范围。二是完善科研人员双向流动机制。改革社会保障制度，建立企业和科研院所之间社保关系的转接通道，促进科技人才在科研院所和企业之间自由流动。三是创新高校的人才培养模式。在高校建立弹性学制，允许在校生进行休学创业；允许高校和科研院所等聘任企业的高层次人才作为硕士生导师；对标国际先进水平，建设一批具有国际水平的本科专业；将部分普通本科院校转型为应用型高等院校，建立校企联合的培养模式，推动产学研深度融合。

6.推动形成跨境融合的开放合作新局面

上海还发挥上海自由贸易试验区的制度优势，加强与国际社会的交流与合作，集聚全球的创新资源，提高上海科技创新的国际合作水平。

一是加大对境外创新投资并购的支持力度。支持企业设立境外基金并开展创新投资活动；鼓励创投机构开展境外投资并购活动，与境外知名科技投资机构合作组建国际科技创新基金和并购基金。二是鼓励境外投资机构在上海落户。加大对有丰富的科技企业投资经验的创投基金和股权投资基金的吸引力度；吸引国有金融机构在境外设立的创投基金在上海落户。三是充分发挥外资研发机构的溢出效应。吸引外资研发中心在上海集聚，并转型升级为全球性研发中心和开放式创新平台；鼓励外资研发中心与沪高校院所、企业等共建实验室和人才培养基地，联合开展产业链核心技术攻关；支持外资研发中心参与政府科技计划，将成果在本地转化。

三、粤港澳大湾区国际科技创新中心

粤港澳大湾区是包括香港特别行政区、澳门特别行政区和珠三角九个城市在内的城市群所组成的区域，"三面环山、三江汇聚"，具有漫长的海岸线、良好的港口群和广阔的海域面。依托优越的地理位置，粤港澳大湾区的经济发展水平领先全国，拥有完备的产业体系，集群优势明显，经济互补性强。同时，粤港澳大湾区还具有"一国两制"和"三个关税区"的体制优势，是我国开放程度最高、经济活力最强的区域之一。

粤港澳大湾区区位优势明显、经济实力雄厚、创新要素集聚、国际化水平领先、合作基础良好，具备建设国际科技创新中心的基础。2019年2月，中共中央、国务院印发《粤港澳大湾区发展规划纲要》，按照规划纲要，粤港澳大湾区要建成国际科技创新中心；2020年10月，党的十九届五中全会再一次明确提出要支持粤港澳大湾区形成国际科技创新中心。

五年来，粤港澳大湾区深入实施创新驱动发展战略，完善区域协同创新体系，集聚国际创新资源，瞄准世界科技和产业发展前沿，加强创新平台建设，大力发展新技术、新产业、新业态、新模式，加快形成以创新为主要动力和支撑的经济体系，扎实推进全面创新改革试验，充分发挥粤港澳科技研发与产业创新优势，破除影响创新要素自由流动的瓶颈和制约，进一步激发各类创新主体活力，致力于打造具有全球影响力的国际科技创新中心。国际科技创新中心指数显示，截至2024年，粤港澳大湾区已经连续四年跻身综合排名榜的前十名。大湾区核心城市"深圳—香港—广州"的科技集群创新指数连续五年位居全球第二。

依据《粤港澳大湾区发展规划纲要》等文件，粤港澳大湾区主要通过加强科技创新合作、加强创新基础能力建设、加强产学研深度融合、加强中试能力建设、加强对外交流合作五个方面来建设国际科技创新中心。

（一）加强科技创新合作，构建区域协同创新共同体

粤港澳大湾区涵盖城市众多、区域分布广，除了广东省九市之外，还包括香港和澳门两个特别行政区，加强各地特别是香港、澳门与内地间的科技创新交流与合作是共建国际科技创新中心的前提。粤港澳大湾区发挥内地与香港、澳门科技合作委员会的作用，加强广东各主要城市与港澳之间的科技交流与合作，在河套、横琴、前海和南沙四个区域建设粤港澳大湾区重大合作平台，在大湾区重点城市建立科创走廊，推动香港和澳门融入国家创新体系，推动粤港澳大湾区形成开放型区域协同创新共同体。

1.粤港澳大湾区重大合作平台

河套深港科技创新合作区位于深圳福田区南部与香港接壤处，目的是加强深圳和香港之间的科技交流合作，主要在科研人员出入境、科研物资通

关、科研资金流动、新技术应用等方面先行先试。目前，河套深圳园区已经吸引了包括香港大学和香港科技大学在内的香港地区多所高校的多个科研项目落地，并设有多家粤港澳青年创新创业基地；还引进了香港科学园深圳分园，持续吸引企业入驻，开展科技合作。河套深港科技创新合作区的设立有助于香港和深圳充分发挥各自的科技和产业优势，开展科技与产业合作，有助于大湾区放大集群优势，积极对接国际创新资源，打造成为具有全球影响力的科技创新中心。

与河套深港科技创新合作区的建设思路一样，粤港澳大湾区在毗邻澳门的广东省珠海市香洲区横琴镇设立了横琴粤澳深度合作区，加强澳门与广东省的联系，促进两地间的科技交流与合作。在粤澳深度合作区建设背景下，澳门大学和澳门科技大学分别在横琴设立了产学研示范基地珠海澳大科技研究院和珠海澳科大科技研究院。两个研究院依托澳门大学和澳门科技大学的教学科研基础，设立了多个研发中心和培训中心，开展科学研究和成果转化工作，使"澳门研发+横琴转化"成为常态，助推澳门和珠海之间的科技合作。

前海深港现代服务业合作区位于深圳前海地区，旨在推动深圳和香港服务业的合作发展，其中重点是创新金融、现代物流、总部经济、科技及专业服务、通信及媒体服务、商业服务六大领域。目前前海开展了现代服务业标准化试点工作，加强与香港的服务业规则制度衔接，探索建立服务业"湾区标准"。前海还在科创服务、现代金融、贸易组合港、商贸会展等领域与香港开展深度合作。

南沙地处粤港澳大湾区地理中心，先天的区位优势决定了其成为香港和澳门融入国家发展大局的重要载体，成为推动粤港澳全面合作、共同发展的重要平台。南沙先后成立广州南沙粤港合作咨询委员会和广州南沙粤澳发展促进会，推动粤港、粤澳开展全方位、多层次的交流与合作，助力南沙高水平对外开放、赋能香港和澳门经济多元发展。

2. "广州—深圳—香港—澳门"科创走廊

除了以上四个重大合作平台，粤港澳大湾区还建设了"广州—深圳—香港—澳门"科创走廊，充分发挥各地优势，带动沿线科技交流合作，推动粤港澳大湾区科技创新一体化发展。深圳作为科技创新中心，凭借丰富的经验和资源优势，在电子信息、通信和生物医药等领域引领科技创新潮流；香港作为国际金融中心，发挥金融对外开放的优势，为科技企业提供融资支持和优质金融服务；广州作为粤港澳大湾区的科技创新引擎，利用雄厚的科研基础和创新实力，推动科技创新和产业发展；澳门发挥社会经济优势，吸引更多的科研人才和创新团队，为科技创新走廊发展注入新活力。科创走廊出台一系列政策措施鼓励人才、资本、信息、技术等创新要素进行跨境流动和区域融通，共建粤港澳大湾区大数据中心和国际化创新平台，有助于推动科技创新和数字经济发展，为粤港澳大湾区经济社会发展增添了新动力。

此外，粤港澳大湾区还发挥国家自主创新示范区、国家双创示范基地和众创空间的综合作用，在粤港澳地区之间建立创新创业交流机制，如广东省高水平建设了"1+12+N"港澳青年创新创业基地[①]，将创新创业资源向港澳青年开放共享，营造湾区一流的创新创业生态。

（二）加强创新基础设施建设，提升基础创新能力

广东省面向世界科技前沿和国家重大发展需求，聚焦生命科学、人工智能、先进制造、新材料等重点领域，在珠三角地区建设了众多省实验室和粤港澳联合实验室，同时布局建设一批国家级重大科技基础设施并向香港和澳门开放共享，引进一批国内外顶尖科学家，依托实验室和重大科技基础设施

[①] "1+12+N"港澳青年创新创业基地："1"即以粤港澳大湾区(广东)创新创业孵化基地为龙头，有效串联三地资源，打造集交流、培育、实训、孵化、展示、对接等功能于一体的示范性平台；"12"即发挥珠三角九市合力，重点培育建设的前海深港青年梦工场、横琴澳门青年创业谷等12家基地；"N"指通过政府引导作用，带动各地建成一批社会化港澳青年创新创业孵化载体。

探究原创理论，开展关键技术攻关，开发具有自主知识产权的核心技术，并努力将科技成果转化为现实生产力，目前已取得了一批标志性成果。

1.省实验室和粤港澳联合实验室

省实验室中比较有代表性的有深圳的深圳湾实验室、鹏程实验室、光明实验室和东莞的松山湖实验室。深圳湾实验室聚焦生命信息、生物医药和医学工程研究三个方向，开展生物医学领域的前沿研究，致力于解决人口和健康领域的重大科学问题，引进著名科学家颜宁担任实验室主任，目前在神经科学研究、肿瘤研究等多个专业领域取得了代表性成果，同时与深圳医学科学院合作，完成从实验室到临床、从基础研究到产业的转化。鹏程实验室聚焦网络通信领域，致力于突破战略性、前瞻性、基础性重大科学问题和关键核心技术，探索出"重点项目+基础研究"双轮驱动的特色科研模式，与全国150余家高校、科研院所和企业合作，形成产学研协同合作模式，助推科技成果有效落地。如与中国电信联合开发了"视联网数字视网膜系统"和"开放感知端侧大模型"，解决了超大规模视频在"感知—传输—计算—存储"链条中所面临的技术挑战。光明实验室聚焦人工智能领域，在智慧城市、智慧医疗、智能感知与计算成像、城市三维创新、智能光纤传感、工业视觉与智能系统、大数据智能处理与分析、未来智能互联网络等多个领域有众多院士、专家组成的科研团队，致力于将深圳打造成全国乃至世界重要的人工智能与数字经济创新研究基地和产业集聚高地。松山湖材料实验室以"掌握材料就是掌握未来"为理念，聚焦新材料研发领域，布局前沿科学研究、公共技术平台和大科学装置、创新样板工厂、粤港澳交叉科学中心四个核心板块，探索"前沿基础研究—应用基础研究—产业技术研究—产业转化"的全链条创新模式，成立6年来先后承担国家级和省级各类科研项目200多项，与企业之间的合作也取得了众多成果，如非晶智芯团队与其产业化公司中科华芯合作开展高灵敏度车用功能材料与智能传感器件研发已经通过一系列检验认证进入路试环节；轻元素材料团队帮助尼轩电子提高了单晶高纯铜线产品的电导率和纯度，提高其市场竞争力。

粤港澳联合实验室是广东省在粤港澳地区布局的高级别合作平台，由广东牵头，与香港、澳门双方或其中一方的高校和科研院所等共同建设，旨在发挥粤港澳三地的科技资源优势，开展联合科技攻关，在重点领域突破一批引领性科技成果。从2019年粤港澳联合实验室启动建设以来，广东目前已有31家粤港澳联合实验室，其中有代表性的主要集中在生物医药领域，如粤港重大精神疾病研究联合实验室、粤港澳新药筛选联合实验室、粤港RNA医学联合实验室、粤港澳中医药与免疫疾病研究联合实验室、粤港干细胞与再生医学联合实验室、粤港澳中药药效物质基础与创新药物研究联合实验室、粤港澳中药制剂联合实验室等，这些联合实验室在医学基础研究和临床应用方面取得了一批重要成果，推动粤港澳三地的医学水平得到有效提高。

2018年中国散裂中子源在东莞正式投入运行，标志着广东在重大科技基础设施建设方面实现了零的突破，以此为起点，广东引进了一批国内一流科研机构，建设了一批大科学装置和重大科技基础设施，如深圳合成生物研究重大科技基础设施、脑解析与脑模拟重大科技基础设施、江门中微子实验探测器等。

2.基础研究和应用基础研究基金

在布局建设实验室和重大科技基础设施的同时，广东还设立了基础研究和应用基础研究基金并进行专业化管理，目前已经形成了从重大项目、国家联合基金到省内联合基金、广东省自然科学基金等较为完善的资金资助体系，完善了以重大项目为牵引、重大平台和基地建设为支撑、面上项目为补充的基础科学资助体系，持续稳定地支持重大项目，解决重点领域科学问题，突破关键领域核心技术。广东还借鉴国际科学基金的先进管理经验，成立专门的基金管理委员会、专家顾问委员会和领域战略专家组对基金进行管理，建设基础研究领域的专家智库，完善专家参与基础研究重大决策与项目咨询论证的机制，健全由政府牵头、高层次专家参与的管理体系，实现专业化、规范化、科学化管理。

3.知识产权保护和运用

粤港澳大湾区在建设国际科技创新中心的过程中，高度重视知识产权的保护和运用，通过强化人才培养和发展、加强法律保障、强化交流合作等方式来持续推动大湾区知识产权的保护和运用。

在人才培养和发展方面，强化知识产权领域的学科建设，鼓励企业开展内部培训和产学研合作，加强国际交流合作，培养高素质、专业化的知识产权人才；建立粤港澳大湾区国际知识产权人才港、粤港澳青年商标品牌交流实践基地等平台，加强粤港澳大湾区知识产权人才的发展和交流。

在加强法律保障方面，成立粤港澳大湾区知识产权法律联盟并定期召开年会，汇聚知识产权领域的国内外专家学者，就国际知识产权前沿和粤港澳大湾区知识产权的发展等进行交流与合作；更好地发挥广州知识产权法院等机构的作用，加大重点领域知识产权的行政执法力度；鼓励使用仲裁、调解和协商等非诉讼方式处理知识产权纠纷。

在强化交流合作方面，以粤港、粤澳及泛珠三角区域的知识产权合作机制为基础，全面加强粤港澳地区在知识产权保护和专业人才培养方面的合作；以激励创新为出发点，完善大湾区在知识产权保护方面的制度，建立知识产权信息交换机制和信息共享平台；加强粤港澳地区在知识产权领域的国际交流合作，完善知识产权案件跨境协作的机制。

（三）加强产学研深度融合，助推科技成果转化

粤港澳大湾区通过成立粤港澳大湾区科技协同创新联盟、粤港澳产学研创新联盟和实施粤港澳科技创新合作发展计划、粤港联合创新资助计划等，初步建立起以企业为主体、市场为导向、产学研深度融合的科技创新体系，鼓励企业和高校院所建设高水平的协同创新平台，推动科技成果转化。粤港澳大湾区还成立"大湾区技术经理人之家"，将成千上万名不同专业、不同地域的技术经理人集聚起来，发挥各自优势，形成合力，建立粤港澳大湾区科技成果转化全流程协作网络平台。

粤港澳大湾区还借助科技力量提高科技成果转化速度，以技术情报为出发点，依托网络公开信息构建企业的大数据分析模型，从知识产权创新力、科技创新力、市场开拓力、资本市场认可度等多维度对企业进行全面评价与解读，为企业的能力提升提供解决方案，在微观、中观和宏观三个层面突破了产学研合作的瓶颈。在微观层面，深度分析企业的个体需求和所面临的外部环境；在中观层面，对产业链的各个环节进行分析，帮助企业找准定位；在宏观层面，分析某个区域内行业发展情况和优势企业状况以及产业链布局情况，从长远角度为企业提供方案。在这方面比较有代表性的例子有百度的知识增强大语言模型文心一言和深度学习平台百度飞桨，大湾区将这两个模型应用于广州新型研发机构的数字化成果转化系统，助力需求方快速获取需求，推动科技成果加速转化。

此外，粤港澳大湾区还围绕大湾区产业发展需要和前沿领域攻关任务，举办粤港澳大湾区高校服务新质生产力产学研大会，集中展示广东、香港和澳门重点高校的科技成果，覆盖人工智能、生物医药、新能源、新材料和智能制造等领域。通过展示高校科技成果，搭建创新网络，整合创新资源，实现与企业的高效对接，助推科技成果转化。同时举办具体行业的产学研合作创新大会，邀请相关领域的政府工作人员、高校院所科研人员、企业从业人员参会，聚焦行业前沿领域开展深度交流与合作，建立长期合作机制，推动行业实现从原始创新到成果转化和产业落地。

（四）加强中试能力建设，打造成果推广基地

粤港澳大湾区国际科技创新中心发挥广东改革开放前沿和港澳两地国际化程度高的优势，致力于打造全球最大的中试验证和成果应用推广基地。在粤港澳地区建设国家级的科技成果孵化基地，加强各地在创业孵化、科技金融、成果转化、国际技术转让、科技服务业等领域的交流与合作。在珠三角

九市建设国家科技成果转化示范区，成立专门面向香港和澳门的科技企业孵化器，方便香港和澳门的先进技术成果在广东就地转化。

1.打造多层次、体系化的中试服务网络

第一，用好现有的中试资源。一方面支持企业和科研机构依托现有的大科学装置等国家重大科技基础设施开展技术研发、产业运用和成果转化；另一方面支持各类实验室、科研机构、创新中心和平台建立产业共性技术研发和中试服务平台，强化其技术熟化、工程化放大和可靠性验证等功能。

第二，支持企业牵头建设中试平台。由龙头企业和产业链"链主"企业牵头建设产业链中试平台，与上下游企业共同制定中试规则和服务标准，解决产业链中试共性技术问题；由科技型领军企业围绕行业内共性技术难关牵头建立专业化的中试服务平台；由国有企业牵头建设关键领域的中试服务平台，率先实现成果转化；支持中央企业在粤港澳大湾区设立具备中试功能的创新平台。

第三，引导研究机构强化中试服务功能。支持高校和科研机构在各自优势领域内建设中试服务平台、联合企业共建中试公共服务平台，加强产学研联动，提高成果转化效率。

第四，培育建设第三方中试公共服务机构。针对粤港澳大湾区内产业集聚优势明显的地区建设综合性的中试公共服务平台和中试转化基地，提供跨区域、跨行业、跨领域的中试服务；整合政府、高校、科研机构和企业的创新资源，针对细分市场和中小微企业的需求，建设一批专业性强的中试公共服务机构。

第五，培育优化中试服务和产业发展生态。建设大湾区中试服务中心和中试产业联盟，发挥学界和业界的力量，整合大湾区的中试服务资源，使其在区域上形成合理布局。

第六，搭建广东省中试资源网络管理服务平台。运用人工智能和大数据等新兴的技术，将广东省的中试服务平台和其他中试资源在线上呈现，开发多种功能，实现中试资源的共享。

2.全方位打造中试产业支撑能力建设

第一，提升现有中试平台的技术能力。强化中试平台的技术挖掘、产品研制、工艺创新等功能，提高全链条服务水平；支持中试平台加强对产业技术发展趋势的研判，与企业、高校和科研机构等合作突破关键共性技术难题，服务行业创新需求；为新技术和新产品提供真实的测试验证和应用环境，建立"科技攻关—场景验证—产业化应用"的成果转化路径；做好中试设备更新升级和国产化替代工作。

第二，强化重点行业中试供给。围绕半导体、集成电路、生物医药等重点产业和产业链，建设具有较强行业带动能力和市场竞争力的中试平台，加快中试产业化。

第三，加大中试专业人才引培力度。鼓励中试平台与高校进行合作，进行人才的联合培养；在中试平台中引进国际化的科技资源管理与技术服务人才；将中试成果纳入职称评审机制中。

第四，孵化赋能科技企业群体。由中试平台和中试转化产业园区搭建专业化孵化器，为科技型企业提供"一站式"服务，满足其各个发展阶段的需求；支持中试机构和高校、科研机构将成熟技术成果转让给企业，实现中试结果的产业化。

3.健全中试建设运营机制

第一，推进中试数字化智能化发展。引导中试平台进行数字化和智能化的升级改造，对中试数据进行深度挖掘和开放共享，提高中试相关数据的使用效率。

第二，加强中试标准化建设。支持粤港澳大湾区中试服务联盟研究制定中试服务标准，重视重点产业方面中试标准的建立，准确定义相关术语、释义和规范，提高中试标准化水平。

第三，推动广东积极融入港澳及全球创新网络。依托粤港澳三地的优势，打造大湾区中试转化集聚区，在关键领域建设具有国际竞争力的中试转化基地；加强大湾区中试平台与长三角、京津冀等地机构的交流与合作，开展跨区域协同合作；鼓励大湾区中试平台和机构与国际知名高校、技术转移机构进行合作，加强人才和技术方面的交流，提高行业影响力和区域辐射力。

第四，创新运营管理机制模式。精简中试平台和机构的组织架构，减少决策层级，提高决策效率；在用人方面，鼓励中试平台进行社会招聘，实现企业化管理模式，激发人才创新活力；创新中试平台的研发和服务模式，通过合作研发、共担课题、技术入股、兼职创业等市场化途径提高研发和服务效能。

（五）加强对外交流合作，构建国际开放合作新格局

粤港澳大湾区在加强区域协同创新的基础之上，还通过举办大湾区论坛，鼓励高校院所和企业参与对外科技合作，加强与"一带一路"沿线国家间的科技交流合作，构建对外开放新格局，助力国际科技创新中心的建设。

大湾区科学论坛由广东省人民政府主办，论坛围绕科学前沿，聚焦产业难题，以开放合作的科学精神，汇聚全球顶尖科学家和青年科学家、著名企业家和创业者、金融专家等，交流科学理念、展示科技成果、分享前沿概念，致力于推动全球科学事业的发展，为世界科技创新和全球科技革命贡献中国力量，这是大湾区开展对外科技交流与合作、建设国际科技创新中心的一个重要平台。

粤港澳大湾区鼓励高校院所和企业主动参与由我国发起或参加的国际大科学计划和大科学工程，参与由国际组织和公益性基金会等运作的开放型国际科学基金，融入国际创新网络，加强大湾区的基础研究能力，与国际社会合力解决全球性科学问题，应对人类共同挑战；鼓励企业和科研机构参与国际科技创新合作，支持企业在海外设立研发机构和创新孵化基地；支持境外投资者在粤港澳地区设立研发机构和创新平台，鼓励其他地区的企业和高校院所参与粤港澳大湾区的科技创新活动。

粤港澳大湾区与"一带一路"沿线国家建立联合研究中心和成果示范基地，开展针对国际前沿问题的深度研究，攻克关键核心技术，并进行成果应用示范；出台政策吸引"一带一路"沿线的顶尖科学家、青年科学家在大湾区的高校院所和科技型企业开展科技交流与合作，提升大湾区的创新活力，提高创新水平；深化大湾区与"一带一路"沿线国家间各领域科技资源的互联互通，提高创新合作层次，增强创新合作效能。发挥香港和澳门对外开放高地的作用，在珠三角九市建立高标准的投资和贸易规则，提升粤港澳地区的市场一体化水平，推进投资便利化、贸易自由化和人员货物往来便利化，打造具有全球竞争力的营商环境。各地加强合作，共同促进"一带一路"建设，努力打造成为"一带一路"建设的重要支撑区。坚持"走出去"和"引进来"相结合，一方面依托香港和澳门的海外商业网络和海外经营经验，鼓励大湾区企业在国际市场上开展科技创新活动；另一方面引进国际先进技术和人才，支持跨国企业在粤港澳大湾区设立面向全球的研发中心、实验室和开放创新平台，全面参与国际科技合作。

第八章 产业耦合：
全国科技创新中心的融合实践

除了北京、上海、粤港澳大湾区三个国际科技创新中心，我国也有一些地区如成都、重庆、武汉、西安等地，拥有丰富的科教资源，创新活力较强，一直以来都在区域科技创新中发挥着重要的引领和带动作用。为此，国务院先后批复同意在成渝和武汉两地建设具有全国影响力的科技创新中心，这使得两地成为继北京、上海、粤港澳大湾区三个国际科技创新中心之后的两个全国科技创新中心。

2021年，中共中央、国务院印发《成渝地区双城经济圈建设规划纲要》，批复成渝共建具有全国影响力的科技创新中心。2022年4月，经报国务院审核同意，科技部和中华人民共和国国家发展和改革委员会（简称"国家发展改革委"）联合批复武汉建设具有全国影响力的科技创新中心。作为全国第二个跨省域合作共建的科技创新中心，成渝地区在全国科技创新中心的建设中特别注重加强两地的协同合作，通过完善合作机制，共同对上争取资源，共同开展科技创新合作，共建协同创新共同体。武汉作为武汉都市圈、湖北省、长江中游城市群、中部地区等多个区域集群的核心城市，在科技创新中心的建设中注重融入区域发展布局，从区域发展的整体战略布局中精准定位，同时以创新极核带动周边区域发展，实现共赢。

一、成渝全国科技创新中心

2020年4月，四川省科技厅和重庆市科技局签署了《川渝科技资源共享合作协议》，两地约定合作共建川渝科技资源共享服务平台、川渝科学数据中心和科技创新券跨区域"通用通兑"政策协同机制，实现科研仪器、科技平台、科技成果、科技人才以及科学数据等科技资源的共享共用，为成渝两地共建科技创新中心奠定了良好基础。之后，重庆高新区和成都高新区签署《重庆高新区成都高新区"双区联动"共建具有全国影响力的科技创新中心战略合作协议》，标志着成渝两地协同合作引领建设具有全国影响力的科技创新中心迈出实质性步伐。2021年，中共中央、国务院印发《成渝地区双城经济圈建设规划纲要》，批复成渝共建具有全国影响力的科技创新中心，两地合作共建科技创新中心得到了国家层面的支持。

成渝地区双城经济圈建设有利于发挥成都和重庆两大中心城市的带动作用，对成渝两地经济协同发展起到了重要的引领和助推作用，可以促进成渝城市群高质量发展。两地共同建设具有全国影响力的科技创新中心是落实双城经济圈建设的重要一环，有利于整合两地的科技创新资源，发挥比较优势，共同打造区域创新高地，更好地贯彻创新驱动发展战略。

为了让两地的科技交流合作更加通畅和高效，成渝地区建立了全方位的合作机制，推动重点领域协同合作。如建立专门的联席会议制度，成立专门的工作领导小组研究审议重大事项，协调解决跨省合作难点和重大问题，加强战略协同，健全合作机制；建立常态化沟通机制，联合向上争取国家层面的重大平台、重大项目和重大政策支持，协同开展两地高新区科技创新工作；建立协同推进重点工作机制，确保两地高新区在科技创新方面实现规划衔接、政策协同、资源共享、配合密切。在建立合作机制的基础上，成渝两地通过共建"一城""一廊""一高地""一区""一港"和

"一机制"作为抓手来推进各领域的协同创新，建设具有全国影响力的科技创新中心。

（一）共建"一城"：以"一城多园"模式共建西部科学城

"一城"指西部科学城，"多园"指成渝两地的科学城等创新资源集聚载体。成渝两地在成都高新区、重庆高新区两个创新极核基础上分别建设中国西部（成都）科学城和中国西部（重庆）科学城，连同重庆两江协同创新区和中国（绵阳）科技城，作为西部科学城的先行启动区，在两地间建设若干国际领先的重大创新平台和研究基地，形成多个创新功能区和创新节点，优化创新空间布局，提升两地协同创新能力，力争在2035年建成成渝综合性国家科学中心，形成"基础研究—技术创新—产业创新"的全链条体系，构建成渝协同创新共同体。

1.中国西部（成都）科学城

中国西部（成都）科学城位于四川天府新区，于2021年6月在成都揭牌，立足于成都的创新资源优势和天府新区的城市发展战略，形成了"一核四区"的空间布局。其中，"一核"指的是成都科学城，定位于建设西部地区重大科技基础设施、科研院所和大学创新平台的聚集区，目前已经揭牌运行了天府兴隆湖实验室、天府永兴实验室等天府实验室，形成了"国家实验室+省级实验室+重点实验室"的高水平实验室体系。"四区"指的是围绕不同专业领域建设的几个创新集聚地，包括新经济活力区、成都天府国际生物城、东部新区未来科技城和新一代信息技术创新基地。新经济活力区围绕人工智能、大数据和网络安全、5G通信等领域，建设了国家数字经济和人工智能两个创新发展试验区，积极打造具有全球影响力的新经济策源地；天府国际生物城围绕生物制药、高性能医疗器械和精准医疗等领域，积极建设全球医药健康创新创业要素汇集区，打造重大新药创制国家科技重大专项成果转移转化试点示范基地等平台，打造世界级生物产业创新与智造之都；未来科技城则致力于汇聚智能制造和航空航天等领域的创新企业和高校，建设国际合作教育园区，打造国际一流的应用性科学中心、中国西部智造示范区和成渝国际科教城；新一代信息技术创新基地汇聚了集成电路、新型显示等领域的创新平台如华为成都研究院、京东方创新中心，借助领域内的优质创新资源，力争打造成为国际知名的"中国新硅谷"。

天府实验室是成都科学城建设中的一大特色，也是四川省集中战略科技力量打造的一个重大科技创新基地，致力于提高四川的基础研究水平和源头创新能力，并通过覆盖创新全链条来引领产业和社会全面发展。天府实验室聚焦不同的优势领域，分批次建设多个实验室，首批建设的天府绛溪实验室、天府锦城实验室、天府兴隆湖实验室、天府永兴实验室四个天府实验室已经揭牌并投入实体化运行，于2025年2月份向社会开放共享科技资源。天府绛溪实验室由成都高新区与电子科技大学联合建立，围绕电磁空间和泛在互联前沿方向，布局12个前沿研究中心，建立起"材料—器件—系统—应用"的完整技术链，为多个产业赋能；天府锦城实验室由四川大学与成都高新区联合建设，聚焦生命健康领域的前沿生物技术、先进医疗技术、原创新药、精准医学、高精医疗器械五大研究方向，探索"医学+产业"多学科、多领域的交叉融合创新，致力于实现从0到1的基础研究、从1到10的成果转化和从10到N的产业化突破；天府兴隆湖实验室聚焦绿色智能光子技术、微纳电子技术、智能感知技术、深空通信技术、电磁调控技术等方向，承担来自国家、地方和国际一流企业等的研究任务；天府永兴实验室依托北京大学、清华大学、四川大学等多个高校，联合中国环境科学研究院等重点单位和国家电投、国家电网等重点企业共同建设，聚焦零碳能源、资源碳中和、地热及固碳三大研究方向，布局零碳能源系统、高分子碳中和、地热资源开发等八个前沿研究中心，是四川省开展绿色低碳领域关键核心技术研究的核心平台，承担着解决碳中和领域"卡脖子"问题的重要职责。此外，2023年9月由四川省科技厅出台的《科技创新支撑服务"四化同步、城乡融合、五区共兴"实施方案（2023—2027年）》，明确到2027年，四川将建成7家天府实验室。①

2.中国西部（重庆）科学城

中国西部（重庆）科学城位于重庆市中心城区西部槽谷，是西部陆海新通道物流和运营组织中心的重要枢纽，是重庆向西推动成渝地区双城经济圈建设的重要引擎。同时，西部（重庆）科学城还拥有国家自主创新示范区、自贸试验区、国家级高新区、西永综保区等多个"金字招牌"，具有许多创新创业的先天优势。西部（重庆）科学城坚持以"科学之城、创新高地"为总体定位，围绕"科学"和"科技"两个关键词，立足重庆未来30—50年的城市空间拓展方向，精准发力"五个科学"和"五个科技"，滚动实施"六个十大工程"②，布局建设了成渝综合性科学中心、先进数据中心、重庆大学科学中心等多个重大科技基础设施和平台，金凤电子信息产业园、国家质检基地、国家生物产业基地等多个新型产业载体，汇聚了中国中药、华润微电子、SK海力士等众多知名企业，推动产、学、研一体化发展。

与成都的天府实验室一样，重庆也通过打造独具特色的"重庆实验室"来建设西部科学城。目前，"重庆实验室"聚焦的领域有数智科技、生命健康、新材料、绿色低碳四个方面。金凤实验室是首家运行的"重庆实验室"，聚焦生命健康领域的重大科学问题和"卡脖子"技术难题，以"重大疾病的下一代诊断"为核心任务，开展多项相关的技术研发，致力于通过新体系和新方法解决诸多医学难题。金凤实验室目前已经建成了智慧病理实验室、实验动物中心和单细胞转录组平台等多个研究平台和精准诊断中心等诊

---

① 《到2027年，四川将建成7家天府实验室》，据四川在线网站：https://sichuan.scol.com.cn/ggxw/202309/58967041.html。

② "五个科学"：科学教学、科学研究、科学实验、科学设施、科学机构；"五个科技"：科技人才、科技企业、科技金融、科技交易、科技交流；"六个十大工程"：十大重点基础设施工程、十大科技研发创新中心、十大百亿级高新技术产业项目、十大内陆开放高地的重要支撑载体、十大高新技术企业总部、十大科技产业服务平台。

断平台，开展了"基础研究—应用基础研究—成果转化"的一体化科研，大大提高了技术创新的效率。明月湖实验室于2024年11月揭牌，汇聚了一批材料学领域的国内外专家学者和高水平研发团队，以新一代颠覆性储能材料、高性能轻量化材料、智能新材料和材料智能设计研究等为研究方向，为重庆材料产业的发展提供支持。明月湖实验室将以核心实验室为中心，以科研和产业为两翼，打造网络圈、生态圈和产业集群圈，通过"生产一代、研制一代、预研一代、探索一代"的科技布局，打造重庆万亿材料产业格局。

3.重庆两江协同创新区

重庆两江协同创新区作为"一城多园"创新体系建设的重要组成部分，坚定走"科创+产业+人才+金融"融合发展的道路，瞄准数字科技、数字智造等新兴产业以及数据要素领域的"卡脖子"技术，设立开放式和国际化的高端研发机构，汇聚全球的创新要素，促进高校和科研院所开展协同创新合作交流，强化产业、人才、生活、生态"四个协同"，构建全要素全链条的创新生态。

两江协同创新区重点在创新企业引育、新型研发机构优化提升两个方面发力。2023年7月，重庆两江新区管理委员会办公室印发了《重庆两江新区高新技术企业和科技型企业"双倍增"行动计划实施方案（2023—2027年）》，聚焦创新链、产业链、资金链、人才链深度融合，通过持续壮大科技型企业、精准引育高新技术企业、加快培育科技领军企业三方面的举措着力构建科技企业梯次培育体系；通过支持科技企业建设重点实验室、技术创新中心、企业技术中心、制造业创新中心、工程研究中心等创新平台的方式支持企业进行自主创新，同时鼓励企业开展产学研协同创新，加强跨区域科技交流与合作，主动融入全球创新网络，从而全面提升科技企业产业创新的能级。该方案还明确要发挥两江协同创新区创新资源集聚的优势，建设大型科技企业孵化园，打造大型创新创业孵化社区，并依托欧美同学会和离岸基地合作中心、海外站点等国际资源，持续推进孵化载体特色化国际化发展。

同年12月，重庆两江新区管理委员会办公室印发了《重庆两江新区促进新型研发机构高质量发展若干措施》，通过创新运行机制体制、突出产业技术创新、促进科技成果转化、推动孵化高成长性企业、搭建共享服务平台、健全创投基金体系、扩大开放应用场景、加强人才团队建设、提高服务保障水平、强化统筹规范管理等一系列具体举措助力提升新型研发机构的发展质效，推进两江协同创新区产业链和创新链深度融合。

4.中国（绵阳）科技城

新中国成立后，绵阳在"三线建设"的积累下拥有了以中国工程物理研究院为代表的一批大型军工科研机构和以长虹、九洲等为代表的一批大中型骨干企业，成为国家重要的国防军工与科研生产基地和电子信息产业基地。2000年9月，党中央、国务院考虑到绵阳在国防军工方面的特殊战略地位，作出建设绵阳科技城的重大战略决策。从2001年开始，国务院先后批复绵阳科技城发展纲要和四个五年发展规划，并成立部际协调小组，为不同时期绵阳科技城的建设发展做出部署和安排。2022年7月，国务院办公厅出台文件，支持绵阳科技城建设具有全国影响力的中国特色社会主义科技创新先行区，明确绵阳科技城建设"科技体制机制改革先行区、成渝地区双城经济圈创新高地"等战略定位，赋予绵阳科技城为国家科技创新探索路径的光荣使命。在成渝地区双城经济圈的建设中，绵阳科技城肩负着国家科技创新研发和科技成果转化的重任。

绵阳科技城的空间布局为"一核多园"，"一核"指绵阳市辖区全域，集中布局一批高能级科技创新平台、重大产业化项目和现代化城市基础设施，重点承载科技创新、创业孵化、产业发展等功能，是建设绵阳科技城创新驱动发展的核心载体；"多园"指四川江油高新技术产业园区、四川三台工业园区、四川北川经济开发区、四川梓潼经济开发区、四川盐亭经济开发区等绵阳市内的多个省级以上开发区。

绵阳科技城在建设发展中，最具特色的当数科博会与核技术、商业航天两大产业的发展。从2013年开始,绵阳科技城每年定期举办面向国际的科技博览会——中国(绵阳)科技城科技博览会,瞄准国际科技创新前沿动态和国内发展需求,有效汇集全球的高端创新资源,开展对外开放交流与合作,把绵阳科技城打造成为立足绵阳、服务四川、连通全国乃至全球科技创新资源的"大平台"。截至2024年11月举办的第十二届中国(绵阳)科技城国际科技博览会,绵阳科技城累计参展参会国家和地区已达65个,签约科技合作类等合作项目3600余个。[①]绵阳科技城从三线建设起步,在核技术产业方面布局建设了若干重大平台和重大科技基础设施,正在各个领域发挥着不可磨灭的作用,如由中国工程物理研究院流体物理研究所研制的拥有国产自主知识产权的医用回旋加速器和"绵阳造"花瓣加速器,前者已经使我国实现了核医学事业上的自主可控,后者由于其具有更高的技术含量和更大的应用潜力将开启工业CT(工业用计算机断层成像)新篇章。绵阳从2016年开始布局航天产业,先后参与过神舟十号、嫦娥四号等重大任务,目前已布局建设了包括火箭制造、卫星研制和生产、总装测试、发射服务和数据应用在内的商业航天全产业链。

(二)共建"一廊":增强协同创新能力,共建成渝科创走廊

"一廊"是指成渝科创走廊。成渝两地致力于依托川渝地区完备的交通条件,发挥成渝国际综合交通枢纽的集群优势,联合两地的高新区,聚焦前沿技术和发展需要,携手专家智库等开展技术攻关,构建"成渝总部研发周边成果转化"的协同创新及成果转化模式,共建成渝科技创新走廊,推动创新成果在沿线园区产业化,提升成渝双城经济圈的协同创新能力。在成渝科创走廊中,目前开始规划建设的主要是成渝中线科创走廊。成渝中线走廊以成都和重庆主城区为起点,涵盖成渝中线高铁、成遂渝铁路、成渝高铁三条

[①]《1000余项"高精尖"展品亮相第十二届中国(绵阳)科技城国际科技博览会》,据新华网网站:http://www.news.cn/20241106/e29157311e1b47bd907a6645ec95fad8/c.html。

铁路，成渝、成安渝、成资渝、成遂渝四条高速公路和若干条国道，将沿线的四川省五市和重庆市九区有机串联，覆盖面积达5.4万平方公里，人口总数占两省（市）的42%，GDP占53%，高校院所占72%，创新平台占85%，拥有七个国家级高新区和九个省级高新区[①]，丰富的创新资源使得成渝中线科创走廊在成渝科创走廊中发挥着举足轻重的作用。2024年5月，在川渝携手同心助力成渝中线科创走廊行动启动会上发布的《川渝携手同心助力成渝中线科创走廊行动方案》对成渝中线科创走廊的建设作出了具体规划，明确通过调研建言共谋行动、科创要素共享行动、科创平台共育行动、科技攻关共克行动、科技转化共推行动、科技支持共引行动、创新生态共创行动七项具体行动逐年推动成渝中线科创走廊沿线市（区）创新能力的提升，力争到2027年将成渝中线科创走廊建成具有全国影响力的科创走廊。

目前，成渝两地已经在七项具体行动方面付出了诸多努力，并取得了一些阶段性成果。如在科创要素共享方面，成都农村产权交易所通过探索跨区域交易机制，使得重庆地区农村的闲置资产可以在成都进行交易，畅通了两地农村产权要素的流动渠道，有利于农村产权交易市场的发展；成都科创生态岛和重庆明月湖的科创服务平台实现了企业需求和科技成果等信息的互联互通，建立了快速对接机制，并将进一步全面打通系统数据的共享共用。在科创平台共育方面，成渝两地通过共同对接国家战略科技资源，正携手共建西部科学城和成渝综合性科学中心；已经联合布局建设了国家重大科技基础设施11个，重组了国家重点实验室26个；中新（重庆）超算中心和国家超级计算成都中心等数据和算力实现相互开放。[②]在科技攻关共克方面，成渝两地聚焦装备制造、电子信息和生命健康等优势产业，联合开展技术攻关项目共

[①]《全国政协委员杨丹：加快建设成渝中线科创走廊》，据九三学社四川省委员会网站：https://www.93sc.gov.cn/wwwroot/News.aspx?id=42139 。

[②]《看川渝协同创新怎样"同题共答"》，《重庆日报》2024年12月30日。

101项，突破了包括地下复杂空间应急处置智能机器人在内的一批关键核心技术；成渝两地还通过整合科技资源各自开展了专项技术攻关，如成都的未来产业前沿技术创新与成果转化专项行动、重庆的"5+8"重大（重点）专项。在科技转化共推方面，成渝两地共同建设了国家科技创新汇智平台、国家军民两用技术交易中心、先进技术成果西部转化中心等平台，联合开展技术经理人培育，共同组织企业和高校间的成果对接活动，促进科技成果落地转化。在创新生态共创方面，成渝两地还共同推进职务科技成果权属制度改革，建立了科技人才共享共用机制，推动天府英才卡和重庆英才卡的相关服务对等互认。

在七项行动中，成渝两地还注重借助党外科技人才的力量，汇聚党外科技资源，建立统一战线，助推两地的协同创新活动，如在科创要素共享行动中，构建川渝党外科技人才的协同创新体系，建设成渝中线科创走廊的企业库和项目库，联合开展招才引智活动，承接高端技术转移，促进人才和技术要素跨区域流动，促进关键核心技术攻关和国际交流合作，全面增强成渝两地的协同创新能力；在科技攻关共克行动中，成渝两地的统一战线聚焦高端装备制造、人工智能等前沿领域，实现关键共性技术攻关和产业共性难题突破；在科技转化共推行动中，将党外科研人员和高校的科研成果与科创走廊内的企业进行对接，引导重大科技成果向成渝中部流动和转化，实现产学研合作等。

（三）共建"一高地"：推进优势产业合作，共建全国新经济示范高地

成渝两地在共建全国科技创新中心的过程中，聚焦汽车、电子信息、生物医药等重点产业，协同合作推动优势产业发展，助推产业链供应链优化升级，打造新经济示范高地。

1.汽车产业

成渝地区的汽车产业成熟度高、关联度高、产业链长、带动性强，是两地的支柱产业之一，在两地双城经济圈建设中发挥着至关重要的作用。在汽车产业协同发展方面，两地发挥各自的比较优势，协同开展技术研发，推动制造和服务两业融合，致力于打造世界级智能网联新能源汽车产业集群，将成渝地区建设成为世界重要的汽车研发、制造和应用基地。

两地积极推动成渝地区汽车企业、高校和科研院所之间的产学研合作，围绕动力电池、电机驱动、整车控制、车联网、自动驾驶等系统，加大研发资金投入，加强技术合作，突破关键技术，开发新产品，协同推进汽车产业技术创新。

成渝两地还加强零部件互配互供，召开汽车行业的交流活动，如举办"智联成渝·智创未来"主题论坛、成渝地区两轮车智能与电动化创新合作研讨会等，加强成渝两地整车制造企业和零部件制造企业之间的交流与合作，推进汽车产业链在两地间的延伸。

除此之外，两地还聚焦氢燃料电池和智能网联汽车两个重点，在成渝经济圈内的主要高速走廊配备充换电基础设施，进行道路基础设施信息化改造，构建有利于氢燃料电池汽车和智能网联汽车示范应用的场景；联合申报国家燃料电池汽车示范城市群，在现有加油加气站点增加加氢功能，在港口码头、物流园区等其他区域建设加氢站，扩大氢燃料电池的使用场景，协同打造示范应用场景。

2.电子信息产业

在电子信息产业方面，成渝两地发挥各自在区位、人才、产业和政策等方面的优势，致力于打造具有全球竞争力的电子信息先进制造业集群。

成都作为研发中心和服务中心，依托高校和科研机构的技术支持，为企业提供电子信息行业的优秀人才。重庆作为制造中心和重要的物流枢纽，吸引国内外众多电子信息、集成电路领域的优秀企业汇聚于此，构建"芯—屏—器—核—网"全产业链，形成包括计算机整机和配套设备、集成电路、智能家电等在内的电子信息产业体系，两地坚持一体化、互补化发展，共同建设电子信息产业高地。目前，成渝地区的电子信息产业已经成为当地创新实力最强、产业基础最好、渗透范围最广、经济增长贡献最多的支柱产业，成为全国第一个跨省域国家级先进制造业集群。

未来，成渝地区还将强化优势互补，完善合作机制，充分发挥成都电子信息产业生态圈联盟、四川省智能终端产业联盟、重庆市通信智能终端产业协会的作用，构建和完善两地电子信息产业"川渝双链长+链主系列+产业基金+产业园+公共服务"的高能级平台机制，构建包括创新研发、会展及招商、物流在内的多种高能级产业发展平台，推动成渝两地电子信息产业高质量协调发展。

3.生物医药产业

在生物医药产业方面，成渝两地坚持差异化发展、互补性协同。成都的优势产业是医药产业，在化学药、中药、生物药等多个医药类细分领域都有非常深厚的底蕴，致力于打造世界级医药健康产业高地；重庆则在医疗器械方面更占优势，致力于打造覆盖全生命周期、内涵丰富、结构合理、特色鲜明的大健康产业体系，两地优势互补、协同发展，共同打造成渝地区生物医药产业集群。

在差异性发展的同时，成渝两地还加强生物医药产业园区的共同建设。成都聚焦生物医药、医疗健康和医药商贸等领域，以成都高新区和天府新区为发展核心，打造由成都生命科技产业园、成都天府国际生物城、成都医学城、天府中药城、华西医美健康城等不同产业功能区所构成的产业空间体系，营造产业生态；重庆则重点打造以重庆国际生物城为核心的国家级生物医药产业集群，构建"研发+平台+基金"的配套服务体系，支持新药研发和成果转化。成渝两地依托各地的资源禀赋和产业特色，发挥成都和重庆的极核带动作用和区域协同效应，加强研发、生产、流通等全链条的协同合作，共同构建成渝地区生物医药产业集群。

（四）共建"一区"：推动科技成果转化，共建西部创新创业引领区

"一区"指的是推动科技成果转化，共建西部创新创业引领区。成渝两地以推动科技成果转化和产业化、提高创新创业水平为关键,成立了一批有利于创新创业和科技成果转化的组织和平台,举办了一系列创新创业活动,还建立了相关的创新创业联动机制,使两地人才、基金、创新创业载体、创业大赛等要素有效集聚,形成优势互补、有机联动的创新创业服务体系,提高创新创业水平,致力于建设成为西部地区创新创业的引领区。

在组织和平台方面,两地合作成立了成渝地区双城经济圈创新创业联盟,通过共享创新创业资源实现优势互补,从而提高创新创业服务水平,构建良好的创新创业生态;成立了成渝人才服务联盟,为企业和人才提供科技成果转化、人力资源、会计审计、法律咨询、房地产咨询、人才公寓、智库支持等服务;搭建了成渝英才信息共享平台,加强两地人才的交流与合作,激发人才活力,服务两地创新创业活动。

在举办活动方面,成渝两地开展了"百园百校万企"创新合作行动成渝专场,助推成渝两地高校、企业和高新区等实现创新资源的精准对接和深度交流,在人才培养、技术攻关、成果转化、科技与产业融合等方面搭建桥梁,助推高校科技成果转化和企业关键核心技术攻关;举办了川渝青年创新创业大赛、成渝地区双城经济圈留学生创新创业大赛、"渝创渝新"创业创新大赛等双创活动,汇聚两地的高校、企业和各类人才,加深创业学习和交流,营造良好的创新创业生态,促进以硬科技为主的高水平双创活动。

除此之外,成都还有一些特色的做法,一是成立了成都高新技术服务超市,借鉴现代超市的经营理念,通过集聚来自政府、企业、高校、中介机构等市场主体的技术资源,整合研发设计、技术转移、人才服务、创新创业孵化等功能,打造标准化、网络化、品牌化的服务产品,为企业提供包括要素供给、科技成果交易、创业辅导培训、创新创业孵化等在内的多种服务,助推企业创业和成果转化;二是建立了一站式创新创业服务平台——"科创通"成都创新创业服务平台,通过集聚创新要素资源,为创业企业、创业团队、高校、众创空间、科技企业孵化器等提供了包括企业政务、技术转化、科技金融、孵化育成等在内的一站式、全流程的专业化服务，提高创新创业效率，助推科技成果转化。截至2024年底，"科创通"成都创新创业服务平台已经累计为42506家企业和157所高校服务，收集了共计499项创业需求，累计转化27737项科技成果。①

（五）共建"一港"：加强国际科技合作，共建内陆自贸港

成渝两地在共建科技创新中心的布局中，注重加强国际科技合作，通过成立国际科技合作基地联盟、规划建设"一带一路"国际技术转移中心等举措，深化对外科技合作，共同建设内陆地区自由贸易港。

2021年9月，四川和重庆整合两地的国际科技合作资源，成立了成渝地区双城经济圈国际科技合作基地联盟②，并签署《共建成渝地区双城经济圈国际科技合作基地联盟合作协议》，约定建立国际科技合作高端智库，搭建国际科技合作开放平台，构建成渝地区国际科技合作服务体系，加强成渝两地在人才、资本、技术等方面的国际交流与合作，深化两地在各领域的国际科技交流，助推成渝双城经济圈的建设。

2024年11月，科技部批复通过《成渝地区"一带一路"国际技术转移中心建设方案》，这标志着我国第一个面向"一带一路"国家的国际技术转移中心将落地成渝。根据该方案，成渝两地将依托两地的高校、技术转移机构、科技园区、科研院所和科技企业，为"一带一路"国际技术转移中心的建设提供网络化支撑，并围绕网络构建、平台建设、项目实施等多个方面重点开展工作。在构建国际技术转移网络方面，成渝地区将与沿线国家建立技术转移合作节点，加强技术双向转移和转化，建设面向"一带一路"的技术转移枢纽，推动产业链与供应链跨境融通；同时加强与国内技术转移平台的

---

①《科创通》，据成都创新创业服务平台网站：https://www.cdkjfw.com/index.html。
②成渝地区双城经济圈国际科技合作基地联盟：包括成渝地区的1家国际创新园、4家国际技术转移中心、18家国际联合研究中心和54家示范型基地，共计77家国际科技合作基地，涵盖生命科学、信息技术、汽车摩托车、新材料、生态环保、医药卫生等领域。

合作，与中国—东盟技术转移中心等跨国技术转移中心建立常态化合作关系，打通国际技术转移双向通道，构建国际技术转移要素集聚高地和科技成果双向转移转化高地，推动创新要素和产业链深度融合，构建多层次、有特色的国际技术转移中心体系。在平台建设方面，该方案明确在成渝地区建设国际技术转移服务平台、跨境技术交易平台和成果转移转化承载平台等。其中国际技术转移服务平台将整合成渝两地的创新要素资源，建设需求两方的数据库和信息库，提高信息获取效率；跨境技术交易平台将大大提高成渝两地与"一带一路"沿线国家间的技术交易效率；成果转移转化承载平台将促进新技术、新产品的跨境技术转移，加快推动科技成果转化和产业化。在项目实施方面，方案强调通过"大"的国际科技合作项目和"小"的民生项目来开展与"一带一路"国家的合作。其中，"大"的国际科技合作项目主要聚焦智能科技、生命健康、绿色低碳等重点领域，"小"的民生项目则主要涵盖现代农业、防灾减灾、生命健康等领域。除了建设国际技术转移中心，成渝两地还通过举办"一带一路"科技交流大会，与"一带一路"沿线国家建立常态化工作机制，建设国际科技合作基地和国家企业技术中心，加强科技交流与合作，共建"一带一路"科技创新合作区。

除此之外，成渝两地还共同向上争取政策红利，在重庆高新区和成都高新区率先开展自由贸易港政策承接和体制机制先行先试，在此基础上共同向上争取将两地高新区纳入自由贸易港试点范围，加强对外开放活力。

（六）共建"一机制"：积极发挥市场作用，共建要素自由流动机制

成渝两地在共建科技创新中心的进程中，坚持先区域后城市，以市场化方式共建要素自由流动机制，使科技资源向重庆高新区、成都高新区两大创新极核集聚，并辐射多个创新节点。具体来说，成渝两地建立了科技资源数据目录体系，建设科学仪器设备公用平台，实现科学仪器设备在两地间的共享和共用；实行科技人才互认互通政策，在公共服务、社会保障方面建设共享机制，加强科技人才在两地间的自由流动，激发创新活力；实施高新区企业证照异地"一网通办""市场准入异地同标"等,推进市场监管一体化,鼓励两地企业进行跨区投资交流。两地还试点实施开放便利的人才政策,优化外国人因公来华的审批流程,实行跨区域人才"同城化融入"保障机制,完善人才出入境制度,对专技人才落户实行"零门槛",吸引和培养高端人才和创新团队。此外,两地还积极开展科技金融试点工作,设立专门的科技成果转化基金,完善跨区域授信模式,推动科技和金融深度融合,创新科技金融工作;打造具有研发创新特色的综合保税区,推动创新政策先行先试,发挥产业集聚和辐射带动作用,实现高水平科技自立自强。

为了更好地落实要素自由流动机制,两地市场监督管理部门还签订了《深化成渝高新市场监管一体化合作助推中国西部科学城建设框架协议》,通过五个方面来推动市场监管的一体化发展:一是开展了企业证照"一网通办"试点工作,建立了"市场准入异地同标"便利化机制,以同一标准办一件事,实现证照异地互办互发互认,实现无差别标准、零障碍准入,打造"无证明城市";二是共享投诉举报和消费维权信息,坚持消费投诉互通互调互处,为消费者维权提供便捷服务,营造一流的消费环境;三是建立案件移送、执法协助、联合执法等机制,在线索排查、立案调查、取证固证、案情通报等方面开展合作,交流执法办案经验,提高执法办案水平;四是在质量、标准和知识产权等方面开展合作,实现标准认证同标同步,提高区域产品质量和技术含量;五是共同培育龙头科技企业、创新型中小企业等创新企业,发挥企业科技创新的主体地位,助推科技成果转化,助力优势产业在两地间协同发展。

二、武汉全国科技创新中心

武汉是我国高校和科研院所最多的城市之一,还拥有众多的高新技术企业、制造业单项冠军企业、独角兽企业和千亿级万亿级产业集群,科教人才汇聚,创新资源集聚,拥有较强的创新禀赋和创新活力。长期以来,武汉坚持将科技创新和产业创新深度融合，鼓励高校、科研院所和高新技术企业协同合作，把科教人才优势转化为创新发展优势，突破了从0到1的基础创新和从1到100的产业创新，具有良好的科创环境。

2022年4月，经报国务院审核同意，科技部、国家发展改革委联合批复武汉建设具有全国影响力的科技创新中心，这是全国第五个科技创新中心。武汉科技创新中心的建设以坚持使命引领、融合创新、全球视野、绿色发展、深化改革为基本原则，以创新驱动高质量发展为主题，以提升"硬科技"创新策源功能、增强制造业全球竞争力为主线，以开放合作创新和深化科技体制改革为动力，以东湖科学城、光谷科技创新大走廊为主阵地，瞄准世界科技前沿和国家重大需求，主动融入全国创新链，走出了一条"支撑中部、辐射全国、融入世界"的新路子。

根据联合国世界知识产权组织发布的《2024年全球创新指数报告》，武汉全球科技集群排名位列全球第13、全国第5。由中国科学技术发展战略研究院发布的《武汉科技创新中心指数报告2024》显示，武汉科技创新能力稳步提升，科技创新中心指数得分达到了206分，较上年增加13分，提高了6.7%。由此可见，武汉建设全国科技创新中心的成效显著。

武汉以"光谷科学岛—东湖科学城—光谷科技创新大走廊—武汉都市圈"为主体，由小到大布局建设科创中心，加强中心城市、都市圈、城市群的创新协同，形成武汉都市圈"创新策源在科学城—孵化转化在大走廊—价值溢出在都市圈"的协同创新格局。

（一）空间布局：融入光谷科创大走廊

光谷科创大走廊是湖北省的重大区域发展战略，以武汉市东湖高新区为核心承载区，联动武汉市武昌区、洪山区、江夏区，辐射带动鄂州市、黄石市、黄冈市、咸宁市，目的是增强沿线市区的科技创新水平，打造成湖北的协同创新引领区。光谷科创大走廊以"一核一轴三带多组团"为基本布局，集聚高端创新要素，形成"源头创新—技术开发—成果转化—新兴产业"的全链条创新体系,成为国家创新体系的重要平台,是武汉建设全国科技创新中心的重要支撑。

1."一核":东湖科学城创新极核

东湖科学城以"一岛三板块"为基本布局。"一岛"指光谷科学岛,定位为东湖科学城的大科学装置集中设置区、光谷科技创新大走廊的创新源头区和国家基础科学及前沿应用的领头雁,将集中优势领域布局一批高水平实验室、重大科技基础设施群和研究型大学,形成科学氛围浓厚的区域科技创新源头,是武汉建设国家科技创新中心的重中之重。"三板块"指研发转化、产业发展和科技商务板块。研发转化板块致力于打通从源头创新和技术开发到成果转化与新兴产业发展之间的堵点,搭建一批关键技术研发平台、公共技术服务平台和成果转化服务平台;产业发展板块将聚焦一批重大项目,引进产业链龙头企业,打造国家战略产业集聚区;科技商务板块则主要规划建设一个集科技服务、城市服务、生态休闲等功能为一体的中央科技商务区。具体来说,东湖科学城的建设以强化源头创新、成果转化、企业培育和新兴产业生成四个方面的功能为主要目标。

在强化源头创新功能方面,东湖科学城依托武汉的高校院所和重点企业,建设了一批面向不同领域的高水平实验室,如面向光电科学的光谷实验室、面向空天科技的珞珈实验室、面向生物安全的江夏实验室、面向生物育种的洪山实验室等,构建湖北实验室体系;建设了一批重大科技基础设施并加强与高校院所和企业的有机衔接,打造共建共享、开放协同、共同创新的重大科技基础设施群。东湖科学城还鼓励高校院所参与建设一批跨学科的交叉前沿研究平台,如支持武汉光电国家研究中心建成引领光电科学发展的国际一流研究平台,支持华中科技大学和武汉大学围绕优势学科建设数字建造与安全、智能设计与数控等研究平台。此外,还加强高校"双一流"建设,一方面是引进省外高校在武汉建设学院,如建设中国科学院大学武汉学院;另一方面是支持本地高校如华中科技大学、武汉大学等围绕重点学科在东湖科学城建设分校。

在推进成果转化方面,东湖科学城支持龙头企业面向主导产业和未来产业的发展需求,联合国际创新资源,建设一批产业创新平台,如支持华为、阿里巴巴、腾讯等在东湖科学城建设研发总部,促进产学研结合,加速成果转化;支持高校院所和大型企业围绕重点领域建设一批机制体制灵活、市场适应能力强的新型研发机构,在管理和运行方面突破束缚、提高效率。在此基础上,东湖科学城还创新研发组织的模式,如支持科学家、企业家、投资人等开展跨界联合创新,共同选定研究方向和组织研发资源;支持重大创新平台建设公共技术服务平台,为用户提供定制化的科技服务。

在加强企业培育方面,东湖科学城积极推进硬核科技创业,支持重大前沿领域的国内外科学家、企业家、投资人等携硬核科技在东湖科学城进行创业,培育硬核科技企业链条,培育一批有自主知识产权的企业,完善创业孵化链条,鼓励高校院所、龙头企业等在重点领域建设孵化载体,提高孵化能级,引进硬核龙头科技企业,科学谋划一批事关国家长远发展的前瞻性、引领性、带动性重大产业项目,为科技型企业提供各类创新服务。

在完善新兴产业方面,东湖科学城建设了产业创新联合体,支持各类主体联合国际科技创新资源建立产业服务体系,同时注重打造新兴产业应用场景,推动新兴产业加速落成。

2."一轴":创新发展联动轴

创新发展联动轴指的是以东湖科学城为中心,依托地理优势和产业优势,串联武汉、鄂州、黄石、黄冈、咸宁五个城市的重点园区和重要创新平台,以点带面提高区域互联互通水平和协同创新水平,推动产业链、创新链、人才链、资本链的深度融合,将光谷科创大走廊打造成为集创新转化、产业协作、设施联通于一体的创新发展联动轴。

武汉、鄂州、黄石、黄冈和咸宁五市一直以来就是湖北经济发展较好、经济联系最紧密的地区。依托各自的区位优势、产业基础和创新资源,五个城市在创新发展轴中分别有不同的定位。武汉片区高校资源丰富,因此定位于建设具有全球影响力的科技创新策源地,引领、辐射和带动其他四市发展;鄂州毗邻光谷和鄂州花湖机场,定位于打造创新资源承载区,率先推进与武汉同城化发展,实现重大创新平台等资源共建共享,同时承接武汉的科技成果转化;黄石拥有丰富的制造业基础,定位于打造产业协作发展示范区,努力推动传统产业高端化、新兴产业集群化和优势产业品牌化发展,提升产业发展能级,推进跨市协同创新与产业协作;黄冈腹地空间广阔,定位于打造产业集聚区,以黄冈科技园等为载体,积极承接区域内优质产业转移;咸宁拥有优良的自然生态,致力于培育绿色产业体系,打造产业增长极和转型发展示范区,通过吸引和集聚高端科技创新人才,提高产业创新能力。

3. "三带":三条创新产业带

三条创新产业带指的是依托武汉、鄂州、黄石、黄冈和咸宁五市的产业基础,发挥比较优势,坚持协同布局、错位发展,融合产业链和创新链,打造世界级光电子信息产业带、国际一流的大健康产业带和具有国际竞争力的智能产业带三条特色产业带,培育具有全球竞争力的创新产业集群。

在世界级光电子信息产业带的建设方面,武汉片区发挥核心引领作用,依托湖北实验室和重大科技基础设施等重大创新平台,支持中国信科、长飞光纤等龙头企业做大做强,聚焦前沿技术攻关,突破关键核心技术,重点发展"光芯屏端网"五个领域的高端制造及相关服务环节;鄂州重点承接武汉片区成果转化项目,黄石加强与武汉片区的产业链配套发展,黄冈承接武汉片区产业转移与配套,咸宁加强产业链配套发展,分别布局了相关的具体产业。

在国际一流的大健康产业带的建设方面,五市紧密联动,加强产业协作,重点发展生物医药、医疗器械、生物农业和新型医疗服务等产业。武汉片区发挥创新引领作用,依托洪山实验室、国际生物安全实验室、武汉生物技术研究院等重大创新平台,支持人福医药、华大基因等龙头企业发展,聚焦生命健康前沿领域，顺应生物技术发展规律，加强先导产业的布局和研发；鄂州承接武汉片区科技成果转化与产业化项目；其他三市利用武汉的溢出效应，分别布局建设相关细分领域的产业。

在具有国际竞争力的智能产业带的建设方面，五市联动合作，聚焦世界发展前沿，加快突破前沿理论与核心算法，推进人工智能应用场景开放，布局人工智能软硬件产品，重点发展人工智能软硬件、智能制造、智能网联汽车、数字建造等领域。在产业协作上，武汉片区依托武汉人工智能计算中心、国家数字化设计与制造创新中心等重大创新平台，做大做强小米科技、华中数控等龙头企业，引进国际顶尖人工智能企业，布局人工智能应用场景具体行业；其他四市也依托各自的区位特点在相关领域进行布局发展。

4."多组团"：多个特色功能组团

除了"一核""一轴""三带"，光谷科创大走廊还布局建设了若干个创新与产业发展组团，主要功能是承接东湖科学城创新资源与成果外溢，承担科技成果转化等，包括大光谷创新组团、红莲湖—葛店科创组团、鄂州机场临空组团、环大冶湖智造组团、黄冈特色产业组团、咸宁绿色产业组团。

大光谷创新组团以武汉东湖新技术开发区为核心，联动江夏经济开发区、光谷南大健康产业园、融创智谷互联网产业园、中科武大·智谷等产业园区，重点发展光电子信息产业的"光芯屏端网"产业、大健康产业和智能产业，建设世界级的产业集群。红莲湖—葛店科创组团包括葛店经开区、红莲湖科技城、梧桐湖生态城、葛店南部生态岛等特色园区，重点打造新型显示配套生产基地和生物医药研发生产基地，致力于打造光电子信息产业集群和大健康产业集群。鄂州机场临空组团发挥鄂州花湖机场航空物流枢纽的建设优势，推进鄂州、黄石、黄冈三地的临空经济区建设，打造智慧物流中心，建设智能临空技术研发与产业化基地。环大冶湖智造组团包括黄石大冶湖高新技术产业开发区、黄石经济技术开发区、黄石新港（物流）工业园区等多个园区，致力于打造电子元器件生产制造基地和智能制造研发生产基地。黄冈特色产业组团包括黄冈高新区、黄冈科技园、黄冈产业园等园区，致力于打造智能终端生产基地和特色中医药研发生产基地。咸宁绿色产业组团主要包括咸宁高新技术产业开发区，定位于打造智能机电研发生产基地和新型显示配套生产基地。

（二）人才发展：武汉英才计划助力产业人才评价

武汉高度重视人才在推进科技创新中的作用，以产才融合为导向，实施"人才强市"战略，通过实施武汉英才计划完善产业人才评价机制，并以此为导向开展人才引进工作，使得高层次创新人才在武汉竞相集聚，形成"雁阵效应"，为建设具有全国影响力的科技创新中心赋能。

武汉英才计划坚持"谁用才谁申报"的原则，以用人单位常态化举荐的方式对战略科技人才、产业领军人才、优秀青年人才进行分类认定。战略科技人才指的是在某一科技领域有突出贡献、研究成果达到国内外领先水平、对武汉市重大科技创新平台建设和产业发展升级具有重要引领带动作用的顶尖人才或团队。产业领军人才指的是拥有关键核心技术和自主知识产权、在带动企业发展和产业转型方面具有突出业绩的人才。优秀青年人才是指业务水平高、创新能力强，在相关领域有显著成果和突出业绩的40岁以内的骨干人才。

除了从人才层次方面对人才进行分类认定，武汉英才计划还在一些领域设置了专项计划对相关人才进行评价，如培育支持专项和区域特色人才专项。培育支持专项聚焦经济社会发展中的重点领域，以先进制造、科技创新、医疗卫生、现代服务业、教育、现代农业、文化体育旅游、产业工匠、城市建设、社会工作等多个专项对相关重点人才进行评选和认定，如在科技创新领域，对在武汉地区注册的国家实验室、国家技术创新中心、新型研发机构、中试平台等科创平台从事科技创新工作的人才进行评选，对入选人才提供资金支持。区域特色人才专项是指武汉各区依据各自的产业发展方向设置的区域性人才专项评价机制，如"3551光谷人才计划"通过推行人才注册制和动态评价积分制，为东湖高新区构建了多元化的人才评级体系，推动人才国际化、高质量和精细化发展。

以人才评价机制为基础，武汉市以"高精尖缺"为人才引进标准，实施"英才聚汉""楚才回汉""学子留汉"等工程，通过发放住房补贴、生活补贴、购房补贴、就业创业补贴等方式，对高校毕业生、海归人才等分类施策，鼓励引导科技人才向产业一线集聚，实现精准引才。此外，武汉还在管理方面发力，通过成立武汉人才集团和建立武汉人才工作网，集中提供人才服务，提高人才工作效率。武汉人才集团围绕武汉"人才强市"战略和经济发展需要，在引才、育才、留才、用才等方面提供服务，聚焦高层次人才引进培育、高品质人力资源供给和高水平科技创新服务三大重点功能，力争成为武汉高端人才集聚平台、全国人才高地建设平台和国际人才交流合作平台。武汉人才工作网设置咨询中心、人才政策、服务大厅等多个栏目，梳理和汇总发布武汉的各类人才政策，宣传各类人才活动，发布人才招引公告，为各类企业和人才提供方便。

（三）成果转化：产学研共促科技成果转化落地

在推进具有全国影响力的科技创新中心的建设中，武汉高度重视科技创新和产业创新的融合，坚持问题导向、需求导向，坚持产学研一体化发展，努力把科教人才优势转化为创新发展优势，系统解决科技成果转化"最后一公里"和科技企业培育"最初一公里"问题，于2024年1月印发《武汉市促进科技成果转化的若干政策措施》，以打造校地深度融合发展先行区、打造创新成果场景应用优选区、打造成果转化创新生态示范区、打造技术转移转化交易活力区、打造成果转化综合服务集成区五个方面对武汉科技成果转化工作做出规划，促进更多科技成果由实验室走向生产线。

1.打造校地深度融合发展先行区

武汉通过促进高校院所服务地方产业发展、深化职务科技成果赋权改革、强化职务科技成果转化激励、加大科技人才培育力度、提升创新平台成果产出效能五个方面的举措来打造校地深度融合发展先行区,助推科技成果的转移和转化。

在促进高校院所服务地方产业发展方面,武汉支持以产业需求为导向建设环大学创新经济带,与相关高校院所进行合作,促进创新创业;将人才留汉、科技成果转化和服务地方发展等指标作为对高校院所评价的重要依据;建立校地合作联席会议机制,统筹协调高校院所与地方在产业融合过程中遇到的问题。在深化职务科技成果赋权改革方面,支持各类企事业单位进行职务科技成果赋权改革,对成果完成人赋予一定比例的科技成果所有权和一定时间的使用权;探索职务科技成果单列管理制度,提高科技成果转化的灵活性;探索职务科技成果"先用后转"模式,降低成果转化门槛,提高转化效率。在强化职务科技成果转化激励方面,将单位科技成果转化的收益由本单位全部留存并进行统一管理,不上缴国库;适当根据科研人员的贡献给予个人一定的奖励。在加大科技人才培育力度方面,通过引进高端创新团队,对顶尖人才实行"一事一议"引进机制,提供定制化服务;支持青年科研人员以"用"为导向开展前沿应用基础研究;支持科研人员参加创业类、创新类比赛。在提升创新平台成果产出效能方面,支持市场主体对接创新平台,推动具有市场前景的原创性成果和颠覆性技术产出;鼓励创新平台以产业需求为导向,以"平台+企业+基金"模式进行成果就地转化。

2.打造创新成果场景应用优选区

建设创新成果应用场景可以在成果的需求方和供给方之间搭建桥梁,实现供求精准对接,在科技成果转化中至关重要。武汉多措并举,通过强化场景应用的牵引作用、加快"四新""四首"推广应用、强化企业创新主体作用和支持科技型企业发展等几个方面来打造创新成果场景应用优选区。

在强化场景应用的牵引作用方面,武汉发布场景应用开放清单,鼓励市场主体开放场景资源,并对创新成果场景应用友好单位进行认定,鼓励被认定的单位提供创新成果应用机会,帮助其实现技术迭代升级和产品应用推广,加速科技成果转化落地。在加快"四新""四首"推广应用方面,推动新技术、新工艺、新材料和新产品就地应用,支持首台重大技术装备、首批次新材料、首版次软件、首轮次工程流片芯片市场首用。在强化企业创新主体的作用方面,武汉支持科技型领军企业牵头建立实验室,围绕重点产业推进重大科技专项,给予资金支持。在支持科技型企业发展方面,武汉对处于不同发展阶段的科技型企业开展"育苗计划""跃升计划""瞪羚计划""引领计划"等,帮助企业提高科技水平,支持科技型企业发展;通过设立"武创券",为科技型中小企业提供各类科技服务。

3.打造成果转化创新生态示范区

武汉还通过建设中试平台、成果转化中心和新型研发机构等方式积极营造有利于成果转化的创新生态,致力于建设成果转化创新生态示范区。

一是推动中试平台提档升级。优化布局一批重点中试平台,推进各级中试平台开放共享,为科技成果提供中试熟化、检验检测等服务;建设科技成果转化中心,提供包括技术研发、中试熟化、检验检测等在内的多种功能。二是推进新型研发机构提质增效。支持国内外高校院所在武汉成立新型研发机构,提供订单式的研发和转化服务;打通"技术研发+中试熟化+技术转移+投资融资+企业孵化"成果转化的全链条,优化新型研发机构的功能;支持武汉产业创新发展研究院构建完善的"政产学研金服用"创新转化体系。

4.打造技术转移转化交易活力区

为了促进科技成果的转化,武汉还致力于通过建设辐射全国的技术交易大市场、培育壮大技术转移专业力量和支持开展技术交易活动等方式来促进技术成果的交易,打造技术转移转化交易活力区。

一是建设辐射全国的技术交易大市场。引进全国知名的技术转移机构,促进多元主体协同、线上线下相融合,努力形成服务武汉都市圈、长江中游城市群,链接长三角、粤港澳大湾区,辐射全国的技术交易大市场;完善技术交易服务链条,健全多元化科技成果市场交易定价模式,提供科技成果转化涉及的各类服务；支持高校院所和企业等进场交易。二是培育壮大技术转移专业力量。鼓励高校院所开设科技成果转化相关的课程，设置相关专业，培养高层次专业人员；支持高校院所单独或联合企业设立技术转移机构，开展专门的成果转化服务；打造技术经纪人队伍，探索设立相关的专业职称，开展相关的培训和比赛等。三是支持开展技术交易活动。支持企业购买科技成果，并对企业、成果完成单位和技术转移单位等分别按一定比例给予奖励。

5.打造成果转化综合服务集成区

除了以上四个方面，武汉还从科技成果转移转化的全流程出发，通过建设科创服务平台、加强知识产权管理服务、加大科技成果股权投资力度、优化科技成果信贷服务供给、促进国有企业产业转型和改革创新、营造宽容的科技创新环境等举措来加强对科技成果转化的服务水平，积极打造成果转化综合服务集成区。

一是建设"武创通"科创服务平台。编制产业创新图谱，把握产业发展态势，根据产业发展的优势和短板有针对性地培养、引进企业和人才；根据产业创新图谱和企业发展需求，推动成果从样品、小试、中试到成品的梯度培育，促进产业链、创新链、人才链、资本链的深度融合；围绕创新端和需求端构建科技创新网络，建设科技网格服务团队，开展政策宣传、跟踪服务、成果转化等工作。二是加强知识产权管理服务。建设武汉知识产权保护中心和快速维权中心，构建知识产权领域的多元化纠纷解决机制；布局高价值专利培育中心，建设产业知识产权运营中心；支持企业、高校院所和科研机构等进行专利资源共享。三是加大科技成果股权投资力度。鼓励创投机构和天使投资人对科技成果转化加大投资力度；对以增资方式投资初创型科技企业的基金进行奖励，对符合特定条件且发生损失的予以补贴。四是优化科技成果信贷服务供给。支持设立科技金融专营组织，支持金融机构设立专门服务于科技型企业的部门等；加大对科技型企业贷款的服务力度。五是促进国有企业产业转型和改革创新。鼓励国企向实体型和创新型企业转型，带动科技型中小企业发展壮大，形成创新型产业集群；鼓励国企加大研发投入、加强科技成果转化等。六是营造宽容失误的科技创新环境。健全创新尽职免责减责机制，对在科技体制改革和开展创新工作中出现的失误，如果未违反法律法规的禁止性规定、未谋取私利、未造成重大损失和负面影响的，采取相应的免责或从轻处罚；在科技成果转化和产业化中遇到的新问题新情况，以保护创新主体的合法权益为出发点进行解决和处理。

（四）开放融合：强化区域协同创新和对外交流合作

武汉作为中部地区最大的城市，在武汉城市圈中发挥着重要的龙头牵引和辐射带动作用。因此，武汉在建设具有全国影响力的科技创新中心的布局中，积极加强与周边地区的交流合作，强化区域协同创新水平，构建武汉都市圈协同创新共同体。武汉探索跨区域的政策协同、产业协作、创新联动、资源共享、要素流动等机制，与武汉都市圈内其他八个城市建立了科技部门联络协调机制，成立了武汉都市圈智库联盟，组织武汉的院士专家和科技副总等科技人才为城市圈内其他城市提供技术服务，推动武汉科技资源和科技成果在都市圈溢出，实现区域协同创新和产业链协同发展。[①]武汉还与都市圈内其他城市共同布局建设重大创新平台，支持其他城市参与武汉的重大科技基础设施建设，支持武汉的重大创新平台在其他城市设立分支机构，实现城市圈内创新平台等资源的共享共用。武汉都市圈内还建立了核心技术联合攻关机制，鼓励由龙头企业牵头开展跨区域的联合创新和成果转化，加强跨区域创业孵化合作，实现都市圈内创新创业协同发展。

武汉还积极融入全球创新网络，主动对接全球科技创新资源，加强国际科技交流与合作。2024年11月，由武汉市科技创新局主办、武汉市科技成

[①] 武汉城市圈：以武汉为中心，联合周边黄石、鄂州、孝感、黄冈、咸宁、仙桃、天门、潜江8个城市构成的城市联合体。

果转化促进中心承办了长江中游城市群国际科技合作与技术转移系列活动，旨在加强长江中游三省的国际科技合作，推动三省之间实现科技创新资源的共享、共融和共创，有效对接科技创新资源与产业发展技术需求，促进国际区域技术转移和成果转化，推动长江中游城市群重点优势产业创新发展。武汉还支持企业"走出去"，加强对外投资和科技交流，推进国际科技合作与跨国技术转移。武汉市印发了《武汉市国际企业创新中心建设实施方案（试行）》，支持符合条件的武汉市国际企业研发中心和武汉市国际企业孵化中心建设国际企业创新中心，提高企业对外技术交流层级。武汉市还举办了"武汉外经企业沙龙"等系列活动，以企业海外需求为导向，搭建政企交流平台，为企业提供政策解读、业务培训、交流学习、风险防控、合作对接等服务，并为企业开拓国际市场提供保障。在这些政策的支持下，武汉市的一批企业如长飞光纤、人福医药、中建三局、中贝通信等已经构建了全球投资网络，其中通信行业的龙头企业长飞光纤已经在印度尼西亚、南非、巴西、波兰、墨西哥等多个国家进行对外投资，服务了全球上百个国家和地区。

第九章 生态构建：其他科技创新平台和园区创新体系的要素配置

晋创谷创新驱动平台作为引领区域科技创新的平台，除了可以借鉴科技创新中心这些科技领先地区的经验之外，还可以借鉴一些科技创新平台的建设经验。目前，陕西秦创原创新驱动平台、安徽合肥科大硅谷、天津天开高教科创园作为全国范围内正在建设的科创平台和园区，正引领当地科技创新走向新高地。

陕西秦创原创新驱动平台、安徽合肥科大硅谷、天津天开高教科创园分别于2021年、2022年、2023年成立，通过规划建设，在相应区域范围内形成了各具特色的空间布局，并依托各自的科创资源优势和产业基础等条件，带动区域科技创新。在运营和管理方面，陕西秦创原创新驱动平台、安徽合肥科大硅谷、天津天开高教科创园也分别形成了各自的一套体系，促进平台和园区的有序发展。这三个地方还根据建设重点提出一些特色举措，在区域科技创新的不同环节发挥作用，如陕西秦创原创新驱动平台的"科技成果转化"三项改革、安徽合肥科大硅谷的科大硅谷大讲堂和天津天开高教科创园的天开创新沙龙等。

这些创新平台和园区在规划建设、运营管理和特色举措方面的探索可以为晋创谷创新驱动平台的建设提供参考。

一、秦创原创新驱动平台

陕西科教资源丰富，拥有包括西安交通大学、西北工业大学、西北农林科技大学、西北大学、西安电子科技大学、长安大学、空军军医大学、陕西师范大学8所"双一流"高校在内的110多所高校和以中国科学院西安分院、中国科学院西安光学精密机械研究所、中国航空研究院等为代表的1800多家科研机构，拥有6个国家重大科技基础设施、200多万名专业技术人才、70多名两院院士和体系完善的实验室。但是，这些资源主要集中在西安、杨凌和宝鸡等地，在其他地市分布较少，且陕西整体科技成果转化不足，基础研究较薄弱，科技实力有待提升。①

在此背景下，陕西省委、省政府于2021年打造了秦创原创新驱动平台，致力于通过建设共性技术研发平台、组建创新联合体、推进校地校企合作、培养科技人才、实施科技成果转化"三项改革"等举措，消除科技成果转化的堵点和难点，打通科技创新和产业发展的融合通道，加快构建从研发到孵化、再到产业化的科技创新系统，最大限度地激发全社会创新创业活力，壮大科创企业队伍，发展科创产业，将创新资源优势转化为高质量发展胜势。

秦创原创新驱动平台以西部科技创新港和西咸新区作为总窗口，全省高新区为重要组成部分，各高校、科研院所、企业和各市都可以参与其中，各得其所、各取所需，共同建设陕西科技创新高地。

（一）规划建设

1.空间布局

秦创原创新驱动平台以"一总多区多平台"模式来推动陕西全域科技创新和高质量发展。"一总"指的是西部科技创新港和西咸新区总窗口，在秦创原创新驱动平台的建设中起到示范和引领作用；"多区"指在陕西其他地

---

① 《释放科教潜力，强化科技支撑》，据陕西省人民政府网站：https://www.shaanxi.gov.cn/xw/sxyw/202407/t20240709_2348415.html。

市和全省的高新区因地制宜打造的先行区和示范区；"多平台"指在全省范围内打造的立体联动"孵化器"、成果转化"加速器"和"两链"融合"促进器"平台。

西咸新区位于陕西省西安市和咸阳市建成区之间，区域范围涉及西安、咸阳两市所辖的7个县（区）23个乡镇和街道，是我国首个以创新城市发展方式为主题的国家级新区。西咸新区包括沣东新城、沣西新城、秦汉新城、空港新城、泾河新城五个新城及能源金融贸易区，目前布局建设了十大特色产业园（见表9-1），重点打造光伏、氢能、智能网联汽车三条主导产业链，新能源、数字经济、人工智能、先进制造、临空经济、自动驾驶汽车、大健康七大产业集群，培育生物医药、新材料、数控机床、现代金融等N个特色产业。

表9-1 西咸新区十大特色产业园

园区名称	园区范围	重点产业
西咸新区·沣东先进制造产业园	约9平方公里	先进制造、电子信息等
西咸新区·沣东统筹科技资源改革示范园	约6平方公里	软件和信息技术服务、集成电路、大数据云计算等
西咸新区·沣西人工智能产业园	约10平方公里	氢能、智能网联汽车、智能制造、高端数控机床等产业
西咸新区·沣西数字经济产业园	约6平方公里	数字经济、数字文化、智能终端等
西咸新区·秦汉自动驾驶产业园	约7.5平方公里	新能源汽车、智能网联汽车（物联网）、人工智能（机器人研发应用）、高端装备制造等
西咸新区·秦汉大健康产业园	约13平方公里	生命科学、健康工业、健康服务、新材料等
西咸新区·空港自贸蓝湾产业园	约4平方公里	临空生物医药、临空智能制造等
西咸新区·空港临空经济产业园	约11平方公里	电子信息、航空制造等
西咸新区·泾河双碳光伏产业园	约18.7平方公里	光伏产业链上下游、新材料等
西咸新区·泾河两链融合示范园	约10平方公里	高端智能化装备、新能源、新材料、氢能等产业

西部科技创新港——智慧学镇于2018年建立，位于西咸新区沣西新城，由西安交通大学与西咸新区联合建设，是我国第一所无围墙的大学，是陕西省和西安交通大学落实创新驱动发展战略、"一带一路"倡议和服务西部大开发建设的重要平台。西部科技创新港核心区设置了科研、教育、孵化和综合服务四大功能板块，其中科研和教育板块入驻了西安交通大学理、工、医、文四大方向的30个研究院、8个大型仪器设备共享平台，以及379个科研机构和智库。经过多年的发展，西部科技创新港已经建设了以国家重大科研平台等为主的创新策源圈层、以校企联合成果转化中心等为主的产教融合圈层和以科技产业孵化园等为主的产业培育圈层三大圈层，形成了"校地企联建、企业主体、产教融合、协同发展"的模式和"资源进港、成果出港"的全过程全要素创新生态。

依托西咸新区的资源，西部科技创新港凭借丰富的科教资源优势和产业优势成为秦创原建设的总窗口，发挥总统筹、总牵引、总服务和总示范等功能，构建"源头创新—技术开发—成果转化—产业育成"的全链条科技创新体系，营造各类要素开放融合的创新生态，提升秦创原的聚合力、辐射力和支撑力。

在总窗口之外，陕西支持各地发挥高新区在区域创新发展中的核心作用，以产业创新为重点，因地制宜地打造一批秦创原先行区和示范区。具体来说，西安作为省会城市，发挥都市圈和科技圈"双圈"的支撑引领作用，致力于高标准建设综合性国家科学中心和区域科技创新中心；宝鸡将重点建设"两链"融合产业承载示范区；渭南将重点建设战略性新兴产业培育先行区；延安将建设产业数字化转型省级示范区；榆林将建设能源革命创新示范区；汉中将建设装备制造高质量发展先行区；商洛将建设科技企业融通创新示范区；安康将建设绿色协同创新示范区；杨凌将建设旱作农业创新引领区。[1]

---

[1] 张梅：《陕西构建"一总多区多平台"加速全域创新》，《陕西日报》2023年4月30日。

除此之外,陕西还在全省各地布局建设立体联动"孵化器"、成果转化"加速器"和"两链"融合"促进器"平台,从而将各类创新要素汇聚在一起,构建"研发—孵化—产业化"的全链条创新体系,推动创新创业和科技成果转化。同时,秦创原总窗口还在各地市布局建设协同创新基地,各地市在总窗口建立离岸研发中心和飞地孵化器,实现总窗口和各地市创新资源的共享共用。

2.政策支持

为了推进秦创原创新驱动平台的建设,充分发挥创新对经济发展的引领作用,陕西省从2021年起先后发布了一系列政策文件,把创新优势转化为高质量发展成果。

秦创原创新驱动平台建设领导小组于2021年5月在汇集和凝练全省各级相关政府部门、产业开发区现有的创新政策的基础上,按照"系统""就高""落地"的原则,印发了《秦创原创新驱动平台建设政策包(总窗口)》,成为面向秦创原总窗口建设的重要政策支撑,涉及科技人才、成果转化、企业创新、科研平台、服务体系五大类共70条措施。政策还规定,这些政策措施已经落地的,按照原文件精神继续实施;未落地的,率先在秦创原总窗口实施,并不断推广至全省。

为了更好地落实总窗口政策,陕西省人民政府还先后制定两个三年行动计划,分阶段完成秦创原创新驱动平台的建设。《秦创原创新驱动平台建设三年行动计划(2021—2023年)》明确从2021到2023年,从四个方面建设秦创原创新驱动平台,即围绕产业链部署创新链,提升产业创新发展能力;围绕创新链布局产业链,加速科研成果转化和科技人员创业;打造"三支队伍",构筑创新创业人才高地;健全服务要素,优化科技创新环境。《秦创原创新驱动平台建设三年行动计划(2021—2023年)》还明确提出秦创原创新驱动平台的建设要围绕"一条主线",建好"一个窗口",突出"两个关键",聚焦"三大目标",打造"四性平台"。具体来说,就是紧紧围绕加速产业链和创新链深度融合的主线,建好西部科技创新港和西咸新区这个总窗口,突出抓好人才和机制两个关键,聚焦立体联动"孵化器"、成果转化"加速器"和两链融合"促进器"三大目标,将秦创原打造成为陕西省创新驱动发展的总源头和总平台,建设成为辐射带动西部地区、全国以及"一带一路"沿线高质量发展的市场化、共享式、开放型、综合性科技创新大平台。其中市场化平台强调通过公平的市场竞争,将科技创新成果和企业发展需求进行高效对接,使科技资源和创新产品与市场需求无缝衔接,提高科技资源的使用效率;共享式平台指的是要发挥平台各类参与者的作用,在科研基础设施、知识产权和产业集群等多个方面进行共建共享,让创新要素释放出更大的创新潜能;开放型平台指的是秦创原创新驱动平台要加强与其他省(市、区)的交流,加强与"一带一路"沿线国家和地区的合作,提升创新要素集聚效应和创新发展辐射带动作用;综合性平台是指要统筹线上与线下、虚拟与现实、现在与未来,完善创新的全链条功能。

《秦创原创新驱动平台建设三年行动计划(2024—2026年)》则提出,在2024—2026年期间,秦创原创新驱动平台有五个方面的建设任务,即全面深化"三项改革",深入挖掘科技成果转化潜能;强化企业创新主体地位,充分激发市场主体创新活力;加快构建现代化产业体系,大力培育发展新质生产力;深化"一总多区"协同创新,增强高质量发展新动能;优化科创生态环境,促进各类创新要素向发展新质生产力顺畅流动。

除了总窗口政策包和三年行动计划,陕西省还出台了许多细节性的政策,涉及创新平台建设、技术攻关、科技企业培育和发展、产业发展、科技成果转化、财税金融支持等多个方面,为秦创原创新驱动平台的建设提供了蓝图(见表9-2)。

表9-2 陕西省推进秦创原建设的主要政策

序号	文件名称	发布主体	发布时间
1	《陕西省创新联合体组建工作指引》	陕西省科学技术厅	2021.3
2	《实施科技项目"揭榜挂帅"工作指引》	陕西省科学技术厅	2021.3
3	《陕西省共性技术研发平台建设运行工作指引》	陕西省科学技术厅	2021.3
4	《关于加快推动秦创原立体联动孵化器总基地发展的若干政策》	西咸新区管委会	2023.3
5	《陕西省瞪羚企业培育认定实施方案》	陕西省科学技术厅	2021.4
6	《陕西省科技企业孵化载体管理办法》	陕西省科学技术厅	2021.5
7	《实施"两链"融合加快构建现代化产业体系三年行动方案（2021—2023年）》	陕西省科学技术厅	2021.5
8	《陕西省人民政府办公厅关于进一步提升产业链发展水平的实施意见》	陕西省人民政府	2021.5
9	《陕西省教育厅 陕西省科学技术厅关于进一步加强高校科技成果转化的若干意见》	陕西省教育厅、陕西省科学技术厅	2021.5
10	陕西省人民政府关于促进高新技术产业开发区高质量发展的实施意见	陕西省人民政府	2021.6
11	《优化创新创业生态着力提升技术成果转化能力行动方案（2021—2023年）》	陕西省人民政府	2021.8
12	《省属企业进驻秦创原创新驱动平台支持政策》	陕西省国资委	2021.8
13	《陕西省大学科技园管理办法》	陕西省科学技术厅、陕西省教育厅	2021.8
14	《陕西省新型研发机构组建认定工作指引》	陕西省科学技术厅	2021.8
15	《关于金融支持秦创原创新驱动平台建设的若干措施》	陕西省地方金融监督管理局、中国人民银行西安分行、中国银行保险监督管理委员会陕西监管局等八部门	2021.9
16	《关于加快推进陕西股权交易中心科技创新专板秦创原专区建设方案》	陕西省地方金融监督管理局	2021.10
17	《陕西省深化科技成果转化"三项改革"十条措施（试行）》	陕西省人民政府办公厅	2022.12
18	《支持秦创原创新驱动平台建设 打造科技创新高地若干财税措施》	陕西省财政厅等13个部门	2023.7

第三编　他山鉴策：国内创新示范区的范式启示

续表

序号	文件名称	发布主体	发布时间
19	《秦创原创新驱动平台建设省级政策包》	陕西省秦创原创新驱动平台建设工作领导小组	2023.11
20	《陕西省推行科技成果转化"先投后股"项目资金投资工作指引（试行）》	陕西省科学技术厅、陕西省财政厅	2023.12
21	《陕西省促进医疗卫生机构科技成果转化操作细则（试行）》	陕西省科学技术厅	2024.1
22	《陕西省科技成果转化尽职免责工作指引（试行）》	陕西省科学技术厅	2024.1
23	《职务科技成果单列管理操作指引（试行）》	陕西省科学技术厅	2024.1
24	《陕西省高校院所"三项改革"科技成果转化"以演代评"实施方案（试行）》	陕西省科学技术厅	2024.1
25	《陕西省推行科技成果先使用后付费工作指引》	陕西省科学技术厅	2024.3

这些政策中，有许多涉及创新平台的建设和科技成果的转化，这是秦创原建设中的两个重点。通过组建创新联合体、建设共性技术研发平台、建设新型研发机构等举措，秦创原建设了一系列创新平台，有助于实现关键核心技术的突破；通过科技成果转化，有效实现了产学研深度融合，解决了科技和经济"两张皮"的问题。

表9-3　秦创原涉及创新平台建设的政策

序号	文件名称	发布主体	发布时间	主要内容
1	《陕西省创新联合体组建工作指引》	陕西省科学技术厅	2021.3	明确创新联合体的功能定位、陕西省建设创新联合体的重点产业领域以及创新联合体的组建条件和组建程序，推动产学研优势力量的集聚和制约重点产业发展的"卡脖子"技术和关键核心技术的解决，全面提升自主创新能力和产业核心竞争力
3	《陕西省共性技术研发平台建设运行工作指引》	陕西省科学技术厅	2021.3	明确聚焦重点产业需求，以关键核心技术攻关、科研成果中试、产学研协同创新为使命，依托企业、高等院校、科研机构等各类创新主体，统筹重点实验室、工程技术研究中心等优质创新平台资源建设共性技术研发平台，并明确其重点任务
9	《陕西省新型研发机构组建认定工作指引》	陕西省科学技术厅	2021.8	明确新型研发机构的功能定位和主要任务，提出新型研发机构的认定条件和认定程序，促进新型研发机构的高质量发展，破解"科教优势转化不充分"难题，推进产业链和创新链深度融合

表9-4 秦创原涉及科技成果转化的政策

序号	文件名称	发布主体	发布时间	主要内容
14	《陕西省教育厅 陕西省科学技术厅关于进一步加强高校科技成果转化的若干意见》	陕西省教育厅、陕西省科学技术厅	2021.5	围绕陕西省高校实际情况，提出包括以需求为导向加强技术创新、加强专利管理、推动专利转化运用、加强成果信息披露、提高成果管理水平等在内的十大类共23条意见
17	《陕西省深化科技成果转化"三项改革"十条措施（试行）》	陕西省人民政府办公厅	2022.12	围绕职务科技成果单列管理、技术转移人才评价和职称评定制度、横向科研项目结余经费出资科技成果转化"三项改革"，提出包括"许可'先使用后付费'"、探索"权益让渡"转化方式等在内的十条措施，深化科技成果转化，激发科技人员创新创业热情，塑造发展动能
20	《陕西省推行科技成果转化"先投后股"项目资金投资工作指引（试行）》	陕西省科学技术厅、陕西省财政厅	2023.12	根据《深化科技成果转化"三项改革"十条措施》，探索通过"先投后股"方式，创新财政资金支持科技成果转化模式，并对"先投后股"的资金支持和组织程序进行了规定
21	《陕西省促进医疗卫生机构科技成果转化操作细则（试行）》	陕西省科学技术厅	2024.1	提出18条关于科技成果转化的操作细则，在全省52家医疗机构进行试点
22	《陕西省科技成果转化尽职免责工作指引（试行）》	陕西省科学技术厅	2024.1	在高等学校、科研院所和医疗卫生机构中贯彻科技成果转化中的"三个区分开来"，从而营造支持改革、鼓励创新、宽容失误、敢于担当的良好氛围
23	《职务科技成果单列管理操作指引（试行）》	陕西省科学技术厅	2024.1	明确了在高校和科研院所进行职务科技成果单列改革中的一些具体操作方式，如职责分工、登记管理、转化管理和监督管理等
24	《陕西省高校院所"三项改革"科技成果转化"以演代评"实施方案（试行）》	陕西省科学技术厅	2024.1	探索通过"以演代评"方式，对高校院所和医疗卫生机构参与"三项改革"线上线下路演的优秀项目给予支持，并在路演项目征集和遴选方式、项目评价、经费支持、项目管理和监督等方面提出具体方案
25	《陕西省推行科技成果先使用后付费工作指引》	陕西省科学技术厅	2024.3	根据《陕西省深化科技成果"三项改革"十条措施（试行）》有关规定，对试点单位通过"先使用后付费"方式将科技成果许可给企业使用中的具体事项进行规定，对科技成果的范围、工作平台、工作留才、补贴方式等进行规定

（二）运营管理

在秦创原创新驱动平台成立之前，陕西省于2008年成立了陕西省科技资源统筹中心，将全省的科技资源汇聚在一起，搭建了资源共享、研究开发、科技金融、成果转化、综合服务五大平台，致力于建设成为全省科技资源的共享点、科技成果的展示点、技术产权的交易点、科技金融的结合点、科学家企业家的活动中心。秦创原创新驱动平台成立之后，陕西通过建设秦创原创新促进中心、秦创原网络平台和秦创原发展股份有限公司来实现对秦创原创新驱动平台的管理，形成了"一中心一平台一公司"的框架体系。

秦创原创新促进中心成立于2021年3月，在秦创原创新驱动平台建设中发挥着政府主推的作用，通过贯通全省科技创新资源、促进科技成果转化等措施，促进技术与市场的有效衔接，构建了完善的科技创新服务体系。秦创原创新促进中心实行企业化管理和市场化运营，通过自行招聘、高校共聘、第三方机构共建等模式，组建了懂科技、懂产业、懂资本、懂市场、懂招商和懂培育的科技经纪人团队和"科学家+工程师"队伍，这些团队和队伍促进政策兑现、科技成果转化和科技企业孵化，推进政产学研金（政府、产业、学术界、研究机构和金融资本）的有效结合。秦创原创新促进中心还搭建了线上线下综合服务中心和线上服务平台，为全省科技创新企业和科技成果转化项目提供一站式服务。秦创原创新促进中心还加强与省内省外的交流与合作，助力协同创新。在省内，秦创原创新促进中心推动省级科技资源统筹分中心、省知识产权中心等多个平台在总窗口落地，并在地市设立了若干工作联络站和总窗口协同创新基地，促进总窗口创新资源的集聚和辐射；在省外，秦创原创新促进中心与临近的山西、宁夏、甘肃等地以及全国重点高校如清华大学、北京理工大学建立合作联动机制，与京津冀、粤港澳大湾区、长三角等地开展业务合作。

秦创原创新驱动网络平台于2021年建设运行，综合运用大数据、云计算、机器学习算法等技术，建设了科技资源、政策支持、创新大市场、科技金融、便民服务五大模块，通过大屏展示、PC端应用和微信小程序等方式，构建了完善的网络体系。在科技资源模块，秦创原创新驱动网络平台通过开发科技资源普查PDS（"平台+数据+标准"管理服务模式）数据上报系统，将全省的科技资源如国家高新区、国家创新型城市、国家自主创新示范区、中国西部科技创新港等集中展示在一个平台，综合展示科研仪器、科技人才、科技成果、科研机构等信息，构建了一个"创新地图"，为科技资源的开放共享提供便利，提高科技资源的使用效率。在政策支持模块，汇总展示了省级和各地市的创新政策，为创新主体寻找政策提供了方便。在创新大市场模块，秦创原创新驱动网络平台提供了中小企业研发服务系统、双创服务系统、成果登记服务系统、金融服务系统等多个系统，为创新主体提供了一站式找技术、找成果、找人才、找仪器、找场地的便利服务。在科技金融模块，秦创原网络平台为市场主体提供投融资等科技金融服务。在便民服务模块，秦创原网络平台以便携、方便、安全为原则，提供了包括省产业技术创新联盟认定、省创新人才推进计划审批、省高新技术企业认定等在内的各类服务。同时，秦创原网络平台还聚焦两链融合促进器、成果转化加速器、立体联动孵化器"三器"建设，展示了相应成果。

秦创原发展股份有限公司于2021年10月成立，围绕专业园区运营、科创服务、科技投资、共性技术研发平台四大核心功能定位，致力于通过市场化的运营，实现创新要素的全方位运营服务、创投基金的全周期布局和科技金融的全链条协同，完善科创服务体系，优化秦创原创新生态。秦创原发展股份有限公司提供了线上线下一体化的服务体系，在线上平台集聚了全生态的科创资源要素，全方位展示创新主体，促进需求对接和资源匹配，在线下提供专业的企业经纪人、技术经纪人和创业导师团队，为科创企业提供常态化的服务，为创业团队创新创业提供保障。秦创原发展股份有限公司针对计划入孵企业和在孵企业提供了不同的服务。对于计划入孵企业，由企业经纪人团队提供一对一的跟踪服务，进行需求对接，在商业计划梳理、企业诊断、路演推广等方面提供帮助，降低企业早期创业风险；同时及时跟进企业后续提出的个性化需求，并提供针对性的解决方案。对于在孵企业，围绕找技术、找市场、找人才、找资金等多个方面，为企业提供各类服务。

（三）特色举措：科技成果转化"三项改革"

为了解决科研人员面对科技成果"不敢转""不想转"和"缺钱转"的问题，自2022年起，陕西省提出了职务科技成果单列管理、技术转移人才评价和职称评定制度、利用横向科研项目结余经费出资助力科技成果转化这三个方面的改革举措，这些举措被称为科技成果转化"三项改革"。

职务科技成果单列管理有效解决了"不敢转"的问题。在高校院所、医疗机构等事业单位，职务科技成果一般按照国有资产进行管理，这使得科技成果转化面临着国有资产流失和减值的风险，进而导致科研人员和所在单位存在"不敢转"的顾虑。把职务科技成果从国有资产管理体系中剥离出来并进行单列管理，有效解决了"不敢转"的问题。

技术转移人才评价和职称评定制度解决了"不想转"的问题。技术转移人才评价和职称评定制度把科技成果转化贡献列为职称评审的重要指标，明确了技术转移人才参与职称评审的两条成长路径和评价标准。对于面向经济主战场开展新技术概念验证、中试熟化和产业化工作的高校教师，可以按照分类评审要求纳入"教学科研型"参加职称评审；对从事成果转化工作的专职科技管理人员，可以纳入工程序列进行职称评审。技术转移人才评价和职称评定制度拓宽了高校技术转移人才的职称评审渠道，激发了技术转移人才进行成果转化的积极性，解决了"不想转"的问题。

利用横向科研项目结余经费出资助力科技成果转化解决了"缺钱转"的问题。政策支持将横向科研项目结余经费以现金出资方式入股科技型企业，形成"技术入股+现金入股"的投资组合，盘活了横向科研项目结余经费，为科技成果转化注入资金活水，解决了"缺钱转"的问题。与此同时，这一举措将技术团队与企业和创投机构捆绑成利益共同体，进一步提高了科技成果转化的成功率。

为了更好地落实科技成果转化"三项改革",陕西省还制定了十条具体措施(见表9-5),对"三项改革"的细节进行补充,完善了政策体系。这些措施从不同的角度激发科研人员开展科技成果转化的积极性,为科技成果转化工作提供支持,有利于科技成果转化率的提高。具体来说,许可"先使用后付费"降低了中小微企业技术创新的成本和风险,构建起市场化评价科技成果的机制,进而提高了科技成果的转化率;"权益让渡"转化方式让职务科技成果的转化机制更加灵活,特别是"赋权+约定收益"方式,成功破解了科技成果转化中转化前景无法判断、转化价格无法评估的难题,实现了各方利益的最大化;"先投后股"试点创新财政资金支持方式,形成了财政资金循环运行的机制,提高了科技成果的转化率;设立"三项改革"计划项目,使得更多科技成果得以转化;加强技术转移人才队伍建设的措施,提高了技术转移队伍的专业性,有助于提高科技成果转化的成功率;建立作价入股专门持股平台,破解了高校院所的持股科技成果所有权的难题,将科技成果的所有权、运营权和收益权分离,提高了技术转移成功率;科技金融支持措施满足了科技成果转化全周期、全链条的资金需求,提高了科技成果转化的成功率;在科研项目立项和研发的全流程进行知识产权保护工作,有助于提升专利价值,形成合理的专利布局和系统的专利保护;支持横向科研项目结余经费作为科技成果转化收入并享受财税优惠政策,可以激发科研人员参与科技成果转化的积极性,提高科技成果转化效率;尽职免责机制消除了科研人员的后顾之忧,让科研人员能够放开手脚,专注开展科技成果转化工作,有助于提高科技成果的转化率。

表9-5 陕西省科技成果转化"三项改革"十条措施

序号	政策名称	具体内容
1	许可"先使用后付费"	高校和科研院所将科技成果许可给中小微企业使用，可以约定采取"零门槛费+阶段性支付+收入提成"或"延期支付"等方式支付许可费
2	探索"权益让渡"转化方式	在职务科技成果赋权改革基础上，支持高等学校、科研院所将单列管理职务科技成果的留存部分所有权，让渡给成果完成人，由成果完成人自主实施转化
3	开展"先投后股"试点	支持有条件的市（区）以科技项目形式向科转企业投入财政科技经费，在被投企业实现市场化股权融资或进入稳定发展阶段后，将投入的财政资金转换为股权，并按照"适当收益"原则逐步退出，形成财政资金循环运行的长效机制
4	设立"三项改革"计划项目	在省科技计划中设立科技成果转化"三项改革"计划项目，对开展"三项改革"综合试点单位、参与"三项改革"路演的优质项目等予以支持，推动更多科技成果转化、孵化、产业化
5	加强技术转移人才队伍建设	开展技术转移相关专业学历教育，加强高层次技术转移人才培养；支持科技经纪人全程参与成果转化活动
6	建立作价入股专门持股平台	深化职务科技成果单列管理，建立高等学校、科研院所科技成果作价入股的专门持股平台，将科技成果作价投资形成的国有资产单列管理
7	加大科技金融支持	发挥政府投资基金作用，引导金融投资更早进入科技成果转化阶段，进一步丰富产投、创投、风投等金融产品，探索对科技成果概念验证、中试、产业化等不同阶段差异化的金融支持方式，满足科技成果转化全生命周期资金需求
8	加强知识产权运用和保护	完善知识产权转移转化体制机制，支持高等学校、科研院所提升高价值知识产权成果产出和转化能力，培育发展综合性知识产权运营服务平台，加大知识产权保护力度，促进知识产权转化运用
9	加大财税支持力度	将高等学校、科研院所横向科研项目结余经费视为科技成果转化收入。横向科研项目结余经费出资科技成果转化的，视同科技成果投资入股，可选择使用递延纳税政策
10	完善尽职免责机制	遵循科技成果转化客观规律，对科技成果转化活动实行审慎包容监管，落实"三个区分开来"要求，采取"一事一议"，高校院所负责人履行勤勉尽责义务且没有牟取非法利益的，免于追究其在实施"三项改革"中的相关决策责任

除此之外，陕西还成立了秦创原（国际）路演中心，围绕路演服务、信息服务、数据服务、政策研究、企业及项目推介五个模块，为政府、企业、高校、科研院所、投融资机构等提供一站式的路演服务，助力陕西科技成果转化和资本市场发展。在路演服务模块，通过"线上+线下"多种形式

开展企业投融资路演、政府产业招商路演、产业园招商路演和技术需求对接路演活动,其中线下还打造了专业的路演场地空间,并提供配套服务,帮助各方实现精准对接。在信息服务模块,通过洞察龙头企业动态和技术前沿,为企业提供投融资咨询、项目查询和展示、产业信息咨询等服务。在数据服务模块,邀请知名创业企业的创始人、投资人、产业负责人就前沿趋势进行交流,同时邀请上市公司、大型企业CEO(首席执行官)及孵化企业CEO就企业发展共性问题进行交流。在政策研究模块,提供经济金融政策解读和宣传、政策咨询及指导等服务,实现政策咨询、申报和兑现的一站式服务。在企业及项目推荐模块,依托丰富的媒体资源,开展企业推广和项目发布工作。另外,秦创原还通过"每周发布"和"月度专场"的形式,围绕高校院所、重点产业链、"三项改革"等重点领域开展专场路演活动,进行常态化的成果路演、产品路演和场景路演。

二、科大硅谷

安徽省合肥市科教资源丰富,拥有以中国科学技术大学为代表的一批知名高校和以科大讯飞为代表的一批高科技企业,是中国第二个获批建设的综合性国家科学中心,拥有一批大科学装置,战略性新兴产业集群发展势头强劲,集科学、技术和生产为一体,与世界著名高科技产业区美国硅谷的特征极其类似。在这样的背景下,安徽省借鉴美国硅谷的成功经验,以中国科学技术大学等高校院所的全球校友为纽带,汇聚全球创新力量,在合肥打造了一个硅谷式的科创高地——科大硅谷,期望可以再现硅谷式的传奇。

科大硅谷于2022年6月成立,聚焦科技成果转化、创新企业孵化和创新生态优化,发挥体制机制创新的引领作用,成为合肥市乃至安徽全省的科技创新策源地和新兴产业聚集地,致力于推进产学研深度融合,通过汇聚全球优质创新资源,构建科产城融合的创新生态,努力建设成为极具活力、引领未来、享誉世界的创新之谷。

（一）规划建设

根据2022年出台的《"科大硅谷"建设实施方案》，"科大硅谷"以合肥高新区、蜀山园、高新园、讯飞小镇为主要功能承载区，通过集聚一批新型研发机构、公共创新平台和科技型企业，在空间上形成了"一核两园一镇"的布局。

1.核心区

科大硅谷核心区位于合肥高新区，通过规划建设一批高品质的创新创业平台，形成一个"科创+产业+自由交流空间"的集中连片区域，打造出科大硅谷的形象展示窗口。目前，核心区已经布局建设了若干园区，如中安创谷科技园、创新产业园、声谷产业园和芯智汇产业园等。

中安创谷科技园分六期建设，围绕人工智能产业、空天信息产业、网络安全产业、新一代信息技术产业、集成电路产业和智能网联产业，引进高端人才和科创企业，建设了一批高能级创新平台，如深空探测实验室和江淮前沿技术协同创新中心等，汇聚了众多基金和金融机构，建设了一批包括众创空间、孵化器、研发中试、加速器、总部基地等在内的高科技企业孵化载体，打造了集融资、人才、产业、政策、辅导、综合、品牌七大平台于一体的完整的科创孵化服务体系，推进创新链、产业链、资金链、人才链的深度融合，形成了"基地+基金+科创服务"的模式，逐步提升了区域影响力，增强了品牌效应，致力于建设成为国际一流的科创社区。

智能语音是安徽最具特色、在中国最具国际竞争力的人工智能技术。2012年8月，工信部与安徽省签署《关于共同推进安徽省语音产业发展合作备忘录》，标志着部省合作共建安徽语音产业发展的工作机制正式建立；2021年7月，中共中央、国务院发布《关于新时代推动中部地区高质量发展的意见》，明确提出支持建设中国声谷，中国声谷建设上升至国家战略层面。经过多年的发展，中国声谷已经建成了包括智能语音开放平台、类脑智能技术及应用平台、NLP（自然语言处理）开放平台和智能写作平台在内的四大技术服务平台,以及包括营销中心、制造中心、适配中心和企业服务平台在内的四大产业服务平台,规划了"孵化区－核心区－拓展区"的空间布局,形成了"基础应用技术+底层硬件+数据计算+智能终端+行业应用"的完整的人工智能产业链,构建起龙头企业带动、配套企业协同和政产研用紧密合作的良性发展生态,形成了人工智能产业门类最全、企业技术创新活力最优、金融服务支持最活跃、优惠政策集成度最高的人工智能产业集聚发展区。科大硅谷核心区的声谷产业园以中国声谷为基础,聚焦人工智能产业,通过集聚以人工智能为代表的智慧产业创客,发挥创业创新集聚效应,致力于打造成为全球人工智能创客中心和全国领先的人工智能产业发展高地。

2. 蜀山园

蜀山园包括中国科学技术大学片区和科学岛片区,位于合肥市蜀山区,通过打造中国科大科技园、博士创新创业园、科创市场服务中心以及科里科气科创综合体等,构建孵化功能区和国际合作区。

在中国科学技术大学片区,目前已建成硅谷大厦、西湖国际广场和立基大厦。其中硅谷大厦以人才、资金和资源为核心要素,重点吸引中国科学院为龙头的博士群体创建优质初创企业和培育优质产业项目,通过提供政策指引、资源整合、资本对接等定制化服务,打造集创业孵化、企业办公、科技金融、运营管理、科技成果转化于一体的国内一流科创综合体,形成由高端人才驱动的科大硅谷双创企业聚集空间,构建蜀山科创产业生态圈。未来,中国科学技术大学片区还将建设一个新医学成果转化加速平台,依托中国科学技术大学在生命科学、临床医学等领域的技术和人才优势,搭建专业化生产、实验、研发平台,提供企业孵化、中试和加速服务。另外,科大硅谷还将以科大蜀山园为引领,规划建设中国科大科技园,协同周边地区的高校,以科技创新推动老城区城市更新。

在科学岛片区,科大硅谷已建成科创驿站科学岛站、蜀山科技创业中心和自主创新基地,形成"众创空间—孵化器—加速器—产业园区"多层级、多类型、多主体的创业孵化链条。其中,科创驿站科学岛站设置有展厅、路演厅、众创空间和科技企业办公区等多个功能分区,成为集众创空间和孵化器为一体的综合性的科创载体;蜀山科技创业中心主要为科技型中小企业提供开展研发、生产所需的硬件设施,以及包括商务咨询和商务对接在内的各类软性服务,帮助企业在业务拓展和市场分析上获得优势,成为一个集研发、生产、商务、生活服务于一体的综合性科技企业孵化器;自主创新基地则侧重于产学研一体化发展,为高新技术企业提供现代化的生产基地。除了以上三个创新平台,科学岛片区目前也有许多在建和拟建项目,包括国际人才双创园、环境经济产业园、数字经济示范园和科学岛研创交流中心等。其中国际人才双创园和科学岛研创交流中心致力于承接中国科学院技术中试熟化与成果转化工作,推动合肥"新制造"产业发展;环境经济产业园致力于打造集科技成果丰富、人才力量雄厚、科研设施齐全、产业要素集聚为一体的新型战略产业集群;数字经济示范园则致力于将多种功能完美融合,形成城市生活中心,打造成为以绿色和生态为核心的综合体,配合产业政策、招商政策,优化完善产业链布局,打造数字经济发展新高地。

3.高新园

高新园位于中国科大高新园区周边,依托中国科大先进技术研究院、中国科学院创新院等空间载体,聚焦整合科技创新资源,引进科大讯飞、科大国创、科大国盾等一批科大校友企业,集聚国家实验室、人工智能研究院、数据空间研究院等高能级源头创新平台,致力于建设一个校友创业孵化和成果转移转化的集中区,打造区域产业创新生态网络,营造协同创新的环境。

中科大先进技术研究院是中国科学技术大学主体教学和科研体系的外延,致力于开展高新技术研发与应用和培养高端应用人才,坚持立足合肥、覆盖安徽、服务长三角、辐射全国,努力构建专业化的技术转移转化体系,建设成为科技成果中试基地和成果转化孵化基地;中国科学院创新院聚焦新能源与智能网联汽车、工业互联网等领域,以产业链部署创新链,以创新链布局产业链,加快推进重大科技成果转化、科技型高新技术企业孵化和创新创业平台生态建设,致力于打造成为全国一流的新型研发机构与产业技术创新中心,促进产业链和创新链的深度融合;中国声谷孵化区聚焦人工智能和信息技术应用产业,通过招引龙头企业和培育双创企业,努力培育新技术、新产品,催生新业态,建设新兴产业孵化区,推动高新园形成人工智能产业集群;高新孵化区则聚焦电子商务、生物医疗、集成电路等方向,系统推进技术研发、中试孵化、成果转化和企业孵化工作,促进科技成果转化和创新创业,打造区域产业创新生态网络,推动区域协同创新。

4.讯飞小镇

"讯飞小镇"是科大硅谷空间布局中的重要组成部分,位于合肥高新区西扩区域,定位于建设"全球人工智能产业界具有标志意义的高水平企业总部基地"和"青年人才向往和汇聚的人工智能产城融合高地"。"讯飞小镇"依托科大讯飞等龙头企业,以人工智能产业为引领,建设企业总部、研发中心和创新者共享与交流空间,完善现代高端生活设施,集聚产业生态企业发展群和产业公共服务平台,打造"生产、生活、生态"三生共融的创新生态,形成协同式、嵌入式的产业生态闭环,致力于建设成为国际一流、国内领先和承载未来的世界级人工智能产业地标和研发地标。

另外,科大硅谷还以创新单元建设为试点,按照"成熟一个、启动一个"的原则,有序拓展建设范围,优化创新资源配置,在合肥经开区、新站区、包河区、庐阳区、肥西县等多个县(市、区)和开发区建设了若干创新单元,形成若干专业片区。目前,已建成的创新单元已有30个,包括平台类创新单元和载体类创新单元两类,前者借助合肥市已有的科技资源,以国家综合性科学中心各类研究院、市级新型研发机构、国家级孵化器等高能级平台为主体,主要用于承接科大硅谷各类高层次人才、成果转化项目和创新创业团队,如合肥综合性国家科学中心能源研究院、合肥综合性国家科学中心大健康研究院、合肥综合性国家科学中心数据空间研究院等;后者以"科大硅谷"规划片区外的高品质载体空间为主，通常在位置、配套设施和政策环境方面具有优势，主要用于承接"科大硅谷"全球合伙人及产业化项目，如高新大数据产业园、庐阳数据产业园、经开区中德合作创新园等。

（二）运营管理

科大硅谷的运营管理充分体现了有为政府和有效市场的良性结合。政府发挥统揽全局的作用，制定科大硅谷的战略规划、目标定位、空间布局、组织模式和运行机制等。在具体的运营和管理上，政府不直接参与，而是发挥市场和社会各方的力量，创新性地建立了一套"领导小组+服务平台公司+全球校友事务部+创新单元+属地政府"的市场化运营机制。

领导小组由政府及有关部门、中国科学技术大学等方面的负责人组成，通过定期召开领导小组会议等方式，统筹推进"科大硅谷"的建设工作。

科大硅谷服务平台有限公司按照市场化方式组建，面向全球遴选专业团队进行运营，致力于汇聚全球高端创新创业资源，培育新兴市场主体，推动科技与经济深度融合，构建"科大硅谷"全业态、全场景、全链条的科技创新体系。通过创新政企合作模式，科大硅谷服务平台公司整合了市场资源，成为链接有效市场和有为政府的枢纽化科技产业组织。

"科大硅谷"全球校友事务部设置在服务平台公司之下，由中国科学技术大学等国内外高校院所的校友代表组成，以"服务师生、惠聚校友、支持地方"为宗旨，建立全球校友和校友企业数据中心，搭建要素对接桥梁，常态化开展全球校友的对接和服务工作。全球校友事务部发挥中国科学技术大学等高校院所在国际上的校友资源优势和影响力，通过开展一系列主题巡讲活动、学术交流活动、行业类校友活动、科创项目团队路演活动等，以多样化的宣传形式在校友之间传播"科大硅谷"的理念，吸引更多国内外校友参与"科大硅谷"的建设。全球校友事务部还积极对接海外科创资源，吸引一批国际一流高校院所和企业等在科大硅谷设立分支机构，让更多优质项目在科大硅谷落地。全球校友事务部还在创新资源富集区域设立若干海外创新中心和海外联络站，主要任务是开展国际科技创新交流合作和离岸孵化等工作，目前已经在法国里昂、日本东京、美国硅谷、英国剑桥、以色列等地建成海外创新中心，并组织了多轮海外招商活动和招引推介活动。

（三）特色举措

为了进一步促进创新创业，科大硅谷借助现有的科创资源，创新性地打造了一些品牌活动，如科大硅谷大讲堂、"未来新徽商"特训营科大硅谷班等，还成立了中国科学技术大学科技商学院和科漂驿站等，为创新创业者提供良好的服务，优化创新创业生态，助力科创高地的建设。

1.科大硅谷大讲堂

为了汇聚创新资源、激发创新活力，"科大硅谷"建设领导小组办公室创办了一个高端服务品牌——科大硅谷大讲堂，围绕科技前沿和产业发展动态，邀请学界和业界的专家进行交流与分享，致力于打造探索科技前沿的交流阵地，汇聚智慧思想，形成智库力量，推动创新理念深入人心，帮助企业拓宽国际视野，实现高质量发展。

从2022年起，科大硅谷大讲堂已经围绕人工智能、科技创新与企业家精神、新质生产力、新能源汽车等多个话题，邀请来自科大讯飞、宾夕法尼亚大学沃顿商学院、中国科学技术大学等的专家学者开展了相关领域的分享，推动了新兴技术和先进理念的传播，营造了良好的创新创业环境。

2.中国科学技术大学科技商学院

中国科学技术大学科技商学院于2022年10月成立，由安徽省人民政府、中国科学技术大学和合肥市人民政府三方合力共建，依托中国科学技术大学在理学、工学、生命科学、管理学等学科方面的优势，遴选全球的顶级专家、企业家和投资家等构成师资队伍，面向科技型企业的负责人、技术经理人、投资基金经理等进行招生，突破传统的教学组织形态和专业学科局限，探索建立"理论+实践+实战"的教学模式，培养"懂科技、懂产业、懂资本、懂市场、懂管理"的全链条复合型科技产业组织人才,推动经济和科技有效结合,致力于建设成为中国特色和国际一流的科技型商学院。

中国科学技术大学科技商学院注重从国内外科创产业的发展实践中挖掘教育培训资源,打造实战实训场景,注重与长三角G60科创走廊、科大硅谷、创业安徽等创新载体对接,成为创新资源整合平台。同时,中国科学技术大学科技商学院的成立加速了创新型领军企业的培育,推动了战略性新兴产业的集群发展,有助于教育、科技、人才的一体化发展,促进创新链、产业链、人才链的深度融合,为科大硅谷提供了强有力的智力支撑,有助于安徽建设成为具有重要影响力的科技创新策源地和新兴产业聚集地。

3. "未来新徽商"特训营科大硅谷班

为助力民营企业发展,推进创业安徽建设,安徽省推出了"未来新徽商"特训营,旨在围绕产业发展的重点领域培育一批创业带头人。"未来新徽商"特训营聚焦科技型企业高管、退役军人创业者、青年创业者、乡村振兴创业者等重点群体,结合创业工作中的重点和难点,采用理论学习和实践参观相结合的模式,开展包括经济理论讲解、经济政策解读、行业发展趋势分析、财税管理、团队建设、品牌营销和企业经营管理等内容的各类培训,帮助创业者积累创业知识、增强创业实战能力。

从2022年开始,创业安徽和"科大硅谷"发挥协同效应,合力将"科大硅谷"打造成为安徽科技创新之谷,开设了"未来新徽商"特训营科大硅谷班,与上海交通大学、西安交通大学等高校合作,借助高校的优质资源,通过理论授课、实地考察、交流分享和现场指导等多种形式,为高科技企业负责人提供集理论知识、管理经验和创新案例交叉借鉴于一体的定制培训和咨询辅导,提升其创业素质和综合管理能力。在后续的跟踪服务中,还围绕产业、技术、平台、金融、能力等多个方面,通过线上线下相结合的方式,提供针对性的创业指导服务,帮助企业家提升经营管理和决策能力,帮助企业行稳致远。

4.科漂驿站

为了给创业者提供更好的服务,科大硅谷创新性地打造了全国首个"驿站"模式的科创生态体验场景——科漂驿站,按照"生产、生活、生态"三生融合的理念,依托现有的各类创客空间、孵化载体、产业园区等,为"科漂"创业者提供不超过15天的免费住宿和创业空间体验以及政策咨询和环境考察等各类服务,致力于培育一流的创新生态,营造一流的人才发展环境,推动科大硅谷成为科创人才和科创成果的集聚地。

目前,第一批科漂驿站已完成建设并投入运营,包括中国声谷站、合肥创新院站、中国科大先研院站、立基大厦站和中安创谷站五家。五家科漂驿站在配备办公区、洽谈室等基础设施的同时,还能提供一些特色服务,如中国声谷站配备有路演大厅,可提供创业投资、债权融资及金融中介等科技金融服务;合肥创新院站发挥合肥创新院作为国家技术转移示范机构、国家级科技企业孵化器、国家级众创空间和国家双创示范基地双创服务平台的优势,可根据项目情况提供小试、中试平台及概念验证基金等成果转化服务。

三、天开高教科创园

天津科教资源丰富,拥有国家级院所和国内高水平研发平台170多家,设有普通高等院校56所,是国内著名高校天津大学和南开大学的所在地,科创转化潜力巨大。基于此,天津市从天津大学和南开大学校名中各取一字,规划建设了天开高教科创园,寓指"天工开物",依托高校的科创资源凝聚智慧、汇聚人才、集聚产业,致力于打造科技创新高地,建设高水平创新型城市,推动形成大学与城市相互滋养、相互赋能、相辅相成的良性发展格局。

天开高教科创园于2023年5月正式开园,通过系统布局创新要素,实现创新资源的优化配置,依托重点高校和国家级创新平台,推动关键核心技术突破和科技成果转化，促进产业链和创新链的深度融合，打造区域科技创新策源地；以众创空间、科技企业孵化器和大学科技园为载体，鼓励高校师生参与创新创业活动，营造一流的创新创业环境，培育高成长科技型企业，打造科研成果孵化平台；以体制机制创新为动力，汇聚创新要素，集聚创新人才，完善科技服务业态，打造科技服务资源集聚区。

（一）规划建设

根据2023年4月天津市人民政府印发的《天开高教科创园建设规划方案》，天开高教科创园以天津市南开区环天津大学、南开大学、天津医科大学片区为核心区，以西青区大学城片区为西翼拓展区，以津南区海河教育园区片区为东翼拓展区，在功能上形成了以研发孵化为主的"一核"和以研发转化产业为主的"两翼"，形成了从研发、孵化到成果转化和产业化的跨区域空间布局。

在建设过程中，天开高教科创园还依托楼宇和特色专业园区进行"多点"布局，带动成熟区域连片发展，构建了"一核两翼多点"的空间发展格局。目前，天开高教科创园已有若干园区开园，包括"一核两翼"布局中的天开核心区、天开西青园、天开津南园以及"多点"布局中的华苑科技园、东丽园、河西园等，各园区依托空间形态、高校资源、载体条件、区域发展定位上的差异，因地制宜实行差异化发展，在功能上错位衔接，在区位上联动发展，带动全市协同发展。

天开核心区在天津大学和南开大学周边集聚了中国医学科学院生物医学工程研究所等一批国家级科研院所，集聚了6个国家级重点实验室、9个国家级工程中心、56个天津市重点实验室和46个天津市工程技术中心，汇聚了大批的高水平科技人才，科研成果丰富，创新底蕴深厚。[1]基于丰富的科教资源

---

[1]《天津市人民政府关于印发天开高教科创园建设规划方案的通知》，据天津市人民政府网站：https://www.tj.gov.cn/zwgk/szfwj/tjsrmzf/202304/t20230403_6158252.html。

优势，天开园核心区成为研发和孵化创业企业的首选之地，通过存量活化盘整、空置低效填充、更新升级再建、已建保留提升等活化利用方式，增加科创载体供给，实现校区、园区、社区、城区四区融合协同发展，成为创新策源引领区、科研平台聚集区、创业孵化示范区、城校互融活力区。

西青区大学城片区紧邻主城区，集聚了天津工业大学、天津师范大学、天津理工大学、天津农学院、天津城建大学五所市属普通本科高校，拥有学府工业区等一批产业基础良好的工业园区，产业配套设施完善，可提供产业园区型空间载体。在此基础上，天开西青园提出了"一城两业三区四谷五链"的12345战略布局，其中"一城"指建设天开西青科创城，全方位构建科创服务体系；"两业"指发展新能源新材料和智能网联产业、生物医药和生命健康产业两大特色产业；"三区"指把西青园打造成为天开园的创新策源区、成果转化区、科创服务区；"四谷"指建设智创谷、智能谷、生医谷、未来谷；"五链"指在集成电路、车联网、汽车和新能源汽车、高端装备、生物医药五个领域建设五大产业链，打造集研发、孵化、转化和产业化为一体的天开西青园科创生态体系。

津南区海河教育园区片区位于天津市主城区和滨海新区之间的海河中游南岸，处于双城双向拓展的发展主轴，紧邻天津大道、津晋高速和蓟汕高速多条公路，交通便利，同时还集聚了包括天津大学、南开大学在内的13所院校和一批创新平台载体，科创资源丰富，创新创业氛围浓厚。天开津南园发挥津南区的交通和科创资源优势，规划布局了"两廊三区六节点"的空间结构，其中"两廊"指的是科创走廊和生态走廊，"三区"指科教融合示范区、成果转化引领区和总部研发聚集区，"六节点"指的是以海棠科创园、荣冠双丰和丽港园、天开智慧小镇二期、天开科创谷、海棠众创大街、天乐创新产业园这六个园区为节点，辐射带动津南区全域发展。通过构建完整的科创生态圈，天开津南园致力于为科技研发、成果转化和产业化提供全链条的服务，努力建设成为京津冀区域科技创新策源地、天开科创园成果转化承载地、科创会展城产业生态聚集地。

天开华苑科技园位于天津市中心城区西南部，地理位置优越，生活条件便利，创新资源丰富，智力资源密集，是天津市区内唯一成片开发的区域，拥有全国最大规模的孵化器集群，已成为天津高附加值、高层次、知识型的现代服务企业的聚集地。在产业方面，天开华苑科技园重点发展新经济服务业，目前已引进包括丰田、西门子等在内的若干世界500强企业，还拥有以360、今日头条等为代表的一批国内高科技企业。

天开东丽园位于中心城区和滨海新区连接处，紧邻天津滨海国际机场，拥有中国民航大学及其科技园等科技资源，地理位置优越，智力资源密集。处于天津自贸区机场片区范围，是我国民航科技企业的集聚之地，东丽园将商业航天、低空经济等战略性新兴产业作为主导产业，吸引了包括航大数据、德新航空等在内的航空类企业入驻。

天开河西园位于天开园核心区和东翼拓展区天开津南园之间，处于天津中心城区核心地带，交通便利，科创资源集聚，配套设施完善。河西园依托新八里数字经济主题园和天津软件园（河西园），发展人工智能、数字经济和新一代信息技术产业集群，推动经济实现高质量发展，致力于打造我国北方数字经济产业新高地。

天开高教科创园的空间布局和功能定位以各个区的资源禀赋、地理条件和产业基础为依据，遵循了科创园区的发展规律，使得各个区的资源优势和地理优势得以充分发挥，并形成了相互联动的运行机制，营造了良好的创新环境，为高校科技成果转化和创新创业提供了一体化发展的空间。

（二）运营管理

天开园的建设由天津市人民政府和南开区、西青区、津南区人民政府以"统一规划、统一政策、协调确定项目准入"的模式共同推进，通过市区协同和分片负责，简化办事手续，提高办事效率，促进天开园建设项目尽快落地。在运营和管理上，天开高教科创园实行"管运分离"的模式，在管理上形成"领导小组+管委会+平台公司"的模式,在运营上构建了"小管委会、大平台公司"的模式。具体来说,就是由领导小组负责全面统筹,管委会对园区进行统一管理,平台公司开展具体的建设和运营工作,通过这样的机制实现政府和市场的协同治理。

领导小组是天开园建设的领导机构,主要负责贯彻落实党中央、国务院的决策部署以及市委、市政府的工作要求,研究园区的重大发展战略并作出决策,同时协调解决一些重要问题。管委会主要负责园区的开发建设、规划制定、运营管理、招商引资、制度创新、综合协调、企业服务等工作。平台公司主要负责园区开发与建设、招商引资、企业服务和综合运行管理等工作,兼具资本投融资、资源整合与经营、综合服务等功能。为了便于管理,平台公司还分为市级平台公司和区级平台公司,市级平台公司负责核心区的开发建设和运营,区级平台公司则负责西翼拓展区和东翼拓展区的开发建设与运营。平台公司通过与高校、知名校友创办的企业、外部合作伙伴,如央国企和专业的园区运营机构等进行合作运营,实现了市场化运作,推动产业与金融进一步融合,有效促进科技成果转化。

除此之外,天开高教科创园还建设了天开智慧园区政务服务平台,推动园区的智慧化管理,全方位提升了园区政务服务效率。平台通过整合门户网站、管理系统和智慧大屏三大交互平台的功能,提供包括政务服务、科创服务、金融服务、知识服务、商务服务在内的五大类服务体系。在政务服务板块,提供包括设立变更、准营准办、资质认证等在内的各类法人服务,满足企业全生命周期的场景需求,同时还为企业提供政策解读、惠企政策推送和申报兑现等具体服务,使企业准确了解园区的相关政策,及时享受政策优惠。此外,平台还提供了包括高新技术企业认定、天津市科技计划项目认定等在内的多种特色服务,实现320项服务事项和园区特色服务事项的"一网通办"。科创服务板块主要帮助企业解决科技成果"不会转"的问题,通过布局概念验证平台,引聚中试熟化平台,构建完整的孵化链条体系,推动科创资源共享。科创技术服务平台通过企业战略咨询、调研企业需求、协调解决需求等方式,实现对园区初创团队与企业的工程化、商业化培育;通过收集、汇总、兑现科技服务最新政策,科创服务机构、创业导师、技术经理人的对接、合作、引进等方法,构建园区科创服务生态;通过走访、对接、座谈、举办活动、开展大赛等形式,实现园区科创要素的链接与合作。在金融服务板块,通过天开基金群、特色信贷产品,联合多维度金融机构打造天开园特色的金融服务,为企业解决资金难题,构建起覆盖企业发展全生命周期的金融服务体系,助力企业发展壮大。在知识服务板块,天开园打造了天开大讲堂、科创沙龙、活动会议等多种特色园区活动,通过知识分享、思想融会,引育更多思维活跃、敢闯敢试的创新者、创业者,营造浓厚的创新创业氛围。在商务服务板块,天开园通过引进相关企业和专业机构,为科技企业提供公益法务、财税服务、知识产权服务、资质认定、行业协会对接、技术经纪、人力资源服务、乐享生活服务八大类服务,解决其"缺场景""缺配套""缺人才"问题,全方位夯实企业发展基础。

（三）特色举措

天开高教科创园作为依托高校资源建设起来的科创园区,在建设过程中积极打造知识服务体系,通过举办天开大讲堂、科创沙龙、活动会议等富含特色的园区活动,提升创新创业者的意识和能力,为企业提供创新发展的思路,吸引更多的创新创业者在天开园聚集,营造了浓烈的创新创业氛围。

1.天开大讲堂

天开大讲堂是由天开园组织的一个系列讲座活动,邀请知名企业家和行业专家开展创业经验分享和行业经验交流,帮助企业、创业者和高校师生等更好地了解创业、把握市场趋势,为产学研一体化发展和科技成果转化助力。目前,天开大讲堂已经举办了十期（见表9-6）,成为天开园重要的知识服务品牌。

表9-6　天开大讲堂举办情况

期数	主讲人	主题	主要内容
第一期	360集团创始人周鸿祎	把创业拉下神坛	分享创新创业中比较重要的几个事情，如创业的"四要""四不要"、创业的两个方法论等
第二期	新奥集团董事局主席王玉锁	用创新成就梦想	如何抢抓数字经济机遇进行创新创业，助力天津数字经济发展
第三期	上海燧原科技创始人张亚林	生成式人工智能的革命	通过分享创业经验，从市场规模、市场阶段、未来预测、营收模式等方面对人工智能作深入市场分析，深刻解读生成式人工智能对创新创业带来的新趋势和新机遇
第四期	云从科技创始人周曦	AI时代商业范式与生活模式的大变革	探讨人工智能时代大模型对组织形态、商业范式的重构和对人类生产生活的影响
第五期	迈胜医疗集团董事长、元明资本创始人田源	发现使命之源：改变世界	分享企业家精神对于创新创业的重要作用
第六期	中关村硬创空间集团董事长程静	科技成果中试平台建设促进区域科技高质量发展	通过讲解中试的重要性、公司可以提供的中试服务以及中试孵化的成功案例等，为园区中还没有中试计划的企业带来一些启发
第七期	中国工程院院士、中国空间技术研究院技术顾问戚发轫	中国航天与航天精神	从我国航天领域的三种能力、三种资源和三个领域讲起，介绍中国航天与航天精神，激励年轻人抵制诱惑，集中精力做好本职工作，发扬吃苦和奉献精神
	西安交通大学原校长王树国	新技术革命背景下的变革与发展	在新技术革命背景下，大学必须破除固有思维，直接与社会和世界进行对话。高等教育要主动迎接时代挑战，统筹推进教育、科技、人才一体化发展，在新技术革命背景下，围绕重点领域抢抓发展机遇
第八期	天地伟业技术有限公司董事长戴林	激昂思维非凡行动	围绕"信仰、信念、信心"，从"三识、三商、三情"，"知识体系、思维体系、行为体系、情感体系"四体系，"要事第一、以终为始、实事求是、知行合一、克己复礼"五原则等多个角度分享了个人的创业经历和企业发展历程
第九期	中国科学技术发展战略研究院研究员张俊芳	构建与科技创新相适应的科技金融体系，助力高水平科技自立自强	剖析我国科技金融政策演进及发展现状，结合详细数据分析当前存在的主要问题，并提出相应建议
第十期	清华大学计算机科学与技术系研究员许斌、智谱多模拟团队负责人顾校韬等	大模型融入高校开启智慧教育新时代	清华大学计算机科学与技术系研究员许斌分享了对预训练大模型发展的思考；智谱多模拟团队负责人顾校韬阐释了多模态技术研究与应用探索进程中的优势和劣势，强调技术创新和人才挖掘对行业进步的关键意义

2.天开创新沙龙

为推进产才融合,天开园举办了天开创新沙龙系列活动,围绕产业链和创新链设定交流主题,汇聚天津的高校院所、实验室、政府部门、科创企业和投融资平台等资源,集聚人才、技术、资金、产业等各类要素,促进思想碰撞、沟通交流和学习互鉴,营造良好的创新氛围,有助于解决学科发展及行业产业面临的实际问题。

天开创新沙龙的举办为创新主体开展深入交流提供了平台,与天开大讲堂形成合力,共同推进产才融合互促,推动创新全链条要素的相互渗透和有机融合,助力产学研一体化发展。目前,天开创新沙龙面向经济发展主战场,聚焦"一核两翼多点"规划布局中各个园区的主导产业,已经围绕光电产业、生物医药产业、新能源新材料产业、人工智能产业等领域举办过多场交流活动,既重视基础研究和前沿探索,又注重实践应用和成果转化,推进政产学研金服用有效结合,日益成为天津服务科技创新的品牌活动。

天开创新沙龙还将不断优化工作机制、完善组织流程,深入挖掘人才在创新、研发和技术应用等方面的积极作用,努力把"天开创新沙龙"打造成为主题鲜明的跨学科、有温度、促转化的科技创新交流平台,促进人才成长与产业发展,助力成果转化和高质量发展。

3.活动会议

除了天开大讲堂和天开创新沙龙,天开园还举办了一系列活动会议,包括政策宣介、成果对接、项目路演、创新创业大赛等几大类,帮助园区内的企业更好地了解政策、对接服务,提高科技成果转化效率。政策宣介类活动由科技部门、高新技术企业协会、行业协会等举办,主要围绕年度科技政策、行业专项政策、财税金融政策、专利政策、法律政策等进行宣讲,涵盖国家级、市级、区级和天开园等各级政策。成果对接类活动围绕天开园入驻企业需求,组织中试服务平台与入驻企业对接,探讨科技成果转化的有效途径,帮助企业提高成果转化水平;围绕具体行业举办产教融合研讨会和成果发布交流会，就前沿技术问题进行分享交流。项目路演类活动围绕重点产业和重点企业的创新项目开展路演活动，推进项目交流与合作对接。此外，天开园还积极主办或承办各类创新创业大赛，如天开之星天津市创新创业大赛、青年志愿服务公益创业赛、中美青年创客大赛、中国国际大学生创新大赛、天津市大学生新媒体创新创业大赛等，营造浓厚的创新创业氛围，助力创新园区建设。

第四编

未来谋势：晋创谷的开拓逻辑与战略跃升

第四编 未来谋势：晋创谷的开拓逻辑与战略跃升

当前，山西省正处于推动高质量发展的关键期、深化全方位转型的窗口期。党中央关于进一步全面深化改革、推进中国式现代化的决策部署，为山西省发挥比较优势、推动高质量发展提供了重大机遇、开拓了广阔空间。要把这些决策部署落到实处，把奋力谱写中国式现代化山西篇章变为现实，根本在于进一步全面深化改革，将创新作为区域深化全方位转型、推动高质量发展的重要动力。

建设和发展晋创谷创新驱动平台不仅是一场创新的实践旅程，更是一场思想理论的深刻变革、一场改革组织方式的深刻变革、一场区域治理体系的深刻变革。要从思想上认识到，新质生产力是构建现代化产业体系的核心要素。科技创新是产业升级的核心动力，产业创新则为科技创新提供广阔应用场景和市场空间。要站在发展全局高度，深刻把握未来科技创新与产业创新融合发展的趋势特点，分领域分阶段提出建设区域科创中心更加明确清晰的战略目标愿景，解决好以建设创新驱动平台来培育和发展新质生产力该干什么，该怎么干。要清醒地看到新一轮科技革命和产业变革、社会发展、人口结构变化等带来的风险、挑战和机遇，在风险中谋发展，在机遇中创发展。要聚力新的区域创新布局，蹚出"高地集聚资源、增量带动存量"的科创中心建设新路；聚力首创精神，蹚出"统一授权、自主探索、协同推广"的新路；聚力新的发展理念，蹚出"以改革点火，以创新驱动"的区域发展新路。要统筹推进教育科技人才一体化体制机制改革，各项改革举措要更好地解决科技创新与产业创新融合发展面临的制度问题，构建支持全面创新体制机制，形成良好创新生态。要大力推动民营企业发展，将产业政策着力点放于创新链前端，激发民营企业在创新领域的巨大潜能，实现有效市场和有为政府的有机统一。要构建良好的人才发展体系，特别是支持青年敢想敢干，吸引青年想留愿留，以有力人才作为晋创谷建设发展的坚实支撑。

天以新为运，人以新为生。在新的历史时期，面对新形势新挑战，更需要强调以科技创新为核心的全面创新。科技是第一生产力，产业是国民经济基石。以晋创谷为抓手，围绕产业链部署创新链、围绕创新链布局产业链，推动科技创新和产业创新深度融合，塑造更多依靠创新驱动、更多发挥先发优势的引领型发展，这是当前山西省经济社会高质量发展的迫切需求。只有不断探索、闯出新路、扎实推进，才能抢占科技竞争和未来发展制高点，塑造发展新动能新优势，实现全社会的创新发展。

第十章 范式变革：科技创新与产业创新融合发展的趋势特点

科技兴则民族兴，科技强则国家强。2024年6月，在全国科技大会、国家科学技术奖励大会、两院院士大会上，习近平总书记强调，要扎实推动科技创新和产业创新深度融合，助力发展新质生产力。党的二十届三中全会审议通过的《中共中央关于进一步全面深化改革 推进中国式现代化的决定》提出，要加强创新资源统筹和力量组织，推动科技创新和产业创新融合发展，为我国科技和产业的融合发展指明了方向。2025年，习近平总书记在参加十四届全国人大三次会议江苏代表团审议时指出："科技创新和产业创新，是发展新质生产力的基本路径。"这既进一步深刻阐明了科技创新、产业创新与发展新质生产力的内在关系，也为推进科技创新与产业创新深度融合，加快发展新质生产力指明了方向。面对新一轮科技革命和产业变革新态势，必须牢牢把握发展新质生产力的基本路径，高度重视科技创新和产业创新，推动科技创新和产业创新融合发展，为新旧动能转换和高质量发展提供强大动力支撑。

从省域高质量发展来看，推动科技创新与产业创新融合发展是山西深入实施创新驱动发展战略的内在要求，是加快培育发展新质生产力、构建现代化产业体系的迫切需要。2024年12月，中国共产党山西省第十二届委员会第九次全体会议暨省委经济工作会议提出，要以科技创新引领新质生产力发展，加快资源型经济转型步伐。《2025年山西省政府工作报告》中强调，实现设区市晋创谷全覆盖，全面落实"1+5"政策，加快科技成果转化和科技型企业培育。晋创谷作为山西省科技创新与产业创新融合的新名片，顺应新一轮科技革命和产业变革深入推进的态势，通过聚集整合各类科技创新资源，搭建有效促进"四链"融合平台，创新体制机制，提升科技成果转化服务效能，推动山西区域经济和产业发展形成新优势、新动能。要充分发挥晋创谷在科技创新和产业发展中的带动作用，就要把准科技创新与产业创新融合发展的新趋势和新特点，以此推动区域高质量发展和现代化建设。

一、科技创新策源力作用愈加明显

科技创新策源力的作用主要体现在高质量科技供给对于推动科技创新和产业创新融合发展的重要意义上。科技创新发展能力决定了科技供给的质量，进而影响到产业创新的发展水平和发展效益。

（一）科技创新是推动经济社会进步的主要力量

纵观历史，放眼全球，科学技术无疑是近现代社会生产力中最活跃的决定因素。18世纪60年代，英国迎来第一次工业革命。这次工业革命首先出现于英国工厂手工业最为发达的棉纺织业，以蒸汽机的诞生为标志，机器代替了手工劳动，蒸汽机、机械纺纱机等成为当时的颠覆性技术，以这些技术为代表的产业快速发展，巩固了资产阶级的统治地位，也促使英国登上世界霸主之位。这次工业革命，是一次深刻的技术革命、社会革命。19世纪70年代，科学技术突飞猛进，工业化水平快速提高，第二次工业革命应运而生。这是由蒸汽化、机械化走向电气化时代的重要阶段。在这一阶段，德国率先制成发电机，随后电灯、电话等各类电器相继被广泛使用。电器成为替代机器的新力量，电力成为补充或取代蒸汽机的新能源。一些国家的工业总产值超过农业总产值,美国建立起以电力、石油等为支柱的产业体系,在科技和产业革命中成为领航者和最大获利者。[1]第三次工业革命始于20世纪四五十年代,电子计算机的广泛运用开辟了信息时代,它以原子能、电子计算机、空间技术和生物工程的发明和应用为主要标志,涉及信息技术、新能源技术、新材料技术、生物技术、空间技术和海洋技术等诸多领域。[2]在这一时期,科学技术作为第一生产力的深远影响和关键作用日益突出,知识经济的发达程度也成为世界各国竞争力的关键所在。当前,人类社会正加速进入以人工智能为重要技术驱动力,以数字化、智能化和网络化为特征的第四次工业革命,智能化成为技术和产业发展的重要方向,科技创新对经济社会发展的驱动作用日益凸显。

(二)科技创新是衡量国家综合实力的关键标尺

2015年,习近平总书记在党的十八届五中全会第二次全体会议上指出:"新一轮科技革命带来的是更加激烈的科技竞争,如果科技创新搞不上去,发展动力就不可能实现转换,我们在全球经济竞争中就会处于下风。"2016年,习近平总书记又指出:"历史经验表明,那些抓住科技革命机遇走向现代化的国家,都是科学基础雄厚的国家;那些抓住科技革命机遇成为世界强国的国家,都是在重要科技领域处于领先行列的国家。"[3]科技创新能力已成为衡量国家综合实力的重要标尺。从已完成的几次工业革命也不难发现,掌握新技术新动能的国家,重塑劳动分工和生产率原则,深刻影响世界力量的格局。科学技术的进步推动经济增长模式的转变,颠覆了古典经济学所强

---

[1]徐康宁:《推动科技创新和产业创新深度融合》,《经济日报》2024年11月01日,第11版。

[2]《一张图看懂四次工业革命的发展历程》,"投资银行在线"公众号,2022年08月03日。

[3]习近平:《为建设世界科技强国而奋斗——在全国科技创新大会、两院院士大会、中国科协第九次全国代表大会上的讲话》,人民出版社,2016,第11页。

调的资本积累的重要性。①这种变革不仅重塑全球经济版图，更深刻影响着国际政治格局和文明演进方向。主要尖端技术突破催生新质生产力，人工智能、量子计算、生物技术等前沿领域的每项重大突破，都能开辟万亿级市场空间。例如，我国的5G标准必要专利声明量在全球占比高达42%，且5G基站和手机的市场占有率均超过了50%。据中国信息通信研究院测算，截至2024年，5G商用五年来，直接带动经济总产出5.6万亿元，间接带动总产出约14万亿元，有效促进了经济社会的高质量发展。2023年6月，我国提出的五类6G典型场景和14个关键能力指标全部被国际电联采纳。②在新能源汽车领域，比亚迪凭借DM-i和DM-p、刀片电池、e平台3.0、CTB电池车身一体化技术、云辇系统、易四方技术平台等众多颠覆性技术，于2023年比亚迪新能源汽车年销量超过302万辆，蝉联全球新能源汽车销量冠军，也成为首家跻身全球汽车销量前十的中国车企，改写了全球汽车产业格局。③

（三）科技创新是推动高质量发展的重要动力

党的十八大以来，党中央对经济形势进行科学判断，明确了发展理念和思路。在党的十八届五中全会上，习近平总书记提出了创新、协调、绿色、开放、共享的发展理念，创新居于首位。2014年，习近平总书记指出："纵观人类发展历史，创新始终是推动一个国家、一个民族向前发展的重要力量，也是推动整个人类社会向前发展的重要力量。"④在全球科技竞争格局加速重构的背景下，科技创新已成为驱动我国高质量发展的核心引擎。科技创新不仅是我国经济转向高质量发展的动力来源，也是应对和解决我国发展过

---

① 中金研究院 中金公司研究部著：《迈向橄榄型社会》，中信出版集团，2022，第5页。
② 《5G商用迎来5周年，间接带动经济总产出约14万亿》，据第一财经网站：https://baijiahao.baidu.com/s?id=1801119078413553625&wfr=spider&for=pc。
③ 《比亚迪：全球"销冠"是怎样炼成的》，据人民网网站：https://baijiahao.baidu.com/s?id=1805883614525444434&wfr=spider&for=pc。
④ 中共中央文献研究室编《习近平关于科技创新论述摘编》，中央文献出版社，2016，第4页。

程中的各类挑战，为我国实现第二个百年奋斗目标提供的有力支撑。当前，我国正处于新发展阶段，高质量发展是全面建设社会主义现代化国家的首要任务。经过长期的经济快速增长，我国经济总量已稳居世界第二，但在推进高质量发展的过程中仍有不少卡点瓶颈。同时，新一轮科技革命和产业变革深入发展，深刻改变全球产业面貌和分工格局。如果创新驱动、节约集约以及绿色低碳的新发展理念和高质量发展方式不能尽快形成，那么发展过程中的问题和矛盾会进一步累积，就可能影响到经济持续健康发展、现代化建设的顺利推进。科技创新要面向世界科技前沿、面向经济主战场、面向国家重大需求、面向人民生命健康。高质量发展要向科技创新要方法、要答案。只有完整、准确、全面贯彻新发展理念，优化生产函数，提高全要素生产率，才能深入推进供给侧结构性改革，不断塑造发展新动能新优势，确保中国式现代化持续顺利推进。

二、产业创新牵引力作用愈加重要

产业创新牵引力作用主要体现在企业、行业成为科技创新的决策者、投入者、执行者和受益者，产业力量深度参与产品全生命周期，促进科技与经济、科技与市场紧密联系，进而打通从科技强到产业强、经济强、国家强的通道。

（一）强化企业成为创新主体

习近平总书记指出："要全面推进体制机制创新，提高资源配置效率效能，推动资源向优质企业和产品集中，推动创新要素自由流动和聚集，使创新成为高质量发展的强大动能。"[1]企业是我国技术创新的主体，是推动创新创造的生力军。在科技创新支撑我国发展动能转化的过程中，企业应该发

---

[1]《习近平李克强栗战汪洋王沪宁赵乐际韩正分别参加全国人大会议一些代表团审议》，《人民日报》2018年03月08日。

挥关键作用。恩格斯强调："社会一旦有技术上的需要，则这种需要就会比十所大学更能把科学推向前进。"①让企业成为技术创新的主体，坚持产业出题，科技答题，是科技创新面向经济主战场的重要体现，即围绕产业链部署创新链，围绕创新链完善资金链。通过深化科技体制机制改革，健全技术创新的市场导向机制和政府引导机制，加强政产学研协同创新，引导各类创新要素向企业集聚，提高企业在技术创新决策、研发投入、科研组织和成果转化等方面的主体地位和作用。

当前，企业在我国创新体系中发挥巨大作用。2024年，我国新兴产业加快发展，深入实施国家战略性新兴产业集群发展工程、"东数西算"工程、产业创新工程，未来产业加快布局，支持人工智能、生物制造、未来能源、量子科技等领域新场景建设。截至2024年11月底，国家新兴产业创业投资带动募资2885.4亿元。②截至2025年3月，我国企业研发投入占全社会研发投入的75%以上，高新技术企业、科技型中小企业数量快速增长，企业科技创新主体地位不断增强。③民营企业成为创新生态重要组成。2023年世界知识产权组织报告显示，中国PCT（《专利合作条约》）国际专利申请量连续四年位居全球首位，其中民营企业贡献率超过75%。科创板的设立为诸多硬科技企业注入资本活力，带动相关企业研发投入强度持续保持在15%以上④，培育出寒武纪、中微半导体等硬科技领军企业。

---

① 李锋：《推动科技创新和产业创新融合发展》，据光明网网站：https://baijiahao.baidu.com/s?id=1819174800803769833&wfr=spider&for=pc。

② 《焦点访谈·跟着总书记上两会丨推动科技创新和产业创新融合》，据光明网网站：https://baijiahao.baidu.com/s?id=1825897002493323787&wfr=spider&for=pc。

③ 《习近平两会时刻丨再谈"创新"，总书记强调三方面》，据央视新闻网站：https://baijiahao.baidu.com/s?id=1825835385107235321&wfr=spider&for=pc。

④ 《中国式创新 民营高科技企业崛起密码》，据中国质量万里行网站：https://baijiahao.baidu.com/s?id=1827169076117703912&wfr=spider&for=pc。

（二）传统产业和新兴产业发展并重

2024年3月，习近平总书记在参加江苏省代表团审议时强调："要根据本地的资源禀赋、产业基础、科研条件等，有选择地推动新产业、新模式、新动能发展，用新技术改造提升传统产业，积极促进产业高端化、智能化、绿色化。"2024年12月，习近平总书记在中央经济工作会议上提出，"必须统筹好培育新动能和更新旧动能的关系，因地制宜发展新质生产力"。当前，我国正处于新旧动能转化的重要阶段，创新是统筹新旧动能，推动传统产业和新兴产业健康发展的利器。2025年1月，习近平总书记在辽宁考察时指出，"统筹传统产业转型升级和战略性新兴产业培育壮大，加快建设现代化产业体系"。"老企业同样可以高端化、智能化、绿色化。切不可把传统产业一概视为'低端产业''落后产业'一退了之，否则就可能导致新旧动能断档失速、加剧结构调整阵痛。"2025年3月，习近平总书记在参加十四届全国人大三次会议江苏代表团审议时明确指出："抓产业创新，要守牢实体经济这个根基，坚持推动传统产业改造升级和开辟战略性新兴产业、未来产业新赛道并重。"各地积极响应号召，因地制宜展开布局。安徽合肥借助数字化技术，智能工厂、零碳工厂持续赋能家电、装备等传统产业深度转型；江西贵溪发挥"铜都"优势，新研发的电子级氧化铜粉等产品，成功打破长期依赖进口的局面；上海部署建设世界级人工智能产业生态；辽宁重点发展无人驾驶船舶、人形机器人产业。2025年以来，各地传统产业焕发新机，新兴产业也在拔节生长。①

（三）产学研合作模式持续迭代

产学研合作是推动科技创新与产业创新深度融合的关键机制。20世纪80年代，浙江德清县建立了全国首个科研生产联合体，这就是产学研融合的

---

① 《习近平两会时刻丨再谈"创新"，总书记强调三方面》，据央视新闻网站：https://baijiahao.baidu.com/s?id=1825835385107235321&wfr=spider&for=pc。

雏形，著名的"德清模式"逐步铺展开来。这个科研生产联合体最初是德清砖瓦厂和中科院上海硅酸盐所合办的企业，后转型为电子器材厂——华莹电子。经过40多年的探索和发展，"德清模式"从点上先行探索到全域创新突破，从科研联合体发展到区域创新共同体，从探索创新模式发展到打造创新生态，引领县域新质生产力发展。华莹电子也与多家高校、科研院所进行合作，资产规模达到22亿元。①

从"德清模式"可以看出，当前产学研合作已经从最初的单项技术转移逐步发展成为多方共建的创新生态系统。例如，在共建研发机构方面，浙江高档数控机床技术创新中心是由温岭市政府、浙江大学与龙头企业共建，重点攻关高档数控机床关键功能部件等"卡脖子"技术，致力于赋能机床企业产业转型升级，为打造世界级先进制造产业集群贡献科创力量。②在成立产业技术创新联盟方面，华为联合清华、中科大等成立鲲鹏计算产业联盟，整合上下游要素资源，加快推动我国智能化产业发展。截至2024年9月，鲲鹏计算产业生态已经发展了5100多家合作伙伴，打造了15800多个通过鲲鹏认证的解决方案，在政务、金融、电力、运营商等众多领域实现了行业规模应用。③在推动技术与人才协同创新方面，西伏河机器人产业园与盐城师范学院共建实验室，通过"订单班"培养双创人才，实现"技术落地+教育赋能"的双向循环。④

---

① 《湖州日报头版丨"产学研"融合持续迭代升级，"德清模式"四十年结满科创果》，据浙江大小事网站：https://baijiahao.baidu.com/s?id=1819734111952310234&wfr=spider&for=pc。

② 《打造世界级先进创新平台！省高档数控机床技术创新中心落户温岭》，"温岭发布"公众号，2023年07月01日。

③ 《鲲鹏产业生态5年，神州鲲泰一路生花的进击》，据新浪财经网站：https://baijiahao.baidu.com/s?id=1810992860662444535&wfr=spider&for=pc。

④ 《盐城西伏河机器人产业园企业深化校企产学研合作》，据央广网网站：https://baijiahao.baidu.com/s?id=1826834527632217286&wfr=spider&for=pc。

三、科技与经济社会关系愈加密切

从自行车、缝纫机、手表,到汽车、电视机、电冰箱,再到智能手机、打印机、计算机,再到3D打印、智能汽车、机器人,科技持续对社会的制造系统和生产系统产生着巨大的推动作用。由科技催生出的新产品不断进入千家万户,改变着人民的生活,进一步强化了科技与经济社会之间的紧密联系。

(一)我国科技创新取得了时代性、突破性进展

2024年,我国全社会R&D经费支出36130亿元,与国内生产总值之比为2.68%,其中基础研究经费2497亿元,占R&D经费支出比重为6.91%。《2024年版全球创新指数(GII)》显示,瑞士、瑞典、美国、新加坡、英国名列前茅,我国位居第11位,是全球创新指数排名前30位中唯一的中等收入经济体。①技术合同成交额68354亿元,比2023年增长11.2%。每万人口高价值发明专利拥有量14件,提前一年超额完成"十四五"规划目标(12件)。我国公民具备科学素质的比例达到15.37%,提前一年完成《全民科学素质行动规划纲要(2021—2035年)》设定的2025年目标(超过15%)。"嫦娥六号"实现人类首次月球背面采样返回,"梦想"号大洋钻探船建成入列。②Deepseek成为全球增长最快的AI工具,2025年2月的访问量达到5.25亿次,超过ChatGPT的5亿次。截至2025年3月,Deepseek市场份额为6.58%,仅次于ChatGPT的43.16%和Canva的8.27%。③"杭州六小龙"之一的杭州宇树科技携旗下机器人H1惊艳亮相2025年央视春晚。截至2025年3月,宇树科技业务范围覆盖全球一半以上的国家和地区,已广泛应用于电力巡检、消防救

---

① 《全球创新指数发布!中国位居第11,这个指标表现最好→》,据湖南日报网站:https://baijiahao.baidu.com/s?id=1811306018033675922&wfr=spider&for=pc。

② 万劲波:《中国式现代化要靠科技现代化作支撑》,《人民日报》海外版,2025年03月24日。

③ 《市场份额全球第三!Deepseek月访问量超ChatGPT.》"界面新闻"公众号,2025年03月31日。

援、园区安防等领域。根据行业数据，宇树科技的机器狗产品，在全球出货量中占据超过60%的份额。①2025年春节档电影《哪吒之魔童闹海》通过数字影像重构体系、生物运动工程、虚拟制片系统、视觉合成矩阵等技术手段，实现了我国动画电影工业的重大突破，是全球电影制作技术的重要展示。②截至2025年3月23日，《哪吒之魔童闹海》总票房已突破153亿元，位居全球影史票房榜第四。③2025年，代表未来产业、体现"人工智能+"行动加速落地的"具身智能"，新一代移动通信系统"6G"等，都是全国两会上的热词，充分彰显了我国科技进步与创新发展的蓬勃活力。

（二）科技应用广度不断拓展

2020年9月11日，习近平总书记在科学家座谈会上强调，"加快科技创新是实现人民高品质生活的需要。当前，我国社会主要矛盾已经转化为人民日益增长的美好生活需要和不平衡不充分的发展之间的矛盾，为满足人民对美好生活的向往，必须推出更多涉及民生的创新成果"。

当前，我国老龄化程度呈快速上升趋势，借助科技力量推动养老服务业的质量，是应对老龄化这一世纪国情的有效手段。例如，利用大数据平台精准对接养老供给和需求；加大智能化助老器具的研发应用，助力老年人维持生活自理能力；借助机器人补充或替代人工照料，缓解照料老人的人力负担。以养老机器人为例，2024年的市场规模约79亿元，未来5年将会以15%左右的复合增长率快速增长，预计到2029年市场规模将达到159亿元。④2025年

---

① 《杭州"小龙"闹春晚 宇树科技人形机器人"舞蹈"赢喝彩》，据浙江日报网站：https://baijiahao.baidu.com/s?id=1822500972823478089&wfr=spider&for=pc。

② 《〈哪吒2〉突破百亿票房！科技手段如何打造"哪吒宇宙"？》，据澎湃网站：https://m.thepaper.cn/baijiahao_30163267。

③ 《〈哪吒2〉票房达到153亿元！还在一亿一亿继续冲！》，据北京日报客户端网站：https://baijiahao.baidu.com/s?id=1827368825187603001&wfr=spider&for=pc。

④ 《热评｜科技赋能探索"老有所养"消费新蓝海》，据环球网网站：https://baijiahao.baidu.com/s?id=1827351922749231712&wfr=spider&for=pc。

3月29日，2025中关村论坛年会举行科技助残平行论坛。论坛现场发布了十五项科技助残创新案例，帮助残疾人跨越鸿沟、超越障碍、摆脱困境。[①]

此外，科技创新在其他领域也都有广泛的应用。在农业领域，科技创新可以帮助提高农业生产效率和质量。例如，利用无人机、智能育秧实现"指尖种田"，大大提高了农业生产的质量，科技赋农的溢出效应越来越明显，为乡村振兴创造了新的发展机遇。在工业领域，科技创新优化生产流程，提高生产效率，保障产品质量，提高资源利用率，拓展了广泛的应用场景，不断推进新型工业化的实现。例如，利用工业互联网，将产品研发、设计、生产全链条数据进行收集、储存与应用，构建产业多模态优质数据集，使各类数据在产品设计制造全生命周期自由流动。[②]在商业领域，科技创新可以改善商业模式和经营效率。例如，利用电子商务、智能供应链等，精准定位消费群体，借助虚拟现实技术增强购物体验，通过新支付方式满足多样消费需求，优化产品流通环节，减少货物配送时间，提升用户黏性。

[①]《中关村论坛年会平行论坛：15项科技助残创新案例发布》，据北京日报客户端网站：https://baijiahao.baidu.com/s?id=1827934175388170972&wfr=spider&for=pc。

[②]《以科技创新推动新型工业化》，据中工网网站：https://baijiahao.baidu.com/s?id=1797091099571147915&wfr=spider&for=pc。

第十一章 风险预判：高水平打造晋创谷面临的挑战

党的十八大以来，在党中央领导下，我国科技事业取得历史性成就，发生历史性变革。但也要认识到，推动科技创新与产业创新深度融合，还存在原始创新能力不足、重大原创性成果偏少、科技成果转化率低、转化渠道不畅等问题。科技创新与产业创新深度融合，本质上是科技供给与市场需求对接的过程，也是科技创新向产业领域扩散渗透、推动产业转型升级和经济提质增效的过程。科技成果蕴含的巨大价值，只有转化为产品，落到产业发展上，才能转化为现实生产力。对于山西来说，同样面临这些问题和挑战。高水平打造晋创谷创新驱动平台，既要正视存在的短板和不足，也要认识到产业梯度转移和跟随式发展难以弯道超车，更要抓住时代发展显现的新机遇，将面临的挑战和变化的趋势转化为赢得主动权、竞争力的发展机会，提高科技创新的探索敏锐度，加强在优势领域、关键领域的前瞻谋划和集中攻关，抢先机、育先机。唯有不断创新，充分发挥已有的竞争优势，才能形成具有特色、充满活力的区域创新体系。

一、创新迭代周期缩短，创新效率加速提升

当前，科技创新周期缩短，技术更新迭代速度加快，使得传统研发模式面临巨大挑战。北京中关村科技园的统计显示，园区内科技型中小企业技术成果转化周期从2015年的5.2年缩短至2022年的2.8年。在苏州工业园，政府搭

建的生物医药共享实验平台,使初创企业设备资金投入降低60%,研发周期缩短45%。①山西高水平打造晋创谷创新驱动平台,要深刻把握新的变化,深度思考和探讨能够加快科技创新与产业创新深度融合、推动科技创新迭代周期缩短背后的原因和要素,提高研发与生产的链接效能,紧跟发展新趋势,应对发展新需求,建立和形成适应高创新、快创新的组织模式与管理模式。

(一)数字技术重构创新网络

2025年新年伊始,以AI大模型、仿生机器人、脑机接口等前沿科技领域为代表的杭州"六小龙"科技新锐企业迅速出圈,使得杭州这座城市从"电商之城"变成了"硬科技之都"。为什么是杭州?除了全方位、多要素创新生态的打造,其中一个重要影响因素就是数字技术、数字化转型发挥的巨大作用。2024年,杭州的数字经济核心产业增加值已占GDP的32.7%。在杭州城西科创大走廊,跨行政区的创新生态系统正在形成。宇树科技的机器人测试场与阿里云数据中心仅隔一条马路,工程师可以实时调用算力进行运动控制算法训练;之江实验室的量子计算原型机"莫干山",已为当地生物医药企业提供分子模拟服务。这种"15分钟创新圈"的密度,使得技术商业化周期从平均5年缩短至2.8年。这都是通过数字时代带来的技术红利,实现了创新格局的重构,从而缩短了科技创新和技术商业化的周期。当然,政府在此过程中扮演了"超级连接者"角色:通过建设"揭榜挂帅"平台,将企业的技术需求直接对接高校实验室,2024年,杭州市政府促成产学研合作项目1276个,合同金额超80亿元。②再以宁夏共享集团为例。宁夏共享集团在铸造3D打印领域实现技术突破,使传统铸件生产周期从90天缩短至3天,能耗降低70%。截至2025年3月,共享创新中心的定制服务已覆盖近20个省份,成功应

---

① 《中国式创新 民营高科技企业崛起密码》,据中国质量万里行网站:https://baijiahao.baidu.com/s?id=1827169076117703912&wfr=spider&for=pc。

② 《看破局时刻!2025民营企业座谈会释放巨大信号,比芯片战争更震撼》,据百家雕文网站:https://baijiahao.baidu.com/s?id=1824392495977170085&wfr=spider&for=pc。

用于近百家企业。从2012年起,共享集团就把数智化转型纳入经营方针,计划2026年实现数字化企业的建设,到2030年将实现智能化企业的建设,打造卓越级智能工厂和领航级智能工厂。①这种打破中西部发展差异,实现"非中心城市逆袭"的现象,得益于数字技术对企业发展优势的重构。同样,统观全国,贵阳的大数据集群、合肥的量子通信网络、西安的硬科技生态,依托工业互联网使生产过程数据化,重新定义区域经济竞争力。山西高水平打造晋创谷创新驱动平台,就要积极、快速拥抱未来,持续学习新理念、新技术,不惧挑战,抢抓发展机遇,从思想上摒弃中部地区创新发展受限的传统观念,立足自身比较优势,塑造发展新动能。

(二)企业联动耦合形成创新高地

在深圳,华为、腾讯、比亚迪三家企业构成的"创新三角",在ICT(信息和通信技术)、新能源、人工智能领域形成交叉赋能。华为昇腾AI芯片为比亚迪智能驾驶提供算力支持,腾讯云服务深度嵌入华为鸿蒙生态,这种企业间的"创新耦合"使深圳在2024年全球创新集群排名中首次超越硅谷。这样的企业协作共进,并非单一的生产链上下游企业的合作,而是形成企业从生产到应用各个环节的融通支持、深度嵌入的共赢发展体系。同时,深圳市政府发挥政府引导、政策引领的关键作用,在推动"链长制"的过程中,由市领导担任重点产业链"链长",协调解决芯片流片、测试场地等跨企业共性需求,使创新要素流动效率提升40%。②再以长城汽车为例。2018年,长城汽车落户重庆永川高新区,创造了14个月建成投产的行业最快速度,带动十几家知名配套企业前来永川及周边布局。2020年,长城汽车追

---

① 《创新路上的60岁"少年"——记宁夏共享集团股份有限公司董事长彭凡》,据搜狐网网站:https://news.sohu.com/a/877359315_118392。

② 《看破局时刻!2025民营企业座谈会释放巨大信号,比芯片战争更震撼》,据百家雕文网站:https://baijiahao.baidu.com/s?id=1824392495977170085&wfr=spider&for=pc。

加投资35.8亿元，建设发动机及变速器工厂并投产全新车型——坦克300，五大核心零部件产业齐聚永川，形成完整产业集群，涉及大中小企业超1000家。在技术创新方面，蜂巢传动科技填补自主汽车在高阶液力自动变速器领域的技术空白，9(H)AT变速器获得"世界十佳变速器"称号；精诚工科汽车零部件（重庆）有限公司生产的电控差速锁机械部件，在响应速度、传递效率及强度等方面成为行业标杆；重庆海通集团的真空泵、齿圈在国内行业排名第一，稳居全球前列。同时，长城汽车致力于数智汽车创新。山西高水平打造晋创谷创新驱动平台，要推动形成企业之间在资本、技术、产品以及信息等方面的共享、协同、互补和交融的生态系统，推动集群企业管理智能化，缩短创新周期，形成链主企业与中小企业技术溢出、要素共享和生态共建的良性发展格局。

（三）新生代企业家带来颠覆性创新

2025年2月，民营企业家座谈会在北京召开。值得注意的是，"90后"民营企业家王兴兴作为代表进行发言，让"新生代企业家""新锐企业""创新"这样的关键词受到了广泛关注。2016年，宇树科技成立。截至2025年2月，宇树科技在四足机器人领域的全球市场份额超过60%，累计提交国内外专利申请200余件，其中授权专利180余件。[①]在我国，由年轻企业家带领的高科技企业展现出强大的生命力，而他们对所从事领域的热爱以及更能激发创新能力的思维方式也引起了业内外各界的思考和关注。在宇树科技的管理模式中，招聘去学历化，注重应聘者的跨学科背景和实际项目经验。取消固定工位，实行"项目制奖金池"，允许员工用NFT（非同质化通行）证明技术贡献。通过内部开源社区汇集全球智慧，将步态自然度提升至98.7%，超越

---

① 《极目政情｜民营企业座谈会上，与任正非、雷军等一起发言的90后为何"出圈"？》，据极目新闻网站：https://baijiahao.baidu.com/s?id=1824461230931906923&wfr=spider&for=pc。

波士顿动力的93.2%。①再以聚焦于AR（增强现实）技术的杭州李未可科技有限公司及其虚拟人形象李未可为例。自2021年成立以来，李未可以出色的技术实力和独特的商业模式，快速在科技领域崭露头角。2022年10月，李未可AR智能眼镜Meta Lens正式发布，这款智能眼镜定位为户外AR眼镜，适用于如骑行、爬山、徒步等户外运动，在骑行、登山等场景实现百万元级销量。李未可洞察当代年轻人的生活方式和心态，满足他们对元宇宙数字人的想象，在形象和性格中体现了未来和自由，同时注重创新型商业模式的探索，采用"场景微创新"路径，通过提供技术授权、定制开发、运营分成等多种合作方式，实现了技术与市场的完美结合。而这种灵活的商业模式，打破了"技术必须颠覆性突破才能商业化"的传统认知，也使得李未可科技能够迅速扩大市场份额。②山西高水平打造晋创谷创新驱动平台，要长期持续致力于创新生态优化，创新文化塑造，改革创新容错机制，充分激发新一代创新创业主体的潜能，鼓励年轻企业家打破传统创新认知，推动跨领域融合，推动全球范围内创新技术与信息的融通，重构创新研发模式、管理运营模式以及商业销售模式等，探索未知领域、未来产业，成为时代的弄潮儿。

二、回应时代需求速度加快，创新布局前瞻性强

当前，全国各省份都在加快培育发展新质生产力，纵深推进科技创新与产业创新融合发展，立足比较优势，拓展新赛道，塑造新动能。特别是一些经济发达的省份，在未来产业顶层设计、政策引领以及生态布局等各个方面均凸显优势。面对加快培育发展新质生产力的大势，山西更要下好先手棋、打好主动仗，通过建设、打造高能级科技创新平台，推动基础研究和应用研

---

① 《看破局时刻！2025民营企业座谈会释放巨大信号，比芯片战争更震撼》，据百家雕文网站：https://baijiahao.baidu.com/s?id=1824392495977170085&wfr=spider&for=pc。

② 《国内XR厂商巡礼：李未可的破圈之路》，据新浪VR网站：https://vr.sina.com.cn/news/yx/2023-09-08-doc-imzkyxpy6878241.shtml。

究向前向深发展,产生一批能够夯实产业基础的科技成果,解决一批制约产业发展的"卡脖子"技术问题,力争在关键细分领域培育一批未来产业新的增长点。

(一) 加快发展具身智能

具身智能是未来产业的重要组成部分,是人工智能与机器人学交叉的前沿领域。北京市在发展具身智能方面抢占了科技创新高地。2025年2月28日,北京市科学技术委员会等部门发布了《北京具身智能科技创新与产业培育行动计划(2025—2027年)》,提出北京将利用三年时间,力争突破百余项关键技术,推动万台具身机器人规模落地,培育千亿元级产业集群。2024年,北京人工智能核心产业规模突破3000亿元。截至2025年2月,北京市人工智能相关企业约有2400家,约占全国四成,其中独角兽企业36家,占全国超半数。[1]2025年2月,中关村(海淀)具身智能创新产业园在国家(中关村)火炬科创学院第二期"IQ Talk"活动上正式揭牌,全国首家具身智能创新产业园落地北京市海淀区东畔科创中心,加快打造具有全球影响力的人工智能产业高地。[2]2025年3月,北京市发布了全球首个"一脑多能""一脑多机"的通用具身智能平台"慧思开物",推动智能机器人从单一任务执行向复杂环境下的自主决策与执行能力跃升。[3]深圳市也注重具身智能产业发展。深圳市具身智能产业链上市公司102家,总市值5.5万亿元,呈现出数量多、占比高、创新力强、成长性高等特点,集群化特征明显,已形成"核心零部件—本体制造及系统集成—场景开发应用"全产业链布局,拥有一批"龙

---

[1]《北京绘就具身智能发展"施工图" 具身智能机器人将更快"跑"向日常生活》,据千龙网网站:https://baijiahao.baidu.com/s?id=1825280820437579518&wfr=spider&for=pc。

[2]《全国首家具身智能创新产业园落地北京中关村 拟今年6月开园》,据中国新闻网网站:https://baijiahao.baidu.com/s?id=1825280378041505742&wfr=spider&for=pc。

[3]《北京发布全球首个通用具身智能平台"慧思开物"》,据IT之家网站:https://baijiahao.baidu.com/s?id=1826385368464045266&wfr=spider&for=pc。

头"和"链主"企业。①此外，2025年3月以来，杰创智能、均胜电子、均普智能、东阳光、卧龙电驱、雷迪克、万马科技、绿色动力、福达股份等多家A股公司通过设立子公司、战略投资和技术合作等方式切入或加码具身智能赛道，涵盖技术研发、硬件升级、投资合作、场景应用等方向。②

（二）发力低空经济赛道

低空经济是新质生产力的典型代表，2025年市场规模预计达1.5万亿元，到2035年有望达到3.5万亿元。③全国各省份依托自身产业优势，积极布局，因地制宜发展低空经济。深圳市被誉为"无人机之都"，拥有大疆创新、丰翼科技、道通智能、天鹰装备、一电科技等低空经济相关企业，同时覆盖生产制造、技术研发、软件开发等诸多环节，低空经济产业链完备度处于世界领先水平。2024年，深圳制定《深圳经济特区低空经济产业促进条例》，这是全国首部关于低空经济的地方专项法规。新增无人机货运航线94条，低空经济领域链上企业已超1700家、年产值规模突破900亿元。发布智能融合低空系统，将市域级低空空域数字化，并融合了城市级信息模型底座与全域智算算力的低空管理和服务操作系统。苏州提出力争到2026年打造成为全国低空经济示范区，吸引众多低空经济企业和科研机构入驻，正形成集研发、制造、运营、服务于一体的产业生态。成都积极推进低空基础设施建设，提高低空空域管理专业化水平，发展"低空+文旅""低空+物流""低空+交通""低空+应急"等场景，加快建设西部低空经济中心。④北京市充分发挥

---

① 《深交所：具身智能产业链上市公司102家　总市值5.5万亿元》，据证券时报网站：https://baijiahao.baidu.com/s?id=1829087023416097657&wfr=spider&for=pc。

② 《上市公司密集落子具身智能赛道》，据新浪财经网站：https://baijiahao.baidu.com/s?id=1828756856960446622&wfr=spider&for=pc。

③ 《中国低空经济进入"载人时代"，市场规模将突破万亿！》，据新浪财经网站：https://baijiahao.baidu.com/s?id=1828387819551210577&wfr=spider&for=pc。

④ 《筑牢低空经济安全屏障》，据经济日报网站：https://baijiahao.baidu.com/s?id=1828786604809167660&wfr=spider&for=pc。

教育、科技、人才等优势,把低空经济培育为引领京津冀协同发展的先导示范产业,将北京打造成低空经济产业创业之都、全国低空经济示范区。2024年,北京市印发《北京市促进低空经济产业高质量发展行动方案(2024—2027年)》,其中提出,通过3年时间,低空经济相关企业数量突破5000家,在技术创新、标准政策、应用需求、安防反制等领域形成全国引领示范,带动全市经济增长超过1000亿元。[①]

(三)大力扶持未来产业

2025年,杭州市因为"六小龙"火爆出圈。这得益于杭州市对未来产业积极布局,大力扶持未来产业发展。2025年2月,《杭州市未来产业培育行动计划(2025—2026年)》正式公布。其中提到,发挥杭州市数字经济产业优势,优先推动通用人工智能、低空经济、人形机器人、类脑智能、合成生物五大风口潜力产业快速成长。同时,积极谋划布局前沿领域产业,包括元宇宙、未来网络、量子科技、先进能源、前沿新材料、商业航天、无人驾驶等。早在2017年,浙江省便印发了《浙江省"机器人+"行动计划》,成为全国首个提出"机器人+"政策的省份。2025年,杭州又开启了"六小龙2.0"时代,明确了"三个15%"的科技投入政策:市财政科技投入年均增长要达到15%以上;市本级每年新增财力的15%以上要用于科技投入;统筹现有产业政策资金中的15%集中投向培育发展新质生产力。同时,杭州市国有资本投资运营有限公司运营两大千亿元级母基金:一是杭州科创基金,聚焦"投早、投小、投科创";二是杭州创新基金,聚焦"投强、投大、投产业"。截至2025年1月,杭州科创基金和杭州创新基金批复总规模已超1850亿元,撬动社会资本约1350亿元,覆盖企业的初创期、成长期与成熟期。两大千亿元级基金90%以上都投向了民营企业,如生物医药、人工智能、集成

---

① 沈映春、赵雨涵:《低空经济:中国经济发展新引擎》,中信出版集团,2024,第135页。

电路等硬科技项目。①截至2025年1月,杭州已连续三年位居全球科技集群第14位,国家创新型城市中创新能力排名全国第4位,连续14年入选"外籍人才眼中最具吸引力的中国城市",高新技术企业拥有量居全国省会城市第一。②

三、人口增速下降,人力资本水平提高

有观点认为人口下降影响的是消费,而非环境或生产力。例如,韩国人口停滞了几十年,工业产出却大幅增长。即便人口下降,生产性劳动力需求的增加带来某种形式的人口红利,但需求总量的下降幅度也要引起重视。③在经济学中,人口与资本、技术都在供给侧影响经济潜在增长率。人口因素是引发经济增速变动、经济结构转型的长周期慢变量。当前,人口周期主要特征为生育率下降、老龄化加重、人力资本水平提高、人口迁移从城市化到都市圈城市群化等。少子老龄化像"灰犀牛"一样,会带来一系列重大而又深远的影响和挑战。例如经济潜在增速下降、储蓄投资率下降、劳动力成本上升、创新创业活力下降、社会负担加重等。④山西高水平打造晋创谷创新驱动平台,既要立足于当下,着眼于微观发展,也要从更为宏观的层面来看待人口总量变化对创新、对经济的影响,积极面对人口变化带来的挑战,找准实现突破的关键抓手,谋划推动下一步的建设与长远的发展。

---

① 《"顶流"城市调研:解锁杭州未来产业"孵化密码"》,据中国经营报网站: https://cj.sina.com.cn/articles/view/1650111241/625ab30902001cj8a?froms=bdmp。

② 《#杭州搞创新是认真的# 提出"三个15%"科技创新投入政策 #杭州2025小目标#》,"杭州电视台综合频道"微博视频号,据新浪微博网站: https://weibo.com/1727386613/P9zNTp1kE。

③ 《托马斯·卡萨斯、张军:多重转型是理解中国的最好方式》,据观察者网站: https://finance.stockstar.com/IG2024100800000778.shtml。

④ 任泽平、白学松:《大国人口》,中信出版集团,2024,第2页。

（一）我国人口发展呈少子老龄化

从新中国成立到现在，我们可以看到，庞大的人口总量为我国经济的发展提供了宝贵的人力资源，为中国特色社会主义现代化建设奠定了坚实的人才基础，经济高速发展的确得益于人口红利。但在2010—2021年人口红利加速减弱的阶段，我国经济增长速度也降至6.9%。2020年，第七次全国人口普查公布总和生育率仅为1.3。通常认为，总和生育率低于2.1为低生育率，低于1.5为很低生育率，低于1.3为极低生育率。[1]国家统计局发布的2021年数据显示，我国人口自然增长率为0.34‰。[2]同时，我国在2000年步入老龄化社会，65岁及以上人口比重达到7%。[3]截至2021年末，该比重已经达到14.2%，进入老龄社会。[4]2023年末，我国60周岁及以上人口超2.96亿人，65岁及以上人口占比为15.4%，迈进中度老龄化社会。[5]预计2030年，我国老龄化率将达到21%，进入高度老龄化社会。[6]但按照现在我国经济发展方式和增长速度来看，预测2030年前后我国将成为世界第一大经济体。[7]面对这一变化，应该看到，经济增长会受人口变化因素的影响，充足的劳动年龄人口是经济健康发展的基础和条件。人口老龄化的加速也将加大社会保障和公共服务压力，减弱人口红利，持续影响社会活力、创新动力和经济潜在增长率，这是当前我

---

[1] 蔡昉：《人口负增长时代》，中信出版集团，2024，第6页。
[2] 《2021年国民经济运行情况答记者问》，据国家统计局网站：https://www.stats.gov.cn/zt_18555/zthd/lhfw/2022/lh_hgjj/202302/t20230214_1903463.html。
[3] 《人口总量平稳增长 人口素质显著提升——新中国成立70周年经济社会发展成就系列报告之二十》，据国家统计局网站：https://www.stats.gov.cn/zt_18555/zthd/bwcxljsm/70znxc/202302/t20230214_1903434.html。
[4] 《2021年度国家老龄事业发展公报》，据中国老龄协会网站：https://www.cncaprc.gov.cn/llxw/193335.jhtml。
[5] 《我国"中度老龄化"加速，老年抚养比升至22.5%，养老出路何在？》，据第一财经网站：https://baijiahao.baidu.com/s?id=1817564032613244042&wfr=spider&for=pc。
[6] 蔡昉：《人口负增长时代》，中信出版集团，2024，第7页。
[7] 林毅夫：《到2030年左右，中国会成为世界第一大经济体》，据澎湃网站：https://m.thepaper.cn/baijiahao_12278519。

国经济社会发展面临的重要风险和挑战。但这并不是决定因素，随着技术手段不断更新、体制机制持续深化改革、政策举措创新推动、资源要素有效调配等，国家或区域的发展仍然可以克服不利人口因素干扰，形成良好的发展生态和发展格局。

（二）人才持续向我国东部、南部地区集聚

2025年3月，智联招聘和泽平宏观联合推出《中国城市人才吸引力排名：2025》报告。其中列出中国最具"95后"人才吸引力的城市50强，太原位居第50位。中部六省中长沙、合肥分别位居第20位、21位。报告指出，"95后"人才倾向于前往东部地区，尤其是长三角、珠三角城市群。其中，深圳连续两年位居榜首，东莞2025年首次跻身"95后"人才吸引力城市榜单前十。深圳、北京、上海位居前三，广州、杭州、南京、成都、苏州、无锡、东莞位居前十。"95后"青年人对新的事物有较强的创造、传播和接受能力，主要集中于新兴行业，城市对他们的吸引力在一定程度上反映出区域经济发展活力和发展潜力。以50强城市中宁波、常州、合肥为例。近年来，"宁波智造""宁波服务"等在新兴产业领域迅速发展。宁波实施教育科技人才体制机制一体改革，首创设立人才科技委，"人才码"已服务超373万人次，叠加实施"甬江人才工程"等计划，吸引大量人才。常州"发储送用网"全产业链加速崛起，一批极具带动效应的行业龙头企业落户，大量毕业生、青年人、创业者涌入常州。并且自2021年，常州市将人才公寓建设作为市委"一号工程"全面启动，发挥人才公寓聚才引才优势，对"95后"的吸引力呈上升态势。①数据显示，截至2024年末，合肥市常住人口为1000.2万人，比上年增加14.9万人，增长1.51%，成为长三角地区第四座人口突破千万的城市，也是全国第18座千万人口城市。合肥的"芯屏汽合、集终生智"特色优势产业不断迭代升级，培育出新能源汽车、光伏储能、高端装备制造等

---

① 《中国城市95后人才吸引力排名》，"泽平宏观展望"公众号，2025年03月30日。

多个千亿元级产业集群。2024年，合肥新能源汽车产量突破135万辆、增长81%。①比亚迪、大众等龙头企业及配套企业的进驻，不仅创造了大量的就业岗位，还吸引了大量高科技人才的加入。

（三）山西常住人口数量减少

数据显示，2024年末，山西全省常住人口3445.96万人，比上年末减少20.03万人。其中，城镇常住人口2285.41万人，占常住人口的比重为66.32%，比上年末提高1.35个百分点。2024年，山西全省出生人口24.00万人，出生率为6.94‰；死亡人口28.79万人，死亡率为8.33‰；自然增长率为-1.39‰。常住人口中，0—15岁（含不满16周岁）人口为541.72万人，占比为15.72%；16—59岁（含不满60周岁）人口为2125.25万人，占比为61.67%；60周岁及以上人口778.99万人，占比为22.61%；65周岁及以上人口为541.84万人，占比为15.72%。②中部六省中，仅安徽省2024年常住人口呈正增长。2024年末安徽省全省常住人口6123万人，比上年末增加2万人。③与其他五省相比，安徽省是长三角区域的重要组成部分，具有较好的区位优势和发展优势，同时安徽省在推动新兴产业发展方面下大力气。安徽大力发展新兴产业，例如新能源、信息技术、人工智能等，形成了一系列强大的产业集群。2024年，安徽省战略性新兴产业产值占规模以上工业比重达到43.6%、提高0.7个百分点，高技术制造业增加值占规上工业比重16.1%、提高2.1个百分点。④高技术制造业增加了人才需求量，预计到2026年底，安徽省新型工业化重点产业新增人才需

---

① 《不断构筑新的"产业地标"》，据合肥市人民政府网站：https://www.hefei.gov.cn/ssxw/zwyw/110868881.html。

② 《山西省2024年国民经济和社会发展统计公报》，据山西省统计局网站：http://tjj.shanxi.gov.cn/tjsj/tjgb/ndtjgb/202503/t20250327_9797517.shtml。

③ 《中部六省2024年常住人口规模揭晓》，据央广网网站：https://baijiahao.baidu.com/s?id=1828621023513585529&wfr=spider&for=pc。

④ 《2025年政府工作报告》，据安徽省人民政府网站：https://www.ah.gov.cn/zwyw/ztzl/jjlh2025/zwhd/565396601.html。

求总量超34万人,人才缺口总量超26万人。在吸引人才方面,安徽省持续发力,推动新兴产业"双招双引"和产业培育提质增效,是打造新兴产业聚集地的重要举措。①山西高水平打造晋创谷创新驱动平台,要从思想上认识到产业发展与人口吸引力相辅相成的重要关系,找准切入口和有效抓手,增强区域发展的内生动力。

---

① 《中部六省2024年常住人口数据公布,仅安徽实现正增长》,据界面新闻网站:https://baijiahao.baidu.com/s?id=1828616394042850465&wfr=spider&for=pc。

第十二章 路径创新：高水平打造晋创谷的方向与路径

2021年5月28日，习近平总书记在中国科学院第二十次院士大会、中国工程院第十五次院士大会、中国科学技术协会第十次全国代表大会上指出："各地区要立足自身优势，结合产业发展需求，科学合理布局科技创新。要支持有条件的地方建设综合性国家科学中心或区域科技创新中心，使之成为世界科学前沿领域和新兴产业技术创新、全球科技创新要素的汇聚地。"高水平建设晋创谷，是山西提升区域创新能力、打造区域科技创新高地的重要抓手。在这一过程中，既要锚定目标不放松，又要审时度势，深化改革创新，推动正确指导思想和有效具体措施的支撑融合；既不能贻误发展时机，也不能一蹴而就，推动实现短期建设目标与长期良性发展的梯度前行。掌握发展的关键问题，营造必要环境，遵循规律，与经济社会发展大趋势保持一致，在有序推进现有政策措施的基础上，补齐短板弱项，创新体制机制，建设具有强大带动力的创新驱动平台。

一、统筹推进教育科技人才体制机制一体化改革

党的二十届三中全会提出,教育、科技、人才是中国式现代化的基础性、战略性支撑。教育科技人才体制机制一体改革,既是新时代破解发展动能转换难题的战略擘画,也是实现高水平打造晋创谷创新驱动平台,推动科技创新与产业创新深度融合的重要途径。

一是强化要素融合,构建协同发展体制机制。完善顶层设计的战略统筹,建立目标衔接、政策配套、资源整合的机制。将高校学科建设与重大科技专项、重点产业人才需求同步规划,推动学科布局与区域战略需求精准对接。实施一体化的学科组织模式,促进教育科技人才在学科层面实现有机统一,推动学科高质量发展,使学科成为深化教育教学改革、推进科技自立自强、造就拔尖创新人才的主阵地和策源地。建立跨区域、跨部门的资源共享平台,增强改革的系统性、整体性和协同性,从碎片化、分割化的状态,转为一体化、集成式的布局。解决部分疏离割裂、衔接协调不畅、资源配置低效、评价导向失灵等问题。创新评价体系,改革"五唯"评价标准,建立健全多样化激励驱动机制,完善人才差异化评价和长周期支持机制。优化资源配置的杠杆机制,推动财政投入从分散撒网向精准滴灌转变。设立教育科技人才融合发展基金,重点支持交叉学科、前沿技术和"卡脖子"领域攻关。鼓励社会资本参与重点实验室、新型研发机构建设,形成"政府引导+市场主导+社会参与"的多元投入格局。

二是优化供需机制,促进创新策源与产业牵引紧密结合。完善"学科—产业"有效衔接的发展机制,进一步支持高校与企业共建现代产业学院、未来技术学院,推行学科专业随产业动态调整机制。推广"双导师制",推动高校教师与工程师联合授课,培养理论素养高、实践能力强的复合型人才。持续扩大"揭榜挂帅"覆盖面,由企业发布技术需求榜单,高校、科研院所、新型研发机构"揭榜攻关",政府按比例给予研发投入补贴,实现需求

端与供给端无缝对接。依托晋创谷或高校自身创新平台,推动实现"研—用—转"一体化,管理下移,赋予平台在人才引进、项目评审以及成果转化等方面的自主权。健全成果转化的"最后一公里",有效实施科技成果确权、作价入股、收益分配等制度,探索先确权后转化、先试用后付费等灵活模式。鼓励各类用人单位灵活采取股权、期权、科技分红、超额利润分享等激励措施,确保将转化收益按贡献奖励给主要完成人。

三是创新人才发展友好型机制,发挥"第一资源"引领作用。面向区域产业和科技发展战略目标,探索实施"一人一策"专项支持计划,赋予其技术路线决策权、团队组建权、经费支配权。探索实施青年科技人才设立蓄水池计划,提供首聘期免考核保障。优化完善技能人才职业资格认证与职称评定贯通机制,拓宽技能人才职业发展通道。加大柔性人才引进力度,优化柔性人才引进制度。完善海外引进人才支持保障机制,对境外高层次人才简化签证、执业许可流程;建立海外人才离岸创新创业基地,支持"本地注册、海外经营",形成具有国际竞争力的人才制度体系。持续打造鼓励创新、宽容失败的良好生态,设立"非共识项目"专项基金,支持颠覆性技术早期研究。探索建立科研诚信"白名单"制度,对勤勉尽责的探索性失败不予追责。

二、大力推动民营经济高质量发展

习近平总书记强调:"新时代新征程民营经济发展前景广阔、大有可为,广大民营企业和民营企业家大显身手正当其时。"民营经济是我国社会主义市场经济的重要组成部分,民营企业凭借其灵活机制、市场敏锐性和创新能力成为发展新兴产业、未来产业的关键主体。高水平打造晋创谷,亟需民营企业成长壮大。促进民营经济高质量发展,有利于促进科技成果在产业链中的快速转化,推动产品向价值链中高端攀升。

一是多措并举打造一流营商环境。健全完善营商环境评价体系。坚持以经营主体需求为导向,以"强化政策落地实施效果,注重经营主体感受,做好客观数据科学比较"的评价指导思想,在营商环境评价体系中,设置"经营主体满意度"指标,让"企业怎么说"成为重要标尺。借鉴世界银行宜商环境评价指标体系、中国城市营商环境评价指标体系以及中国县域营商环境调查评价指标体系,优化营商环境评价指标体系。构建规范化、智能化和便利化的政务服务模式。持续提高政务服务水平,打造企业服务专区,加快实现政务服务"一网好办"。持续提高政策获得感,编制政策服务指南,提升"免申即享"政策比例。树立"人人都是营商环境"的理念,构建亲清政商关系。

二是引导民营经济打造新优势、开拓新空间。加强产教协同育人,开展重点产业链专家团试点,完善科技特派员制度,精准满足民营企业人才需求,聚力强化人才支撑。引导民营企业加快"智改数转",实施"人工智能+"行动,加大绿色低碳改造支持力度,推动建设零碳工厂、零碳园区。支持民营企业开拓国内市场,全方位参与全国统一大市场建设,加力落实"两重""两新"政策,搭建供需对接平台,加大山西产品商品出省推介力度,提高国内市场占有率。支持民营企业开拓国际市场,鼓励民营企业深度融入高质量共建"一带一路"。鼓励有条件的民营企业完善法人治理结构,建立科学规范的管理制度,完善决策执行监督体系,加强内部控制和风险管理。引导和支持民营企业建立边界清晰的多元产权制度,以产权为纽带构建利益共同体,积极拓宽融资渠道,推动企业产权多元化开放化。

三是强化民营企业创新作用。进一步完善创业扶持资金、贷款担保、税收减免和补贴等政策,鼓励银行围绕科技型中小微企业的特点和需求开展融资创新,提供更加灵活的贷款方案。鼓励中小微企业积极发展融资租赁、企业集群融资、商业信贷融资等多种融资形式,提升融资便利度。探索通过设立风险投资基金、创业孵化器、天使投资网络等,为中小微企业提供投资和孵化支持。结合科技型中小微企业当前发展困境、需要积极组建区域,双边科技型中小微企业交流对话平台，加大政府间科技创新合作项目支持力度，鼓励更多科技型中小微企业参与研发合作，促进技术交流与成果转化。支持科技交流中介机构发展，鼓励科技型中小微企业结合实际诉求，精准匹配和对接国内外创新资源。[1]

三、加快推动青年发展型省份建设

青年是党和国家事业发展的生力军，更是推进区域创新体系建设的重要主体。高水平打造晋创谷创新驱动平台，需要汇集更多年轻人，释放潜能，助力创新。加快建设青年发展友好型省份，推动青年高质量发展与省域高质量发展有机融合、良性互动，能够激发区域创新活力，形成合理人才布局，促进区域人才充分供给和创新体系形成。

一是要扩大青年发展型城市（县域）规模。通过增加城市试点，打造全面辐射、层次分明、特色多样的青年发展型城市群，综合提升全省"青和力"，吸引更多青年人留下来。加快在全省范围内推动青年发展型城市建设。除现有试点外，科学布局临汾、长治、吕梁等地为省级青年发展型城市试点，辐射周边地区，激发创新活力，在全省范围内打造青年与城市、青年与地区互促共进的发展氛围。探索建设具有科技创新"底色"的青年发展型城市。推动太原、晋中、大同等教育与科技资源较为丰富的地区，建设具有科技创新特色的青年发展型城市，培养、吸引和汇集更多青年科技人才、青年创新人才涌入创新赛道，助力山西打造科技创新高地。力争争取更多国家级试点。推动各市（县域）分类分层次制定不同青年发展型城市发展规划，立足城市所处区位、发展活力、人口数量、开放文化等发展特点，加快建设各具特色、各有优势的青年发展型城市。

---

[1] 张峻主编《山西经济社会发展报告（2025）》社会科学文献出版社，2024，第251页。

二是构建"山西青年发展指标体系"。通过完善数据评价依据,形成能够科学、全面反映青年发展水平的省域"图谱",为全省经济社会高质量发展提供青年发展数据支撑。探索构建"山西青年发展指标体系"。通过量化评价,科学全面掌握各县(市、区)青年发展状况和青年工作水平,为党委、政府把握青年工作趋势、制定青年发展政策提供参考。推动发布《山西青年发展蓝皮书》。结合青年发展评价工作,对我省青年工作的重要特点、典型做法做详细总结和系统研究,同时举办青年发展型城市主题论坛,在深度和广度上拓展青年发展工作。发布年度惠青实事清单。根据青年发展资源供给与需求的动态变化,聚焦青年关心关注的主要问题,发布"我为青年办实事"项目清单,解决青年"急难愁盼",全面营造关爱青年成长、支持青年发展的浓厚氛围。

三是创新从"青年需要"到"青年发展"的惠青项目。通过扎实做好"细胞工程",不断开拓有利于青年发展的"小而美"措施办法,全面增强青年与城市的黏合度,实现青年与城市的双向奔赴、相互成就。强化安居保障,推行阶梯式住房支持,对入职重点产业的青年提供租房补贴、购房优惠。试点"共享社区"模式,配套创客空间、健身中心等复合功能,降低生活成本。优化就业创业生态,依托晋创谷创新驱动平台建设青年创业"首站",联合高校开设科技成果转化"直通车",推动科研成果就地孵化。完善成长服务网络,开发相关数字化平台,集成技能培训、政策申领、社交互助等功能,为青年提供定制化服务。探索实施"新匠人"培育计划,在新能源、智能制造等领域开展"订单式"技能培训,打通职业晋升通道。塑造青年活力品牌,通过流量扶持、资源对接等方式提升青年归属感。建立长效保障机制,组建青年政策观察团,动态评估项目成效,设立专项资金并引入社会资本,形成可持续支持机制。通过多维发力,推动青年与山西发展同频共振,为山西转型升级注入青春动能。

晋创谷创新驱动平台建设发展大事记

2023年12月

12月21日　中共山西省委召开常委会会议，审议通过《晋创谷创新驱动平台建设三年行动计划（2024—2026年）》。

12月22日　"晋创谷"创新驱动平台揭牌仪式在国科大太原能源材料学院举行，标志着"晋创谷·太原"正式建成投入运营。

12月29日　中共山西省委、山西省人民政府印发《晋创谷创新驱动平台建设三年行动计划（2024—2026年）》，同时出台5项配套政策。

2024年1月

1月3日　据《山西日报》报道，截至1月初，正式投入运营的"晋创谷·太原"已有来自中国科学院山西煤炭化学研究所、山西大学、太原理工大学、中北大学、太原科技大学的68个科研团队和初创企业入驻。

1月16日　山西省人民政府新闻办举行新闻发布会，邀请相关部门负责人深入解读晋创谷创新驱动平台科创团队及企业入驻支持政策措施。

1月19日　山西省科技厅负责人走进"晋创谷·太原"开展晋创谷"1+5"政策包宣讲，并开展科技金融对接签约活动。

1月19日　山西省科技厅与中国农业银行山西分行签订战略合作协议。中国农业银行山西分行表示将面向"晋创谷"推出多种场景的科技金融服务模式，量身定制专属系列产品"晋创贷"，全力支持和参与"晋创谷"建设。

1月22日至27日　山西省召开2024年两会，《2024年政府工作报告》指出，落实"晋创谷"发展"1+5"政策措施，加快建设太原先行区。

1月31日　"创青春"山西中部城市群青年创新创业大赛在"晋创谷·太原"圆满收官。

2024年2月

2月5日　晋创谷创新驱动平台建设省级工作专班正式成立。

2月20日　晋创谷创新驱动平台建设省级工作专班印发《晋创谷科技企业（团队）入驻遴选及免申即享政策实施细则》。

2月21日　《晋创谷创新驱动平台建设三年行动计划（2024—2026年）》公布。

2月22日　太原市尖草坪区第六届人民代表大会第四次会议指出，将以晋创谷建设助力打造全省科技创新策源地，全力支持"晋创谷·太原"创新驱动平台建设。

2月29日　中共山西省委召开常委会会议，强调要强化企业创新主体地位，加快推进晋创谷等创新驱动平台建设，全面提升区域创新体系整体效能。

2024年3月

3月15日　太原市尖草坪区、中北高新区联合举办"晋创谷"政策宣讲会。

3月22日　晋创谷创新驱动平台建设省级工作专班印发《晋创谷科技成果转化护航员利益共享备案制实施细则》。

2024年4月

4月2日　太原市科学技术局在"晋创谷·太原"科技金融服务中心举行"'晋创谷·太原'银企对接活动"。

4月3日　"晋创谷·大同"揭牌仪式在大同经济技术开发区举行,"晋创谷·大同"正式投入运营。

4月22日　山西省举办"人到山西好风光"人才宣介上海专场活动,晋创谷创新驱动平台面向复旦大学、同济大学、上海交通大学等相关高校推出活动。

4月23日　山西省市场监管局（知识产权局）会同山西省科技厅、山西省版权局面向晋创谷入驻企业举办知识产权服务晋创谷创新发展座谈会暨知识产权业务专题培训班。

4月26日　晋创谷科技企业投融资路演活动在太原举办。

2024年5月

5月1日　由山西省科技厅、山西省财政厅印发的《省科技创新券实施管理办法》正式施行,有效期5年。该办法以科技创新券政策为抓手,支持晋创谷创新驱动平台建设,鼓励晋创谷内企业在全国范围内购买创新服务、开展技术合作。

5月6日　中共太原市委、太原市人民政府印发《太原市贯彻落实晋创谷创新驱动平台建设三年行动计划（2024—2026年）实施方案》,同时出台7项配套政策。

5月10日　太原市中北高新区面向"晋创谷·太原"入驻企业组织开展环评助企活动。

5月15日　2024山西科技金融投融资晋创谷对接会议在太原举行。对接会上,晋创谷入驻企业山西尼尔耐特机电技术有限公司、山西科莱特科技有限公司分别进行项目路演,投资机构专家点评。山西金控资本、中国银行山西省分行、中国农业银行山西省分行、浦发银行太原分行、太原市融资担保有限公司分别与晋创谷科技企业签约，提供金融支持。

5月15日　晋创谷科创企业培育服务中心在太原揭牌。

5月27日　中北大学王慧奇教授团队成立的山西中北晟腾新能源科技有限公司，正式注册入驻"晋创谷·太原"产业园，公司将主要从事动力与储能电池材料研究、开发、销售。

5月30日　"晋创谷·太原"举办以"弘扬科学家精神，勇当高水平科技自立自强排头兵"为主题的2024年全国科技工作者日山西主场活动。

2024年6月

6月13日　山西省财政厅下达晋创谷入驻科技企业"免申即享"首批政策资金500万元。

6月16日　太原市尖草坪区人社局、科技局联合举办"晋创引领，'职'等你来"系列招聘活动，首场活动在中北大学举办，共有30家"晋创谷·太原"入驻企业参加，带来就业岗位60个，后续招聘活动陆续走进太原工业学院、太原金融职业学院等高校。

6月22日　举行太原市百日千万招聘专项行动暨"晋创谷·太原"人才服务直通车活动，线上线下同步进行，共邀请79家企业参会，304人次初步达成就业意向。

2024年7月

7月9日　山西省出台《关于支持信息技术融合应用产业链链上企业科技成果在晋创谷落地转化的举措》，此举旨在促进信融产业链企业科技成果落地转化。

7月15日　山西省财政下达晋创谷入驻科技企业"免申即享"第二批资金1300万元。

7月23日　以"广纳英才·智汇大同"为主题的"大同人才周"系列活动在大同大剧院开幕。在活动中，大同市有关部门表示将积极支持"晋创谷·大同"等科创平台建设，成功推进一批国家级、省级重点科技项目落户该市，兑现奖励资金830余万元。

7月24日　首场"晋创沙龙"在"晋创谷·太原"正式举行，以装备制造为主题。

7月25日　山西省人民政府办公厅出台《晋创谷创新驱动平台建设工作方案》。该方案进一步明确规定了晋创谷的总体要求、建设布局与条件、重点任务、保障措施等，指导全省11市因地制宜高质量建设晋创谷，打造区域创新引领驱动平台，推动科技成果加快形成新质生产力。

7月26日　"'晋创谷·太原'第三期银企对接活动"在"晋创谷·太原"北区会议室举行。6家企业负责人及中国银行、中国工商银行、交通银行等金融机构人员参加。

7月26日　"晋创谷·大同"人才发展综合服务站揭牌。

2024年8月

8月6日　山西省住建厅在太原组织召开"加快智能建造场景应用培育建筑业新质生产力"现场观摩会，并组织参会人员在晋创谷中试基地进行现场观摩。

8月15日　山西省2024年度省科技成果转化引导专项项目开始申报，此次专项将支持晋创谷创新驱动平台科技成果转化。

8月22日　"晋创谷·吕梁"首届科技创新成果对接暨应用场景开放活动在吕梁举行。

8月23日　第十三届中国创新创业大赛山西赛区决赛在"晋创谷·太原"圆满落幕。本届大赛自2024年6月启动以来，全省报名企业417家，参赛企业326家，其中晋创谷企业30家。参赛项目涵盖新一代信息技术、高端装备制造、新材料、生物医药等7个领域。经过激烈的角逐和层层选拔，95个项目晋级决赛。

8月23日　第十届"创青春"运城青年创新创业大赛举行，共37个项目进入决赛，优秀参赛项目将优先推荐入驻即将挂牌成立的"晋创谷·运城"创新驱动平台。

8月30日　"晋创谷·太原"首场"晋创讲堂"顺利举办，活动采取"线上直播+线下宣讲"相结合的模式，30多家企业到场参加，据直播后台统计，观看直播人数达到200多人次。

2024年9月

9月12日至9月16日　国投晋创谷（太原）发展运营有限公司以"晋创谷·太原"运营主体的身份参与2024年中国国际服务贸易交易会，对外推介"晋创谷"相关优势与举措。山西元工通用航空技术有限公司、水清华（山西）生态科技有限公司、睿动（山西）科技有限公司等11家来自"晋创谷·太原"的企业作为代表参展，宣传展示山西省新质生产力发展新面貌。

9月24日　人社部在大同市举行的创业工作参访调研活动中，全国各省人社部门相关负责同志、优秀项目代表近130人前往"晋创谷·大同"创新驱动平台进行考察调研。

本月　山西省科学技术厅发布《关于在晋创谷创新驱动平台加快落实科技成果转化"三项改革"的通知》，要求山西大学、太原理工大学、中北大学、太原科技大学4所高校，对入驻晋创谷的团队或企业加快落实"三项改革"政策举措。

"晋创谷"首家省技术创新中心即山西省新型工业总线技术创新中心（筹）获批筹建。该中心由山西中北测控科技有限公司联合中北大学、北京六合联创科技有限公司、太原芯愿景微电子技术有限公司共同建设，主要开展高性能工业测控网络技术及其产品攻关。

2024年10月

10月15日 中共山西省委宣传部、山西省人民政府新闻办公室组织召开新闻发布会，据介绍，"晋创谷·太原""晋创谷·大同"已先后实体化运营，"晋创谷·晋中"已具备挂牌条件。截至10月15日，"晋创谷·太原"已正式入驻科技型企业154家，签署产品销售、技术合同交易额达2.27亿元，通过"免申即享"模式发放企业创新启动资金累计2800万元；"晋创谷·大同"已正式入驻企业19家，实现工业投资1300万元。

10月15日 太原市科学技术局发布《"晋创谷·太原"科技成果转化和产业化项目管理办法（试行）》。

10月16日 "晋创谷·晋中"揭牌仪式在山西转型综改示范区晋中开发区举行，标志着"晋创谷·晋中"正式建成并投入运营。

10月21日 山西省人民政府召开市长例会暨前三季度全省经济运行分析会议。会议指出推动战略性新兴产业项目建设，一体部署各市转型综改示范区和晋创谷建设，统筹推进重点产业链和特色专业镇建设，因地制宜培育发展新质生产力。

10月21日 太原市科学技术局开始以"先投后股"方式支持"晋创谷·太原"科技成果转化和产业化项目的申报工作，此举标志着太原支持科技成果转化的又一项创新模式正式启动。

10月31日 中共山西省委金融办召开全省金融系统全面落实国家一揽子增量政策专题会议，会议指出加强产融对接，加大"晋创谷"等重点领域支持力度，提升融资便利性和金融供给效率，使更多金融资源流向实体经济。

2024年11月

11月4日 由山西省工商联、山西省投促局主办的"科技创新激发晋商活力，推动晋创谷高质量发展"活动在上海举办。

11月4日 第二场"晋创沙龙"——煤机智能装备专场在"晋创谷·太

原"成功举行。

11月6日　由山西省人民政府主办，山西省商务厅、山西省投资促进局联合承办的山西省新一代信息技术及人工智能产业专题推介会暨项目路演在上海举办，国投晋创谷（太原）发展运营有限公司介绍了"晋创谷"创新驱动平台的创新实践与运营举措。

11月7日　国投晋创谷（太原）发展运营有限公司与重器科工企业发展（上海）有限公司、丹瑞里企业管理（上海）有限公司共同在丹麦驻上海总领事馆举行丹麦（北欧）科技创新中心签约仪式，标志着该中心将落户"晋创谷·太原"。

11月11日　山西双碳会客厅正式进行揭牌，并落地"晋创谷·晋中"。

11月28日　长治市人民政府印发《"晋创谷·长治"创新驱动平台建设工作方案》和《促进"晋创谷·长治"高质量发展的若干政策措施》。

2024年12月

12月13日　由山西省工商联主办的"汇聚民企力量，聚焦科技创新，推动晋创谷发展"晋商企业家节活动在太原举行。

12月16日　"晋创谷·农高区"揭牌仪式在晋中国家农高区举行，标志着其进入实体化运营新阶段，截至该日已建成6个平台，入驻初创企业和科创团队13家。

12月22日　晋城市人民政府印发《"晋创谷·晋城"创新驱动平台建设实施方案（2024—2026年）》。

12月23日　"晋创谷·临汾"揭牌仪式在临汾经济开发区举行，标志着"晋创谷·临汾"正式建成投入运营。

12月23日　"晋创谷·运城"揭牌仪式在运城转型综改示范区创新驱动中心举行，标志着"晋创谷·运城"进入实体化运营新阶段。

12月24日　"晋创谷·晋城"揭牌仪式在晋城经济技术开发区举行，标志着"晋创谷·晋城"正式建成投入运营。

12月30日　晋中市金融服务中心协调对接中国工商银行晋中分行负责人赴"晋创谷·晋中"进行考察调研，并就政银企对接工作进行洽谈。

12月31日　国投晋创谷（太原）发展运营有限公司以起价4.028亿元的价格摘得两宗位于国科大太原能源材料学院内的教育用地。

2025年1月

1月8日　"晋创谷·长治"揭牌仪式在长治高新区举行，标志着"晋创谷·长治"正式建成投入运营。

1月10日　"晋创谷·太原"2025年科技金融政策辅导会举行。

1月14日　"晋创谷·阳泉"揭牌仪式在山西阳泉中电阳泉数字经济产业园举行，标志着"晋创谷·阳泉"正式建成投入运营。

1月17日　运城市召开"晋创谷·运城"创新驱动平台工作推进会。

1月17日至21日　山西省召开2025年两会，《2025年政府工作报告》指出，实现设区市晋创谷全覆盖，全面落实"1+5"政策，加快科技成果转化和科技型企业培育。

1月23日　"晋创谷·吕梁"揭牌仪式在吕梁市双创中心举行，标志着"晋创谷·吕梁"正式建成投入运营。

2025年2月

2月8日　首批"晋创谷·太原"科技成果转化和产业化支持项目正式公示。

2月20日　"晋创谷·运城"政策宣讲活动在运城转型综改示范区圆满举行。

2月21日　"晋创谷·太原"入选山西省2025年第一批向民间资本推介的重大工程和补短板项目。

2025年3月

3月1日　《人民日报》以《山西开展"重大项目建设年"行动》为题,报道2025年山西开展"重大项目建设年"行动,实施一批"两重"项目和高质量转型项目,抓好616个省级重点工程年度建设项目。报道称晋创谷·太原已签约入驻企业200余家。

3月5日　"晋创谷·太原"邀请山西云会计财税科技有限公司财税团队走进园区开展"晋创讲堂"财税专题培训。

3月7日　太原市尖草坪区"职引未来——2025年全国城市联合招聘高校毕业生春季专场暨'晋创谷·太原'专场校园招聘会",在中北大学举行。

3月12日　"晋创谷·大同"举行高新技术企业培训会。

3月19日　"区县发展新机遇,科技智造新未来"主题沙龙活动在"晋创谷·大同"举行。

3月21日　"晋创谷·朔州"揭牌仪式举行,标志着山西省11个设区市已全部完成晋创谷创新驱动平台建设布局,提前达成"设区市全覆盖"的目标。

3月25日　2025年首场"新质生产力"招商项目路演专题培训活动在"晋创谷·太原"举行。

3月27日　位于"晋创谷·太原"的高性能制造技术与智能应用升级中试基地厂房基本完成验收,意向认租企业陆续开始搬迁入驻工作。

后　记

晋创谷创新驱动平台是山西省委、省政府倾力打造的科技成果转化高地，是引领山西科技创新和塑造山西发展新动能的重要载体。从太原的先行先试，到大同、晋中、临汾、运城、晋城等地的加速落地，再到长治、阳泉、吕梁等地的积极探索，晋创谷正逐步形成全省域"谷区"的创新格局。每一个晋创谷园区都立足自身优势，因地制宜地聚焦不同产业领域，为科技成果转化和新质生产力的培育提供了坚实支撑。在当下全国大力培育新质生产力的背景下，晋创谷作为区域科技创新的试验田，承载着山西转型发展的希望与未来，是推动山西经济高质量发展的关键引擎。

回顾本书的写作过程，我们全面梳理了晋创谷的政策体系，实地调研了全省各地的晋创谷园区，走访了众多实验室、创新企业和孵化平台，与众多创业者、投资者、政府官员、行业专家等进行了深入的交流和访谈。基于实地调研，本书全面呈现了晋创谷在全省各地的布局与建设情况。在晋创谷，我们看到了科研工作者不畏失败、坚持不懈的钻研精神，体会到了创新企业敢于冒险、勇于尝试的创业文化；看到了传统产业在科技创新赋能下的转型升级，见证了新兴产业在政策支持下的逐渐兴起，感受到了产学研深度融合带来的澎湃动力。在书中，我们还梳理了国内科技创新领先地区的优秀经验和做法，旨在为晋创谷创新驱动平台的进一步发展提供启示。在撰写书稿的过程中，我们深刻体会到了科技创新的复杂性与艰巨性。从政策的制定与落实，到科研团队和科技企业的入驻，再到创新成果的转化与应用，每一步都离不开政府、高校、企业和社会各界的共同努力。晋创谷取得的每一项成果，都凝聚着政府的前瞻布局、企业的务实探索、高校的智力支持和每一位创业者"敢为天下先"的胆识。

我们希望通过这本书，让更多的人了解晋创谷、走进晋创谷，感受这里的创新活力和创业激情，感受政府在鼓励科技创新、优化创新环境方面的决心，从而激发更多人的创新意识和创业热情，推动更多人投身于科技创新和成果转化的实践中去。希望这本书能够为有意入驻晋创谷的创业者在资金筹集、市场开拓、团队组建、技术创新等方面提供一些政策指导，帮助创业者少走弯路。希望通过这本书让更多的人关注和支持创新事业，为晋创谷的建设和发展营造浓烈的创新氛围。希望在不久的将来，晋创谷能够汇聚更多的创业者和投资者，吸引更多的高端人才和创新资源，在更多领域实现关键核心技术的突破，产生更多的独角兽企业，为山西各地市科技成果转化和产业转型升级而赋能。希望晋创谷能够持续焕发生机，在全球科技革命与产业变革的浪潮中始终以开放包容的姿态拥抱变革，准确把握科技创新的趋势，从容应对科技创新的挑战，成为山西科技资源整合之谷、产学研贯通之谷、"四链"融合之谷、体制机制创新之谷、政府市场等创新要素合力之谷，助力山西新质生产力的培育，为山西的高质量发展注入源源不断的动力。我们也希望本书可以成为晋创谷从起步建设到全面运营，再到发展壮大整个发展历程中的一个见证。

在本书的撰写过程中，我们得到了来自各方的大力支持和帮助。国投晋创谷（太原）发展运营有限公司执行董事、总经理崔晶晶，副总经理吴建鹏，产业服务部部长吕少康，京东科技（山西）客户服务中心，集团公司党委委员、副总经理王晓娟,中关村智酷大同项目负责人李志鹏,为本书提供了大量丰富的基础性资料,为书稿的准确性提供了有力保障。参与晋创谷建设的高校、科研机构、科研团队以及企业,为本书提供了丰富的案例,让本书的呈现更加鲜活。在此,我们致以最诚挚的谢意。

由于笔者水平有限,加之时间仓促,本书难免存在不足之处,恳请读者朋友们批评指正。

2025年3月